航空服务艺术与管理本科系列教材

民用航空法律法规与实务

Practial Course of Civil Aviation Laws and Regulations

朱章钧◎主　编

胡明良　朱文樵◎副主编

电子工业出版社

Publishing House of Electronics Industry

北京·BEIJING

内容简介

《民用航空法律法规与实务》是一本供高校民航类本、专科生学习民航基础法律知识的教材，适用于民航专业基础教学和非民航专业通识教学。本书共九章，以《中华人民共和国民用航空法》为主线、民航法律法规为骨骼，包含空中航行、航空器、航空人员、民用机场、公共航空运输、通用航空等方面的法律内容。本书内容深入浅出，力求为民航专业在校生及民航从业人员提供一个能够提升专业能力和培养民航专业素质的知识平台。同时，本书有较大的开放性和兼容性，能够很好地适应民航服务及管理高级应用型人才培养的需要。

未经许可，不得以任何方式复制或抄袭本书之部分或全部内容。
版权所有，侵权必究。

图书在版编目（CIP）数据

民用航空法律法规与实务 / 朱章钧主编．—北京：电子工业出版社，2023.7
ISBN 978-7-121-45743-2

Ⅰ. ①民… Ⅱ. ①朱… Ⅲ. ①民用航空－航空法－研究－中国 Ⅳ. ①D922.296.4

中国国家版本馆 CIP 数据核字（2023）第 103960 号

责任编辑：刘淑丽　　　　　　特约编辑：田学清
印　　刷：河北虎彩印刷有限公司
装　　订：河北虎彩印刷有限公司
出版发行：电子工业出版社
　　　　　北京市海淀区万寿路 173 信箱　　邮编：100036
开　　本：787×1092　1/16　印张：14.5　字数：362 千字
版　　次：2023 年 7 月第 1 版
印　　次：2025 年 6 月第 4 次印刷
定　　价：58.00 元

凡所购买电子工业出版社图书有缺损问题，请向购买书店调换。若书店售缺，请与本社发行部联系，联系及邮购电话：（010）88254888，88258888。

质量投诉请发邮件至 zlts@phei.com.cn，盗版侵权举报请发邮件至 dbqq@phei.com.cn。

本书咨询联系方式：（010）88254182，liusl@phei.com.cn。

航空服务艺术与管理本科系列教材建设委员会

丛书总主编：

刘　永　　北京中航未来科技集团有限公司董事长兼总裁

丛书总策划：

王益友　　中国东方航空集团驻国外办事处原经理，教授

丛书编委会秘书长：

胡明良　　江南影视艺术职业学院航空乘务学院副院长

丛书编委会成员：（按姓氏笔画数为序，姓氏笔画数相同者，按姓名第二个字笔画数为序）

刘岩松　　沈阳航空航天大学民用航空学院院长

刘　超　　华侨大学厦航学院副院长兼空乘系主任

李广春　　郑州航空工业管理学院民航学院院长

张树生　　山东交通学院航空学院原院长、山东通用航空研究院院长

陈　健　　北华航天工业学院外国语学院院长

郑步生　　南京航空航天大学金城学院航空运输与工程学院院长

宫新军　　滨州学院乘务学院院长

熊越强　　桂林航天工业学院教授

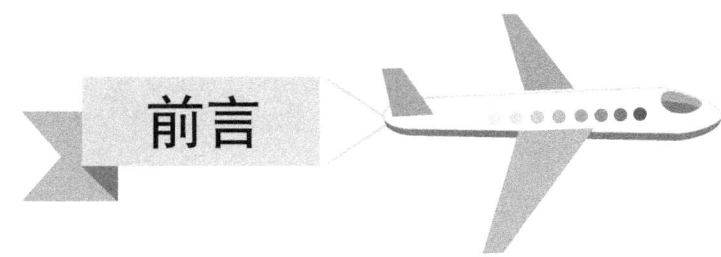

前言

民用航空业的发展水平,是衡量一个国家整体经济发展水平的重要标志之一,是国家现代化程度的象征。

我国民用航空业起步虽晚,但发展迅速,改革开放以来更是突飞猛进。从2005年开始,我国航空运输总周转量排名居世界第二位,并连续3年保持这一排名,成为当今世界名副其实的航空运输大国。民用航空业在我国经济社会发展和世界民航事业发展的进程中,扮演着越来越重要的角色。"十三五"期间,我国民航运输规模快速增长,安全态势总体平稳,服务品质稳步提升,保障能力显著增强。截至2019年年末我国民航运输总周转量、旅客运输量、货邮运输量年均增长分别达到11.0%、10.7%和4.6%,民航旅客运输周转量在国家综合交通体系中的比重从"十二五"末的24.2%提升至33.1%。2020年,在新冠肺炎疫情对全球民用航空业造成巨大冲击的情况下,我国民用航空业在全球率先触底反弹,更是体现出我国民用航空业强劲的可持续发展能力。

如今,我国民航对世界民航的增长贡献率超过20%,位居全球第一;民航运输总周转量持续保持年均16.3%的高速增长;民航旅客运输周转量在国家综合交通体系中的比重达31%,航空货运承担进出口贸易额比重达18.5%。

我国民用航空业的快速发展,离不开与民用航空业伴生的中国民用航空法律法规的保驾护航。由第八届全国人民代表大会常务委员会第十六次会议于1995年10月30日审议通过的《中华人民共和国民用航空法》,是中国民用航空法治建设步入新阶段的标志。

我国的民用航空事业从无到有,通过全面推进深化改革,行业发展总体符合规划预期,综合实力位于国际民用航空前列,我国正努力实现从航空运输大国向航空运输强国的跨越。当今世界正处于百年未有之大变局,我国的民用航空业也处于发展的关键时期。继中国民用航空局于2018年出台《新时代民航强国建设行动纲要》,2021年12月14日,中国民用航空局、中华人民共和国国家发展和改革委员会、中华人民共和国交通运输部联合印发《"十四五"民用航空发展规划》。《"十四五"民用航空发展规划》提出,到2025年,中国民航将实现六大发展目标,包括航空安全水平再上新台阶、综合保障能力实现新提升、航空服务能力达到新水平、创新驱动发展取得新突破、绿色民航建设呈现新局面、行业治理能力取得新成效。

而以《中华人民共和国民用航空法》为核心的,内容齐全、层次分明的中国民用航空法体系，已成为我国民航业高速发展的助推器。航空法律、法规及规章，共同构成的一个比较完善的航空法律制度和规范体系，为中国航空改革与发展的顺利进行提供了有力的制度保障。

民用航空法是调整民用航空活动所产生的社会关系的法律。在空中乘务专业、航空服务类专业的课程体系中，"民用航空法律法规"是十分重要的专业基础课，民用航空法律常识也是从业人员必备的素养。

《中华人民共和国民用航空法》是国家大法之一，涵盖了空中航行、航空器、航空人员、民用机场、公共航空运输、通用航空等方面的法律内容。我们以民用航空法内容为基本框架，结合行业发展的新趋势，适当地导入了案例和阅读材料；以学生特点及需求为出发点，做到结构明晰、体例新颖；在内容选择上做到理论够用适度，侧重于对学生实践能力的培养。

本书第一章至第三章由《中国海员》杂志社的朱文樵执笔，第四章至第七章由中国东方航空集团有限公司的朱章钧执笔，第八章和第九章由江南影视艺术职业学院的胡明良执笔。在编写本书的过程中，编者参考了大量的相关法律书籍，在此对这些书籍的作者和为本书的出版给予帮助与支持的朋友们表示衷心的感谢。

由于时间仓促，水平有限，书中不足之处在所难免，敬请广大读者提出批评和改进建议，以便我们今后进一步修订、完善。

目录

第一章　民用航空法概论 ………… 1
 第一节　民用航空法的概念及其调整对象 ………… 1
  一、民用航空法的概念 ………… 1
  二、民用航空法的调整对象 ………… 2
  三、民用航空法的三要素和3种关系 ………… 2
 第二节　民用航空法的特征 ………… 3
  一、民用航空法的国际性 ………… 4
  二、民用航空法的独立性和综合性 ………… 5
  三、民用航空法打破了公法与私法的界限 ………… 6
  四、民用航空法是平时法 ………… 6
 第三节　民用航空法的渊源 ………… 6
  一、民用航空法借鉴了海商法 ………… 7
  二、民用航空法的渊源主要来自国际条约与习惯 ………… 7
  三、国内航空法的渊源 ………… 8
 第四节　我国民用航空业的发展与民航立法 ………… 10
  一、我国民用航空业的形成与发展 ………… 10
  二、我国的民用航空法治建设 ………… 13
  三、我国的民用航空法规体系 ………… 16
  四、规范性文件 ………… 18
 思考与练习 ………… 18

第二章　空中航行的法律制度 ………… 19
 第一节　空气空间法律制度的发展及概念 ………… 19
  一、空气空间法律制度的发展 ………… 19
  二、空气空间法的概念和特点 ………… 21
 第二节　空气空间法的法律内容与性质 ………… 22
  一、领空的概念 ………… 22
  二、领空的范围 ………… 23
  三、领空主权的法律内容 ………… 26
  四、关于"无害通过权"的解释 ………… 27
  五、航空自由或权利 ………… 28
  六、我国提出的航空法立场 ………… 30
 第三节　领空管理制度 ………… 30
  一、领空管理的原则 ………… 31
  二、空域划分 ………… 31
  三、空中交通规则 ………… 32
  四、入境和放行的相关法规 ………… 33

五、防空识别区……………… 35
第四节 国际空中航行的原则与
规定…………………… 35
一、国际空中航行的一般
规则…………………… 35
二、几种权利的解读………… 37
第五节 领空主权的保护………… 39
一、外国航空器的入侵……… 39
二、拦截入侵飞行器………… 40
三、应避免对民用航空器
使用武器……………… 41
思考与练习……………………… 42

第三章 民用航空器管理的法律制度… 43
第一节 民用航空器概述………… 43
一、航空器的沿革…………… 43
二、航空器的定义…………… 50
三、航空器的法律分类及法
律地位………………… 51
第二节 民用航空器的国籍与
登记…………………… 53
一、确定民用航空器国籍的
法律意义……………… 53
二、民用航空器国籍管理的
原则…………………… 54
三、民用航空器国籍登记的
相关事项……………… 55
四、民用航空器的标志……… 57
五、法律责任………………… 59
第三节 民用航空器的权利……… 61
一、民用航空器权利的含义… 62
二、民用航空器权利的种类… 62
三、民用航空器权利的登记… 65
第四节 民用航空器租赁………… 65
一、民用航空器租赁概述…… 65
二、飞机租赁………………… 73

三、我国飞机租赁的发展
概述…………………… 75
第五节 民用航空器适航管理…… 79
一、民用航空器适航管理的
含义…………………… 80
二、民用航空器的适航标准… 80
三、民用航空器适航管理的
部门…………………… 81
四、民用航空器适航管理的
分类…………………… 82
五、民用航空器适航管理的
主要内容……………… 82
思考与练习……………………… 85

第四章 民用航空人员管理的法律
规定…………………………… 86
第一节 民用航空人员的管理
制度…………………… 87
一、航空人员的定义………… 87
二、航空人员的地位………… 88
三、民用航空人员的法律
责任…………………… 88
四、航空人员的执照………… 89
五、航空人员资格的取得与
丧失…………………… 89
六、航空人员的体检制度…… 91
七、航空人员的工作时限…… 94
第二节 航空机组成员与机长的
权力…………………… 96
一、机长的资格……………… 96
二、机长的职责……………… 97
三、机长的权力……………… 99
思考与练习……………………… 101

第五章 民用机场管理的法律规定…102
第一节 民用机场概述…………102
一、机场沿革………………102

二、中国机场的发展概况……103
　　三、民用机场……………………104
第二节　民用机场的概念、分类与
　　　　主要设施……………………105
　　一、民用机场的概念………………105
　　二、民用机场的分类………………105
　　三、民用机场的主要设施…………107
第三节　民用机场的规划与建设……108
　　一、民用机场规划布局的
　　　　原则………………………………109
　　二、民用机场的总体规划…………110
　　三、运输机场总体规划审批
　　　　程序及其管理……………………112
　　四、运输机场专业工程建设质
　　　　量和安全生产监督管理………113
第四节　民用机场的使用管理
　　　　制度……………………………118
　　一、民用机场的管理机构和
　　　　机场使用许可证…………………119
　　二、环境保护综合规定……………121
第五节　民用机场的安全制度………123
　　一、民用机场安全保卫制度………123
　　二、民用机场安全检查制度………124
　　三、民用机场治安管理……………126
　思考与练习……………………………129

第六章　民用航空运输的法律制度……130

第一节　民用航空运输概述…………130
　　一、民用航空运输及民用
　　　　航空运输企业的概念
　　　　和特点…………………………131
　　二、民用航空运输的主要
　　　　形式……………………………133
第二节　公共航空运输企业介绍及
　　　　民用航空业的投资规定……134
　　一、公共航空运输企业的概
　　　　念及设立条件、程序……134

　　二、外商投资民用航空业的
　　　　相关规定………………………138
　　三、国内投资民用航空业的
　　　　有关规定………………………141
　　四、公共航空运输企业的
　　　　管理………………………………142
第三节　航空运输合同及凭证………146
　　一、航空运输合同的概念…………149
　　二、航空运输合同的特征…………150
　　三、航空运输合同的分类…………151
　　四、航空运输合同的形式与
　　　　内容………………………………153
第四节　航空承运人的责任…………155
　　一、航空承运人的具体责任………156
　　二、航空承运人的免责……………157
　　三、航空承运人的责任限制
　　　　和诉讼时效……………………158
　　四、航空承运人赔偿责任限
　　　　额的具体规定…………………158
第五节　航班延误的法律规定………160
　　一、航班延误的界定………………161
　　二、航班延误的法律责任…………162
　思考与练习……………………………165

第七章　通用航空法律制度……………166

第一节　通用航空概述………………166
　　一、通用航空的概念及
　　　　分类………………………………166
　　二、我国通用航空的发展
　　　　沿革………………………………168
　　三、通用航空的特点、地位
　　　　和作用……………………………171
第二节　我国的通用航空管理
　　　　法律制度………………………176
　　一、我国的通用航空法律体
　　　　系构架……………………………176

二、《通用航空飞行管制条例》颁布的背景，以及适用范围、内容及颁布的意义‥178
三、《通用航空飞行任务审批与管理规定》的主要内容及其出台的意义………180
四、通用航空法律需要注意的条款…………………182
思考与练习………………188

第八章　民用航空保险法律制度………189

第一节　民用航空保险概述………189
　一、民用航空保险的概念及特点…………………190
　二、民用航空保险的发展历史…………………192
第二节　民用航空保险的种类……194
　一、航空器机身险……………194
　二、航空承运人法定责任险…196
　三、航空旅客人身意外伤害保险…………………197
　四、航空货物运输保险………198
　五、机场责任保险……………199
　六、空中交通管制责任保险‥200
　七、航空产品责任保险………200
　八、其他………………………200
第三节　民用航空保险的索赔、理赔与保险争议的解决……201
　一、民用航空保险的索赔……201
　二、民用航空保险的理赔……201

三、民用航空保险争议的解决…………………203
思考与练习………………204

第九章　民用航空安全保卫法律制度………205

第一节　民用航空安全保卫法律概述…………………205
　一、航空安全保卫国际公约的产生背景……………205
　二、三大国际公约的主要内容…………………206
第二节　我国对民用航空安全的法律规定……………214
　一、劫持航空器罪……………214
　二、破坏航空器罪……………216
　三、破坏航空设施罪…………217
　四、暴力危及飞行安全罪……217
　五、非法携带或运输违禁物品罪…………………217
　六、聚众扰乱公共秩序、交通秩序罪………………218
　七、传递虚假情报扰乱正常飞行秩序罪……………218
　八、重大飞行事故罪…………218
　九、其他手段的非法干扰行为…………………219
思考与练习………………220

参考文献………………221

第一章 民用航空法概论

本章学习目标

- 了解民用航空法的概念及其调整对象；
- 掌握民用航空法的特征；
- 熟悉民用航空法的渊源；
- 了解我国民用航空业的发展与民航立法。

第一节 民用航空法的概念及其调整对象

一、民用航空法的概念

民用航空法是调整民用航空活动所产生的各种社会关系的法律规范的总和，它不包括关于无线电传播和地球外层空间的法律规范。

民用航空法是 20 世纪初的产物。人类在陆地、海洋活动到一定程度时，其目光必然投向天空。在向空中发展的过程中，随着飞机的发明和航空技术的发展，尤其是当民用航空成为一个国家的一项重要经济活动，以及航空科学技术、航空企业及相关部门成为一国经济结构中的重要门类时，必然会产生与航空活动相关的广泛而复杂的各种社会关系，必然要求建立与这种社会关系相适应的法律制度，以保障并促进航空事业的发展，由此决定了民用航空法作为一种法律门类、作为一门新的独立学科的存在价值。民用航空法是一个广义的统一名称，狭义的名称在各国立法中有所不同，大多数国家称之为"航空法"。然而，因为我国有关航空的大法为《中华人民共和国民用航空法》(当前版本于 2021 年 4 月 29 日第十三届全国人民代表大会常务委员会第二十八次会议修改)，故我们采用"民用航空法"一词。

民用航空法一般被认为是规定领空主权、管理空中航行和民用航空活动的法律规范的总称。

民用航空法的确立是国家现代化程度的象征。人类航空活动天然的国际性，决定了在世界经济一体化的进程中，每一个国家的民用航空业的发展都与世界经济有着必然的联系，也与世界经济相互影响。民用航空业在其发展过程中，所涉及的包括国内和国际关系在内的各种社会关系相当复杂且广泛。因此，民用航空法分国内航空法和国际航空法，它们分别属于不同的法律体系。国内航空法是国家的主要法律之一，涉及领空主权及其空域管理制度，用于规范民用航空行政管理、调整民用航空活动产生的民商关系，还涉及保护民用航空安全的法律等。而国际航空法是国际法的有机组成部分，它确定了领空主权原则，调整国家之间开展民用航空活动的各种社会关系。民用航空法不是调整一切航空活动的法律，它是保障民用航空业的发展及空中航行安全的法律体系。

二、民用航空法的调整对象

民用航空法的调整对象主要是民用航空活动所涉及的各种社会关系，同时，民用航空法可用于协调民用航空与非民用航空，特别是与军用航空的关系。

非民用航空包括军用航空和公务航空。军用航空是指军事部门使用航空器为达成军事目的而进行的航空活动；公务航空是指国家机关使用航空器为执行公务而进行的航空活动，如海关缉私、公安机关巡逻、追捕逃犯等使用航空器进行的航空活动，形式是包机运输。

公共航空运输企业就是我们所熟悉的民用航空公司，其是以盈利为目的，并使用民用航空器运送旅客、行李、邮件或货物的企业法人，如中国东方航空集团有限公司（以下简称东航）、中国南方航空股份有限公司（以下简称南航）等。这种航空活动也属于交通运输，与公路、铁路、水路和管道运输共同组成国家的交通运输系统。

通用航空是指公共航空运输以外的一切民用航空活动。国际民用航空组织将通用航空定义为"除定期航班和为取酬或者出租的不定期航空运输以外的一切民用航空活动"。通用航空包含多项内容，范围十分广泛，包括从事工业、农业、林业、渔业和建筑业的航空作业，以及急救飞行、航空训练、抢险救灾、气象探测、海洋监测、航空体育等多项飞行活动。

三、民用航空法的三要素和 3 种关系

（一）民用航空法的三要素

民用航空法律关系与其他法律关系一样，包括主体、客体、内容三要素。

1．主体

民用航空法律关系的主体是指参与到民用航空法律关系中，并享受权利、承担义务的当事人。其主要包括 5 类：一是国家；二是法人，企业法人与事业法人均可以成为民用航空法律关系的主体，常见的企业法人有航空公共运输企业、航空器设计制造企业、航空器维修企业等；三是非法人组织，如合伙组织、个人独资企业、不具备法人条件的中外合作企业和外资企业、依法登记的不具有法人资格的公益团体等；四是自然人，自然人通常以旅客、航空业务者、受害者 3 种身份成为航空法律关系的主体；五是国际航空组织，如国际民用航空组织、国际航空运输协会等。

2．客体

民用航空法律关系的客体是航空权利、义务所指向的对象，主要有"物"与"行为"

两类。航空器及其部件、机场、各种导航设施、行李及货物等均是民用航空法律关系中所指的"物"。行为指的是各航空法律关系的主体围绕着一定的权利和义务所发生的一定行为。例如，航空运输法律关系的客体是运输行为，航空器对地（水）面第三人损害赔偿法律关系的客体是侵权行为。

3. 内容

航空法律关系的主体所享有的权利和承担的义务构成了航空法律关系的内容。例如，航空货运合同的承运人有将承运的货物如期安全运达收货地的义务，有请求托运人依约支付运费的权利等。在不同性质、不同种类的航空法律关系中，当事人的权利、义务内容是不同的。即使是同一主体，因其参与的航空法律关系的种类不同，其所享有的权利和承担的义务也是不同的。

（二）民用航空法的 3 种关系

民用航空法调整因民用航空活动产生的社会关系，其范围是十分广泛的，凡与航空器、航空器的正常状态、航空器的操作、航空器所有权及其正常转移、机场、信标、商业航空运输及其国际通航、民用航空活动可能造成的损害而产生的赔偿责任、民用航空活动保险等有关的问题，都在民用航空法的调整范围之列，受民用航空法的约束，概括起来主要包括以下 3 种关系。

1. 纵向关系

纵向关系指民用航空主管机构与民用航空经营部门之间或上下级主管机构之间的领导与被领导的关系。国家民用航空主管机构根据社会对民用航空消费的需求和预测，确定民用航空业发展的规模和重点发展的方向，并在此基础上制定发展民用航空业的方针和措施。

2. 横向关系

横向关系指平等主体之间的关系，即民用航空企业之间的相互关系，以及民用航空企业与消费者之间的关系。

3. 民用航空与非民用航空的协调关系

民用航空法不仅要调整好因民用航空活动产生的社会关系，而且要调整与民用航空相关的其他活动，并协调好它们之间的关系。因为民用航空法关于领空主权的规定是一切航空活动都必须遵守的规则，为了保障飞行安全，在同一空域中同时进行各种航空活动，不论是民用航空还是军用航空，都必须接受统一的空中交通管制、遵守统一的空中交通规则，非民用航空部门参与民用航空活动必须受民用航空法有关规定的约束。

第二节　民用航空法的特征

民用航空法是随着航空技术的进步而发展起来的一个行业领域的法律。民用航空法的专业性、技术性很强，它形成虽晚，但发展较快。民用航空法从产生之日起也较其他法律具有更强的国际性，因法律关系的对象特殊，其更具有明显的独立性、综合性等特征。

一、民用航空法的国际性

航空技术自身的特性、航空运输的特点和航空活动自身发展的需要决定了航空活动的国际性。如果不使用国际统一的法律规则，而使用各国千差万别的国内法，航空活动势必寸步难行，进而干扰、阻碍航空活动的发展。

人类将目光投向天空就是想突破陆地和海洋的束缚，从人类开展航空活动的历史和现状来看，其目的主要是进行国际航空运输。国土面积较小的国家的航空器一起飞，往往就容易飞出国界，使用高成本的航空器进行运输的意义不大。例如，对于航空活动的发源地欧洲来说，这个道理就更容易被人们理解。在欧洲，中小国家林立，飞机在半个小时内就可飞越几个国家。航空运输的主要目的是在国家之间架起"空中桥梁"，方便各国人民之间的往来，因而协调航空运输的航空法从诞生起就具备国际性特征。

航空活动所使用的工具——飞机所具有的速度快的特性和优势决定了航空活动具有国际性。对一些中小国家而言，航空器主要用于国际航行；对一些疆域广阔的国家（如中国、美国、俄罗斯、印度等）来说，国内航空活动具有重要价值，国内航空运输有着广阔的发展前途。然而，世界经济的全球化，无论是经济交往的国际性，还是国际性航空犯罪（劫持飞机的罪犯很容易把一国国内航班飞机劫往外国。一旦这种情况发生，国内航空活动就演变为国际航空活动），都需要具备国际性的法律来协调和约束。为此，航空活动的国际性仍然是不可忽视的。

航空活动的国际性决定了民用航空法具有国际性，民用航空法的国际性主要体现在以下两个方面。

1. 国际航空活动有统一的航空技术标准的需要，要求民用航空法具有国际性，并制定统一的航空法律规范

在航空活动中，尤其是在国际航空活动中，如果没有统一的技术标准，安全的空中航行和有序的航空业将难以得到可靠的保障。为此，《国际民用航空公约》（又称1944年《芝加哥公约》）第三十七条规定："缔约各国承允在关于航空器、人员、航路及各种辅助服务的规章、标准、程序及工作组织方面进行合作，凡采用统一办法而能便利、改进空中航行的事项，尽力求得可行的最高程度的一致。"而后成立的空中航行国际委员会、国际航空法专家技术委员会、国际民用航空组织等组织，在统一国际航空法律规范方面做了大量的工作，并在统一国际航空技术标准方面取得了巨大的成就。当今世界，在某些方面仍没有形成统一的法律规范，只能依靠国内法来调整，但也有一些国家的法律是按照一些国际惯例制定的。

2. 各国国内民用航空法是一种涉外性很强的法律，国内航空法与国际航空法有着十分密切的关系

《中华人民共和国民用航空法》既考虑了适应建立具有中国特色社会主义市场经济的航空运输市场的需要，又尽可能汲取了现有的国际航空公约的经验和精华，妥善处理与有关国际公约的关系，使我国的民用航空法律制度与国际通行的法规接轨。根据航空活动的国际性特征，我国相继批准或加入《华沙公约》《国际民用航空公约》《海牙议定书》《东京公约》《海牙公约》《蒙特利尔公约》等，在航空活动中受这类公约的约束。《中华人民共和国民用航空法》中的有关条款与这类公约的规定也基本一致。另外，《中华人民共和国民用航空法》还吸收了我国尚未批准或尚未加入的一些公约的合理部分。对于内容与我国现行政策不相抵触的公约，我们借"他山之石"来弥补和完善我国的民用航空法律制度。对于我国目前尚未批准或尚未加入，且其某些内容与我国实际情况不符或与我国现行政策尚有抵触的公约，如《关于外国航空器对地（水）面第三者造成损害的公约》《危地马拉议定书》等，《中华人民共和国民用航空法》也有选择地吸收了其合理成分。随着我国民用航空业的发展，《中华人民共和国民用航空法》的相关条例还将不断完善，使内航空法尽可能地采用国际航空法律规范和国际上的通行做法。

民用航空法的国际性这一特征，也明显反映在国内法上，所以说，国内民用航空法是一种涉外性很强的法律。因此，民用航空法也调整大量具有涉外因素的社会关系，如国家民航主管机构与在中国境内投资经营的外国民航公司之间的关系、国内民航公司与外国民航公司之间的关系，以及国内外消费者因乘坐国际航班与国内航班形成的各种关系，等等。

总之，虽然各国的法律制度不同，各国航空法在形式上也有所不同，但是航空运输一问世就意在国际运输。另外，国内航空法中的很多法律条款往往直接来源于国际航空法，所以它的国际性特征毋庸置疑。

二、民用航空法的独立性和综合性

民用航空法的独立性指民用航空法自成一类，形成一个独立的法律部门。民用航空是以民用航空器为工具，实施空中航行，从事公共航空运输、航空作业及其他通用航空活动的领域。这种活动在空中作业，风险性高，机动性强，具有资金密集、技术密集、知识密集、信息密集、组织严密、质量严格等诸多特点。而且民用航空与国家的主权联系紧密，是空军的后备力量。因此，民用航空在整体上是一种特殊的商业活动。要正确调整民用航空及其在相关领域中产生的社会关系，就需要专门的法律即民用航空法来调整。民用航空法调整的对象十分明确、专一，需要行使民用航空法的部门必须是一个独立的法律部门，而民用航空法是否具有独立性、是否能成为一个独立的法律部门或法律学科，历来就存在很大的争议。从人类从事运输的历史来看，航海历史较航空历史要长得多，人们在确立航空法的基本原则的过程中，海商法对民用航空法的影响痕迹至今可见。例如，1919年《巴黎公约》就纳入了海商法中的一些条例。随着航空业的发展，海商法的一些原则并不完全适合于民用航空法，特别是随着航空法理论研究的进一步深入，民用航空法逐步摆脱了海商法的模式。

在明确航空法独立性方面，我们也要了解航空法与外层空间法（或称空间法）的关系。外层空间法是近期人类探索宇宙、适应空间科学技术迅速发展的产物，并形成了一个崭新的法律部门；外层空间法完全没有以航空法为样本，而实行的是另外一种法律制度；两个部门法之间亦有着密切的联系。

所谓民用航空法的综合性，是指调整民用航空及其相关领域中产生的社会关系的各种法律手段纵横交错，法律调整的方法逐渐多样化，各种手段及方法综合起来构成民用航空法。民用航空活动是一项复杂的系统工程，其所产生的社会关系也呈现出多样性和复杂性。针对这样的情况实施法律调整，必将形成多样性的法律关系，自然需要多样性的调整手段与之相适应。所以，民用航空法具有综合性的特点，是将调整"民用航空"这一部门的法律规范综合在一起的必然结果。

三、民用航空法打破了公法与私法的界限

民用航空法作为国际法的组成部分，首先要解决的就是诸如主权、国籍、国家关系等公法问题。在民用航空法中，无论是在巴黎签订的《关于管理空中航行的公约》（又称1919年《巴黎公约》），还是现行的《国际民用航空公约》，以及后来为制止航空犯罪而制定的《东京公约》《海牙公约》等都是为了解决上述关系的公法。

在私法领域，各个国家间的法律规则和法律传统存在巨大的差别与冲突。而在航空活动的历史和实践中，公共国际航空运输必须采取统一的原则和规则，而打破传统上将法律划分为公法和私法的界限是实现这一目标的必要前提条件。例如，1929年在华沙签订的《统一国际航空运输中某些规则的公约》（又称《华沙公约》）正是对航空损害赔偿实行统一责任规则的成功之作，迄今为止其一直是国际航空法的基本组成部分。我国民用航空法为进一步适应国际统一法律规则的需要，正在对空中交通管制人员的责任、产品责任等进一步摸索解决方法。

四、民用航空法是平时法

民用航空法是平时法，是指民用航空法仅调整和平时期民用航空活动及其相关领域所产生的社会关系。如遇战争或国家处于紧急状态，民用航空要受战时法令或紧急状态下的非常法的约束。

民用航空法的平时法特征，就是要求在和平时期，所有航空活动都必须遵守统一的空中规则，以维持空中交通的正常秩序，保障飞行安全。但在紧急情况下，军用航空器有优先通过权，以保障军用航空保卫国家领空不受侵犯的需要。而且，在战时或在国家宣布处于紧急状态的时候，民用航空法并不妨碍受战争影响的交战国和中立国的行动自由，交战国和中立国可以不受约束地采取一切必要的行动。

民用航空法的平时法特征，说明民用航空法的规定应适合和平时期发展民用航空的客观规律。空域是航空活动的场所，是国家宝贵的航空资源，必须充分开发、合理利用；在和平时期，民用航空法应全力支持、维护民用航空活动，以保证民用航空的发展。当然，民用航空是国防的后备力量，我国大力发展现代化的民用航空，有强大的机群，有布局合理的机场，有先进的导航系统，有技术过硬的空勤人员，平时可满足经济建设、人民生活和国际交往的需要，战时可满足战时需要，为反抗侵略、保卫祖国服务。

第三节 民用航空法的渊源

法的渊源是一个相当复杂的概念，我们在这里所研究的既不是民用航空法的起源，也不是民用航空法的根据，更不是民用航空法历史发展上的渊源，我们要研究的仅是民用航

空法的组成和具体的表现形式，即民用航空法的形式渊源。民用航空法的形式渊源较之其他一些法的渊源有明显的特点，它主要是由制定法或成文法组成的。

一、民用航空法借鉴了海商法

民用航空法与海洋法有比较密切的联系，由于航海活动出现得较早，不同地域的人们在相互交往中，形成了许多约定俗成的规则。由于当时人类的法律制度不健全，迟迟没有形成较完善的海洋法，直到1958年才有了4个日内瓦公约（《领海与毗连区公约》、《公海公约》、《捕鱼及养护公海生物资源公约》和《大陆架公约》）文件的制定。而民用航空法恰恰相反，由于民用航空法起步较晚，民用航空的发展又十分迅速，许多问题来不及缓慢地形成"习惯"，其相关的国际条约的条文规定中明显借用了海商法的相关规定。

二、民用航空法的渊源主要来自国际条约与习惯

一般来说，国际法的渊源主要是条约和习惯。由于航空技术和发展水平都提高得十分迅速，民用航空立法基本上是与国际航空法同步的，所以今天的民用航空法最重要和主要的渊源是国际条约，国际习惯是民用航空法的一般渊源。当没有条约规定时，惯例就成了适用的原则。

条约是由国家及其他国际法主体所缔结，以国际法为准，并确定其相互关系中的权利和义务的一种国际书面协议，也是国际法主体间相互交往的一种最普遍的法律形式。国际条约的名称很多，主要包括条约、公约、协定、议定书、宪章、盟约、换文、宣言等。

条约是国家间明示的协议，对各缔约国均有约束力；各国缔结的条约，一旦被国际社会所接受和承认，便具有普遍的约束力，经过一段时间的磨合使用，便成了国际习惯法规则，形成了如今国际通用的国际航空法条约，如下所述。

（1）《国际民用航空公约》：其由"序言""空中航行""国际民用航空组织""国际航空运输""最后条款"组成，经修订后共22章96条，是国际航空法最基本的公约，缔约各国应无保留地遵守该公约。该公约取代了1919年《巴黎公约》和1928年《哈瓦那公约》。该公约现有18个附件，规定了国际民用航空的国际标准和建议措施。公约附件对缔约国不具有强制性约束力，但缔约国有义务将本国的规定和措施与附件规定的国际标准和程序之间的差异立即通知国际民用航空组织。

（2）《统一国际航空运输某些规则的公约》，又称1999年《蒙特利尔公约》（2005年7月31日对我国生效）：其规定了承运人对旅客的双梯度责任制度，在第一梯度下，无论承运人是否有过错，都要对旅客的死亡或身体伤害承担以10万特别提款权（在本公约签署当日，特别提款权合人民币11.163 10元）为限额的赔偿责任；在第二梯度下，对超过10万特别提款权的部分，只要承运人能够证明其没有过错，就不必承担赔偿责任。

（3）关于国际民用航空安全保卫的条约：其主要有5个法律文件，即1963年《东京公约》、1970年《海牙公约》、1971年《蒙特利尔公约》、1988年《蒙特利尔议定书》、1991年《蒙特利尔公约》（又称《关于注标塑性炸药以便探测的公约》）。

（4）关于航空器对第三人造成损害的条约：1952年《罗马公约》、1978年《蒙特利尔

议定书》。

（5）对航空器权利的公约：1948 年《日内瓦公约》。

（6）地区性条约和双边协定：如 1987 年 6 月 16 日在巴黎签订的《欧洲民航会议关于制定航班飞行运价程序的国际协定》。国家之间签订的双边航空运输协定早已超 4000 份，这些国家间，以及国家与地区间签订的双边航空运输协定是有关方通航的法律依据。

三、国内航空法的渊源

国内法是由特定的国家制定或认可，实施于该国主权所达范围之内的法律。航空法有狭义和广义之分：狭义的航空法是指以"航空法"为名称的那部法律；广义的航空法是指规定领空主权、管理空中航行和民用航空活动的法律规范的总和。

在我国的法律体系中，宪法是根本大法，是由国家的最高权力机关通过和修改的最高规范性文件，是最高的法律形式。我国的航空法分为法律、行政法规、部门规章 3 个层次。尽管《中华人民共和国宪法》规定了地方性法规，但鉴于民用航空的特殊性，除特别行政区的某些具体事项外，不宜也没有必要制定地方性航空法律规范。

我国的航空法以颁行的《中华人民共和国民用航空法》为核心，由下列各部分构成。

1. 国家颁布的关于民用航空的专项法律

1995 年 10 月 30 日，第八届全国人民代表大会常务委员会第 16 次会议通过的《中华人民共和国民用航空法》，自 1996 年 3 月 1 日起施行。《中华人民共和国民用航空法》是中华人民共和国成立以来第一部关于民用航空的专项法律，该法的颁布施行，标志着我国民用航空法治建设进入了一个崭新的历史时期。

2. 国家颁布的其他法律中关于民用航空的法律规范

由于民用航空是社会生活中不可缺少的一个组成部分，并居于一定的重要地位，我国很多法律规定中都涉及不少关于民用航空的法律规范，包括领空主权、空中航行和民用航空活动管理的法律规范，这些法律规范应属于民用航空法的体系，我们应遵照执行。关于特别行政区的民用航空活动，遵照特别行政区基本法的有关规定执行。在这里需要说明的是，并不是从事民用航空的单位或个人所应遵守的法律规范都应该被列入民用航空法的范围。即使是民用航空主管部门所做的规定，也只需根据民航部门的具体情况予以贯彻执行，所以不应该被划入民用航空法律体系。

3. 全国人民代表大会常务委员会在需要时就民用航空事项做出的决议和决定

1992 年 12 月 28 日，第七届全国人民代表大会常务委员会第二十九次会议通过的《关于惩治劫持航空器犯罪分子的决定》规定："以暴力、胁迫或者其他方法劫持航空器的，处十年以上有期徒刑或者无期徒刑；致人重伤、死亡或者使航空器遭受严重破坏或者情节特别严重的，处死刑；情节较轻的，处五年以上十年以下有期徒刑。"全国人民代表大会常务委员会的这一决定，是对 1979 年《中华人民共和国刑法》的重要补充。这一重要决定经修改后已经并入 1997 年修订的《中华人民共和国刑法》。

第一章　民用航空法概论

4. 国务院相关部门发布或制定的有关行政法规和民用航空规章

原中国民用航空总局是国务院直属的主管全国民用航空活动的行政机关（名称和归属已于2008年发生了变化，2008年以前的文件法规和说法均用旧称），由局长签署、以"中国民用航空总局令"的形式发布的规范性文件，总称为《中国民用航空规章》，是对在我国境内进行各种民用航空活动的具体规定。

5. 关于航空法的法律解释

法律解释主要分为学理解释和法定解释两大类。学理解释又称无权解释、任意解释，是指非法定的国家机关、社会团体、法学工作者，以及报刊等对有关法律、法规的内容和含义所做的说明。其特点是不具有法律效力。法定解释又称有权解释、正式解释，是指由特定的国家机关依照宪法和法律赋予的职权，对有关法律规定进行的解释，一般分为立法解释、司法解释和行政解释。法定解释具有法律效力，是广义上的法律的组成部分。

我国宪法规定，由全国人民代表大会常务委员会行使对宪法和法律的解释权。中国民用航空局由国务院授权对有关民用航空的行政法规进行解释，并在其权限范围内对中国民用航空规章进行解释，这些都属于行政解释。从构成上说，我国民用航空法以《中华人民共和国民用航空法》为核心，已形成一个内容齐全、层次分明、和谐协调的法律体系。

知识小课堂

航空法的起源

人类在进行天空活动的初期，航空活动和航空技术尚处于初级阶段，航空法亦处于萌芽时期。

1819年，法国塞纳省第一次制定了空中航行安全规章，规定气球载人要配备降落伞；在农民收割农作物之前禁止气球飞行。

1822年，美国根据普通法判决了一个航空侵权案（盖尔诉斯旺案）。

1863年，朗岱尔发表了题为《航空或空中航行》的文章，被认为首次使用"航空"（Aviation）这一词汇。

1870年，巴黎城被普鲁士军队围困，法国政治家甘必大乘气球飞离巴黎去外省求援，以组织抵抗运动。同年11月19日，俾斯麦首相便致函法国政府，声称对走出境的气球和越境士兵同等对待，即作为间谍处置。

1880年，国际法学会在英国牛津集会，将航空问题列入了议程。

1889年，法国利用在巴黎举办国际博览会的机会，邀集巴西、美国、英国、俄罗斯、墨西哥等28国代表讨论航空问题。会议将4个航空法律问题列入了议题。

1891年，第一批航空法论著问世。芒都卡著《在空域中犯罪的刑事责任和司法侦辑》，威尔赫姆著《论在国际法中气球驾驶员的法律地位》。

1899年，第一次海牙和平会议通过了《禁止在轻气球上放掷炮弹及炸裂品宣言》。

第四节　我国民用航空业的发展与民航立法

一、我国民用航空业的形成与发展

航空运输作为现代交通运输方式，属于国家基础性、先导性行业。民用航空的发展，是国家经济发展和现代化程度的一个重要标志。我国民用航空业从无到有，发展到现在已具有相当规模，并正向世界航空大国迈进。我国民用航空法治建设的任务，就是要建立、健全民用航空法律体系，充分发挥法律的作用，引导、推进和保障我国民用航空业持续、快速、健康地发展，以适应国家经济发展和社会进步的需要。我国的民用航空业发展史，以1949年10月1日中华人民共和国宣告成立之日为分界点，划分为中华人民共和国成立之前和成立之后两个阶段。

（一）中华人民共和国成立之前的民用航空业

1910年，清朝政府提议兴办航空事业，并购买了1架法国苏姆式双翼飞机，在北京南苑五里店选建场所训练飞行人员，这被视为中国近代航空史的起点。1919年3月，北洋政府交通部成立筹办航空事宜处，1921年2月改组为航空署，隶属于军政部，陆续购进飞机共8架，制定了运输章则，拟订了开航计划。1920年5月8日，京沪线北京—天津段通航，断断续续飞行了一年多；1921年7月1日，北京—济南段通航，但仅飞行了10天；1924年，所有这些航空运输业务陆续停办。

1923年，在孙中山先生"航空救国"思想的倡导下，旅美华侨杨仙逸在广州创办航空学校。1924年，在孙中山先生的领导下，黄秉衡等人在广州的大沙头开办了航空学校，这所航空学校于1925—1926年培养了527名飞行员。

1929年5月，国民政府交通部成立沪蓉航空线管理处，购买了4架美国制造的单翼小型客机，并于同年7月8日开辟了沪蓉线上海—南京段，总计飞行一年多。同年5月1日，"中国航空公司"成立，半年后该公司使用水陆两用飞机，开辟了上海—汉口航线。

1930年8月，国民政府撤销沪蓉航空线管理处，成立我国和美国合资的中国航空公司（中方股份占55%，美方股份占45%；到1945年12月修改股份比例，中方股份和美方股份分别占80%和20%）。1931年2月，我国和德国合资成立欧亚航空公司（中方股份占2/3，德方股份占1/3）。1941年7月，国民政府接管并没收了德方股份，1943年2月21日决定将欧亚航空公司改组为中央航空公司，并于1943年3月3日正式成立。

从以上情况可以看出，中华人民共和国成立之前的民用航空业主要是中国航空公司和中央航空公司开展的运营活动。两家航空公司在当时特殊的历史条件下，经历了艰难曲折和缓慢发展的历程。

（二）中华人民共和国成立之后的民用航空业

1949年10月1日，中华人民共和国成立，为我国民用航空业的建设开辟了一条崭新的社会主义道路。中国人民政治协商会议第一届全体会议通过的《中国人民政治协商会议共同纲领》提出了要"有计划、有步骤地建造各种交通工具和创办民用航空"。

1949年11月2日，中国民用航空局成立，翻开了我国民用航空业发展的新篇章。从这一天开始，我国民用航空业迎着中华人民共和国的朝阳起飞，从无到有，由小到大，由弱到强，经历了不平凡的发展历程。特别是十一届三中全会以来，我国民用航空业在航空运输、通用航空、机群更新、机场建设、航线布局、航行保障、飞行安全、人才培训等方面持续、快速发展，取得了举世瞩目的成就。

民用航空业的发展与国家经济的发展、与国家直接领导和支持密不可分，是几代民航干部职工励精图治、团结奋斗的结果。中国民用航空业发展至今主要历经了5个阶段。

第一阶段（1949—1978年）：初创阶段。1950年，中华人民共和国民用航空业初创时，仅有30多架小型飞机，年旅客运输量仅为1万人，运输总周转量仅为157万吨公里。

1958年2月27日，国务院通知：中国民用航空局自本日起划归中华人民共和国交通运输部领导。1962年4月13日，第二届全国人民代表大会常务委员会第五十三次会议决定将交通运输部民用航空总局改称"中国民用航空总局"。1962年4月15日，中央决定将中国民用航空总局由交通运输部部属局改为国务院直属局。在这一时期，我国民用航空业由于领导体制几经改变，航空运输发展受政治、经济影响较大，1978年的航空旅客运输量仅为231万人、运输总周转量为3亿吨公里。

第二阶段（1978—1987年）：实施企业化改革。1980年3月5日，我国政府把中国民航的党政工作、业务工作及干部人事工作等由空军负责管理转由中国民用航空局负责管理，实行企业化管理。在此期间，中国民用航空局是政企合一的，既是主管民航事务的政府部门，又是以"中国民航"（CAAC）的名义直接经营航空运输、通用航空业务的全国性企业；下设北京、上海、广州、成都、兰州（后迁至西安）、沈阳6个地区管理局。1980年，我国民用航空业全年旅客运输量为343万人，全年运输总周转量为4.29亿吨公里，在新加坡、印度、菲律宾、印度尼西亚等国之后，列居世界民航第三十五位。

第三阶段（1987—2002年）：进一步深化改革。1987年，我国政府决定对民用航空业进行以航空公司与机场分设为特征的体制改革，主要内容是将原民航北京、上海、广州、西安、成都、沈阳6个地区管理局的航空运输和通用航空相关业务、资产和人员分离出来，组建了6个国家骨干航空公司，实行自主经营、自负盈亏、平等竞争。1993年4月19日，中国民用航空局改称中国民用航空总局，属国务院直属机构。从改革开放到2002年，我国民航运输总周转量、旅客运输量和货物运输量年均增长分别达18%、16%和16%，高出世界平均水平两倍多，国际排位进一步上升。我国成为令人瞩目的民用航空大国。

第四阶段（2002—2010年）：在改革发展中，我国进一步完善了航空产业体系。2002年3月，我国政府决定对民用航空业再次进行重组。主要内容如下所述。

（1）组建六大集团公司，分别是中国航空集团有限公司、东航、南航及中国民航信息集团公司、中国航空油料集团有限公司、中国航空器材进出口集团公司。六大集团公司与中国民用航空总局脱钩，交由中央管理。

（2）民航政府监管机构改革。中国民用航空总局下属7个地区管理局及26个省级安全监督管理办公室，对我国民航事务实施监管。

（3）机场实行属地管理。按照政企分开、属地管理的原则对90个机场进行属地化管理改革，中国民用航空总局直接管理的机场下放所在省（市、区）管理。2004年7月8日，机场属地化管理改革全面完成,同时标志着民航体制改革全面完成。2004年10月2日,在国际民用航空组织第三十五届大会上,我国以高票首次当选该组织一类理事国。

截至2004年年底,我国民用航空业拥有运输飞机754架,其中大中型飞机680架,均为世界上先进的飞机。2004年,我国民航运输总周转量达到230亿吨公里(不包括香港、澳门特别行政区以及台湾地区),在国际民用航空组织188个缔约国中名列第三位。

第五阶段(2011—2020年):实施航空强国战略阶段。2012年《国务院关于促进民航业发展的若干意见》的出台,标志着发展民用航空业上升为我国的国家战略。在"十二五"期间,我国民航运输总周转量达3457.5亿吨公里、旅客运输量达18亿人次、货邮运输量达2887.6万吨,年均分别增长9.6%、10.4%和2.3%。我国民用航空业实现持续、快速发展,在经济社会发展中的战略地位进一步提升,带动作用日益凸显。我国民用航空业的发展成就令世界瞩目。

按照建设民航强国战略"两步走"的推进方案,至2020年我国初步建成民航强国,所以,"十三五"时期是实现民航强国战略构想的决战时期和全面夯实民航强国建设基础的关键阶段。在新冠肺炎疫情对全球民用航空业造成巨大冲击的情况下,由于我国疫情防控措施得力、有效,中国民航在全球率先触底反弹,成为全球恢复最快、运行最好的航空市场。整个"十三五"期间,我国民用航空业发展迅猛,成绩辉煌。

数据显示,"十三五"期间,我国新增航路航线263条,全国航路航线总里程达到23.7万公里。我国民航机队规模达6747架,国产民航飞机在支线机队中的比例达33%;基础设施建设总投资为4608亿元,新建、迁建运输机场43个,全国颁证运输机场数量增加到241个;机场新增设计容量约4亿人次,总容量达14亿人次。5年来,我国区域枢纽机场发展迅猛,全国千万级机场达到39个;通用航空业务量年均增长13.7%,通用航空机场(以下简称通用机场)的数量超过运输机场的数量。

(三)"十四五"民航发展规划

2021年是"十四五"开局之年,在"十四五"期间,我国民用航空业将灵活把握货运航权的开放政策;促进国际航空货运能力的有效提升;逐步放开港澳地区航线航班政策;完善高效规范、公开公平的中外航空公司航班时刻分配体系和制度;实施更加积极有力、灵活宽松的宏观调控政策,完善差异化航班量调控政策,实现不同区域保障能力与发展速度、发展需求相平衡;计划完成运输总周转量856.75亿吨公里、旅客运输量9.07亿人次、货邮运输量1782.80万吨。

根据预测,在"十四五"末,我国的民用航空运输规模将再上一个新台阶;通用航空市场需求将进一步激活;航空器维修、地面保障,以及航油、航信、航材等专业领域的服务保障能力持续提升,将促进我国从单一的航空运输强国跨入多领域民航强国建设的新阶段。

在"十四五"期间,我国民用航空业将加大基础设施补短板力度,深入推进北京"双枢纽"建设,着力打造北京大兴国际机场"新国门",推动北京首都国际机场"再造国门";大力推进重点项目建设,在2021年年末使颁证运输机场达到了248个。在国际客运航班方面,我国民用航空业将动态调整国际客运航班政策,推进国际客运航班有序恢复;灵活把握货运航权的开放政策；有效促进国际航空货运能力的提升；推动海南开放第七航权的试点落地；落实好RCEP（区域全面经济伙伴关系）民航领域相关工作；完善高效规范、公开公平的中外航空公司航班时刻分配体系和制度；夯实"一带一路"民航合作平台基础，推动中美、中欧民航合作平台转型升级；逐步放开港澳地区航线航班政策。

二、我国的民用航空法治建设

随着民用航空的发展，与其经济基础相适应的航空法律制度也在逐步建立与完善。我国的民用航空法治建设大致可分为4个阶段。

（一）1949年之前的民航立法

北洋政府于1919年筹办航空事宜处时曾拟订航空条例草案，到1921年成立航空署后，先后公布《京沪航空线京济运输暂行规则》《京济间载客暂行章程》《飞机乘客应守规则》《招商代收及接送客货暂行办法》等。当时的北洋政府没有加入1919年《巴黎公约》。

1935年1月19日，"中华民国"政府颁布《外国民用飞机进入国境暂行办法》，1941年1月18日颁布了《空中交通规则》和《航空无线电台设施规则》，1941年5月30日颁布了《民用航空法》。1947年1月20日交通部民用航空局成立，《民用航空驾驶员检定给照暂行规则》《民用航空人员体格标准暂行规则》《空中交通暂行规则》《民用航空器登记暂行规则》《民用航空器标志暂行规则》《空中交通管制员检定给照暂行规则》《航空器灯光及目视信号规则》《民用航空器适航证书请领规则》陆续被颁布。在国际航空法方面，当时的中国政府派代表参加并签署了1929年《华沙公约》，但未予以批准；1944年，当时的中国政府派代表参加了"国际民用航空会议"，签署了《国际民用航空公约》，并于1946年2月20日送交了批准书。此外，当时的中国政府还签署了1948年日内瓦《关于国际承认航空器权利的公约》，但未批准。

（二）1949年后至改革开放前的民航立法

1949年10月1日，中华人民共和国成立。1950年11月1日，中央人民政府人民革命军事委员会颁布《中华人民共和国飞行基本规则》，中国民用航空局公布《外国民用航空器飞行管理规则》；1951年4月24日，中央财政经济委员会颁布《旅客意外伤害强制保险条例》；1951年5月24日，政务院公布《进出口飞机、机员、旅客、行李检查暂行通则》。这是中华人民共和国成立后早期颁行的航空法规。此后，中国民用航空局根据航行、维修、商务等业务工作的需要，制定了有关的条例、规定、规则、细则、条令、办法、规程、手册等规范性文件，加强了对中国民用航空规章制度的建设，对中国民用航空业的发展起到了积极的作用。

（三）改革开放时期的民航立法

1978年的中国共产党十一届三中全会之后，我国的法治建设走上正轨。1979年4月4日，我国政府决定制定中国民用航空法。中国民用航空局成立了航空法领导小组和起草小组，从此，我国民用航空业步入了法治轨道。1979—1995年，除研究起草和反复修改航空法草案外，我国还起草和修订发布了关于民用航空的行政法规11部、民用航空规章近100

个及大量的规范性文件。中国民用航空法治建设的成绩显著。

1995年10月30日，第八届全国人民代表大会常务委员会第十六次会议通过了《中华人民共和国民用航空法》，中国民用航空法治建设步入了崭新的阶段。《中华人民共和国民用航空法》共十六章二百一十四条，其立法宗旨是"维护国家的领空主权和民用航空权利，保障民用航空活动安全和有秩序地进行，保护民用航空活动当事人各方的合法权益，促进民用航空事业的发展"（第一条），这是中华人民共和国第一部全面规范民用航空活动的法律。

1995年《中华人民共和国民用航空法》的颁布，使我国民用航空法的内容进一步丰富，民用航空法治建设蓬勃开展。1995年到2002年民航体制改革前，国务院发布的民航行政法规明显增多，中国民用航空总局发布的民航规章多达30余部、规章性文件达60余份，并且结合民用航空规章执行中的具体需要，对不符合《行政处罚法》的20部民用航空规章进行了修订。

2002年以来，为积极推进依法行政，适应市场经济发展的需要，转变政府职能，努力减少和规范行政审批，中国民用航空总局加快了立法步伐，发布了规章数十部。其中，仅2005年就审查完成规章32部，发布20部，为历年来数量之最。在制定新规章的同时，中国民用航空总局还对116部民航规章和108份规章性文件进行了全面清理，明令废止了规章5部、规章性文件25份。在这个时期，地方各级人民代表大会和地方政府也颁布了一批有关机场管理的地方性法规和规章，大量强制性民航技术标准也陆续出台。到了2009年，我国已经形成了由1部法律（《中华人民共和国民用航空法》）、27部行政法规及行政法规性文件、115部现行有效规章及规章性文件组成的多层次的民用航空法规体系框架，不仅为我国民用航空的行业管理提供了必要的法律依据，也为今后进一步完善我国民用航空法规体系建设奠定了基础。

（四）"十二五""十三五"时期的民航立法

1. "十二五"时期的民航立法的主要成就

我国的民航立法工作在"十二五"时期迎来了一个崭新的局面，在这一时期，民航立法取得了很多工作成就，主要体现在如下方面。

首先，中国民用航空局为了提高规章质量，于2011年开始着手推行立法后评估工作。立法后评估是民航规章实施后，根据其立法目的，结合行业管理的需要，按照一定程序和标准，对民航规章的立法质量、实施效果、存在问题及其影响因素进行调查分析和综合评价，并提出相应建议的制度。依据《全面推进依法行政实施纲要》《中国民用航空总局规章制定程序规定》，中国民用航空局制定了《中国民用航空局规章立法后评估规定》。

其次，彻底清理规章和规范性文件，保证民用航空法律体系的统一性。为便于民航行政机关和行政相关人员全面把握民航行政管理依据，中国民用航空局公布了《中国民用航空局现行有效规章目录》《中国民用航空局现行有效规范性文件目录》《中国民用航空局规范性文件清理目录》。此前，中国民用航空局根据《国务院办公厅关于做好规章清理工作有关问题的通知》的要求，对民航规章和规范性文件进行了全面、彻底的清理。经过清理，中国民用航空局共修改、宣布失效或废止规范性文件247份。

最后，中国民用航空局汇编执法依据，方便行政执法；印发《中国民用航空规章汇编》，收集中国民用航空局发布并已向国务院法制办公室备案的各项规章，便于各单位更好地贯彻执行规章，提高工作效率。

在"十二五"期间，中国民用航空局围绕行业发展大局，突出立法工作重点，2012年共制定、发布规章5部，规范性文件31份；2013年共制定、发布规章6部，规范性文件19份；2014年共制定、发布规章5部。其中，中国民用航空局于2013年制定、发布的6部规章均直接涉及航空安全，19份规范性文件涵盖人员资质和培训、飞行标准、适航管理、机场安全、空中交通管理及空防安全等各个方面。这6部规章分别是《中国民用航空危险品运输管理规定》《中国民用航空气象工作规则》《民用航空运输机场航空安全保卫规则》、《公共航空运输企业航空安全保卫规则》、《民用航空导航设备开放与运行管理规定》和《民用航空通信导航监视设备飞行校验管理规则》。

在有关法规和规范性文件的制定和修改过程中，立法质量有了较大的提高，法律条文表述得更加规范，规章的结构、条文和语言这3个方面均有了较好的改进。另外，根据《中国民用航空局规章立法后评估规定》，民航有关部门于2012年选择《民用航空行政处罚实施办法》进行了立法后评估试点，取得了明显的效果。

2．"十三五"时期的民航立法规划及其主要成就

一直以来，我国的民航立法缺乏整体规划，导致协调性和系统性不足。在国家全面推进依法治国的战略部署下，为了进一步做好民航法治建设工作、推动民航安全健康发展，中国民用航空局于2015年5月发布《加强民航法治建设若干意见》，明确了加强民航法治建设的总体要求、主要任务和保障措施。《加强民航法治建设若干意见》的发布进一步加快了我国民航法治建设的进程。根据《加强民航法治建设若干意见》，到2020年，我国基本建成以《中华人民共和国民用航空法》为核心，覆盖行业各领域和各环节，科学规范、层次分明、配套衔接的民航法规体系；民航法治政府建设取得新的进展，行业监管体制机制进一步完善，监管效能显著提升；民航法律法规普及深度和广度明显增加，从业人员依法办事水平全面提高，民航消费者守法用法意识普遍增强，矛盾纠纷化解更加及时有效。

为进一步加强民航法治建设，《加强民航法治建设若干意见》提出了16项基本任务，主要涉及完善民用航空法规体系、加强监管能力建设、强化行业依法运行和增强守法用法观念等4个方面的内容。

《加强民航法治建设若干意见》提出，加强民航法治建设的指导思想是"深入贯彻落实党的十八大和十八届三中、四中全会精神，以强化民航行政机关依法行政、民航经营者依法从业和民航消费者依法维权为出发点，以完善民用航空法规体系、健全民航行业监管机制、增强民航市场主体守法意识为重点，全面推进民航法治建设，维护民航安全和运行秩序，保护民航经营者和民航消费者的合法权益，确保民航改革发展在法治轨道上稳步前行，为建设民航强国提供有力的法治保障"。

为了科学指导民航法治建设，提高立法系统性，2016年9月，中国民用航空局编制了《民航"十三五"立法规划》，这是我国民航法治建设历史上首部专门立法工作五年规划。

《民航"十三五"立法规划》进一步增强了民用航空法律法规规章体系的系统性、有效性，推进了科学立法、民主立法，防止"部门化"和"碎片化"，发挥了立法对于民航行业发展的引领和保障功能，推动了民用航空法治建设。除立法缺乏整体规划外，民航规章、规范性文件也存在一些相互抵触和冲突的问题，也就是我们强调的立法"碎片化"现象，这种现象将导致政策"红利"对冲，制约行业的发展。我们今后的方向将是建立、健全清理的常态机制，对相关法律、法规及规章进行梳理。

《民航"十三五"立法规划》明确了"十三五"期间行业立法工作的重点：完善行业发展的基础法律制度，积极配合全国人民代表大会、国务院做好民用航空法修订和航空法研究制定工作，开展《民用航空安全保卫条例》等法规的修订、制定工作，着力完善行政程序、民航安全、改革发展3方面规章的制定、修订工作。除了民用航空法修订等法律项目，列入规划的法规及规章项目共计98部。

为保持完整性，中国民用航空局同步制定了《民用航空法律法规规章体系框架》《民航局2016—2020年立法规划项目表》《通用航空立法规划项目表》3个附件。为增强规范性，依据有关法律法规，并参考国际国内制定立法规划的经验，中国民用航空局同步印发了《民航立法规划管理办法》，建立了规划的实施机制。

作为"十三五"期间开展民航立法工作的指导性文件，《民航"十三五"立法规划》的实施有力推动了民用航空法规体系的完善，提升了行业立法质量，更好地发挥了立法在民航强国建设中的引领和保障作用。

三、我国的民用航空法规体系

建国70多年以来，我国民用航空法规体系逐步完善，特别是改革开放以来，民用航空法规体系建设得到了长足的发展。根据法律的效力等级，从纵向层次上划分，民用航空法规体系可分为法律、行政法规、民航部门规章。法律是由全国人民代表大会及其常务委员会制定的规定，其效力高于其他法规和规章。根据中国民用航空局信息公开目录统计，到2019年我国民用航空法规体系已初步形成了由1部法律、27部行政法规和行政法规性文件，以及141部现行有效规章及规范性文件组成的多层次、基本完备的民用航空法规体系框架，行业监管体制机制得到完善，监管队伍建设基本可以满足行业运行和管理要求。

（一）法律

这是民用航空法规体系的第一层次。《中华人民共和国民用航空法》是为了维护国家的领空主权和民用航空权利，保障民用航空活动安全和有秩序地进行，保护民用航空活动当事人各方的合法权益，促进民用航空事业的发展而制定的法律。

《中华人民共和国民用航空法》由第八届全国人民代表大会常务委员会第十六次会议于1995年10月30日审议通过，自1996年3月1日实施。当前版本于2021年4月29日由第十三届全国人民代表大会常务委员会第二十八次会议通过修正。

（二）行政法规

这是民用航空法规体系的第二层次。由总理以国务院令发布或国务院授权中国民用航空局发布民用航空行政法规，如《中华人民共和国民用航空器适航管理条例》《民用机场管理条例》《中华人民共和国民用航空安全保卫条例》《中华人民共和国飞行基本规则》等。

（三）民航部门规章

这是民用航空法规体系的第三层次。CCAR（China Civil Aviation Regulations）是中国民航规章的缩写，也指中国民航规章体系。

目前，中国民用航空局管理的航空公司和其他航空企业全部按照要求来建立和健全管理体系。民航部门规章共有上百部，根据不同的工作性质，各公司选用不同的内容进行规范和管理。中国民用航空局发布的各类民用航空规章，如 CCAR-121 部（适用于民航及货运航空）、CCAR-145 部（适用于通用航空）等现行规章及规章性文件分类目录如下所述。

1. 行政规则

《中国民用航空总局职能部门规章制定程序规定》（CCAR-121）、《民用航空适航委任代表和委任单位代表管理规定》（CCAR-183AA-R1）。

2. 航空器

《运输类飞机适航标准》（CCAR-25-R4）。

3. 航空人员

《民用航空飞行签派员执照和训练机构管理规则》（CCAR-65-FS-R3）、《民用航空器维修人员执照管理规则》（CCAR-66-R3）、《民用航空人员体检合格证管理规则》（CCAR-67FS-R4）、《航空安全员合格审定规则》（CCAR-69-R1）。

4. 空中交通管理

《中国民用航空空中交通管理规则》（CCAR-93TM-R4）。

5. 一般运行规则

《一般运行和飞行规则》（CCAR-91R4）、《民用航空通信导航监视设备飞行校验管理规则》（CCAR-86-R1）、《民用机场飞行程序和运行最低标准管理规定》（CCAR-97FS-R3）。

6. 运行合格审定

《大型飞机公共航空运输承运人运行合格审定规则》（CCAR-121-R7）、《小型商业运输和空中游览运营人运行合格审定规则》（CCAR-135R3）、《通用航空经营许可管理规定》（CCAR-290-R3）。

7. 学校及经审定合格的其他部门

《民用航空器驾驶员学校合格审定规则》（CCAR-141R3）。

8. 机场

《民用机场运行安全管理规定》(CCAR-140-R1)。

9. 经济与市场管理

《中国民用航空国内航线经营许可规定》(CCAR-289TR-R1)。

10. 航空安全信息与事故调查

《民用航空安全信息管理规定》(CCAR-396-R3)、《民用航空器事件调查规定》(CCAR-395-R2)。

11. 航空安全保卫

《公共航空旅客运输企业航空安全保卫规则》(CCAR-343-R1)。

12. 其他规章介绍

《民用航空行政许可工作规则》(CCAR-15)、《民用航空行政检查工作规则》(CAR-13-R1)、《中国民用航空监察员管理规定》(CCAR-18-R3)。

四、规范性文件

规范性文件不属于法律范畴，CCAR-12 中有描述。

规范性文件包括咨询通告、管理程序、管理文件、工作手册、信息通告。

思考与练习

1. 试述民用航空法的特征。
2. 简述民用航空法的渊源。
3. 简述我国民用航空业的发展。
4. 简述我国的民用航空法规体系。

第二章
空中航行的法律制度

本章学习目标

○ 掌握《国际民用航空公约》中关于空气空间的法律规定；
○ 掌握空气空间与外层空间的法律区别；
○ 熟悉领空主权的原则和使用限制；
○ 理解航空自由和权利；
○ 了解空中交通规则。

第一节 空气空间法律制度的发展及概念

一、空气空间法律制度的发展

自古以来，人类一直梦想着征服海洋和天空，而梦想推动了人类文明的进步和科技发展。从制作木筏荡舟江河，到万吨巨轮驰骋大洋，人们在江海中自由航行时，又把目光投向空中，梦想能像鸟儿一样在空中自由翱翔。有梦想就会有创举，最初有人在手臂绑上羽毛，模仿鸟儿飞翔，后来有人利用热气球升腾天空，飞天的梦越来越近。1783年11月21日，有人用蒙哥儿菲埃（Mongolifier）兄弟发明的热气球首次成功在巴黎上空飞行，这意味着驰骋天空不再是人类的梦想。接着，1856年布里斯驾驶一种滑翔机进行飞行，宣告航空交通时代的来临。

有人类活动的领域，就会有规矩。人类在天空活动，一定会有法律来调解由此产生的矛盾和纠纷。比如，热气球降落时发生火灾，烧毁了别人的房屋；滑翔机飞行降落时，损坏了别人的田地农作物；有人在边境线驾驶滑翔机，不小心越过国界，也会引起两国当局的警惕：是间谍还是叛逃？所以在蒙哥儿菲埃兄弟发明的热气球首次获得飞行成功的第二年，1784年4月23日，巴黎发布警察命令，规定未经特别许可，禁止热气球升空。1819年，鉴于热气球空中飞行出事故的情况屡屡发生，法国塞纳省对热气球载人做了规定，并要求飞行人员须配备降落伞；同时，在农民收割农作物之前，禁止热气球飞行，这可称得上是世界第一部空中航行安全规章了。

随着人类在空气空间活动的增加和活动范围的不断扩大，有关空间航行的法律也随之增加和完善。

滑翔机的出现使人类在空气空间中的活动范围扩大，为了避免因此产生的国与国之间的纠纷，一些相邻国家彼此洽商约定。1898年，奥匈帝国和德意志帝国换文签订了关于飞越边界军用气球的法律地位的协定。1899年，第一次海牙国际和平会议达成了关于空战的临时协议，缔约各国同意，在5年期限内，禁止气球或类似的其他新方法投掷抛射物或爆炸物。

随着科技的发展，人类在空气空间中的活动范围进一步扩大。1900年7月2日，德国人格拉夫·冯·齐柏林推出了他发明的一个巨大的硬壳飞艇，开辟了人类在商业上应用航空器的道路。1903年12月17日，美国人莱特兄弟利用比空气重的航空器试飞成功，航空发展史从此翻开崭新的一页，关于航空的规章也随之而来。为了保障城市安全，1908年，佛罗里达的基西市政委员会规定该市管制的毗邻空域的高度为20英里（1英里≈1.609千米），第一部航空运输规章就此出台。紧接着，一些国家看到了其中新的商机，法国总理在1909年发布第一部航空海关规章，提出要对飞进来的外国气球课税。翌年，美国的第一部航空邮件运输法令也在美国国会议员舍帕尔的提议下通过。

国与国间也根据自己的利益，就航空的权利与义务进行约定。法国与德国于1913年7月26日相互换文签订了双边航空协定，法、英、德、意等14个国家或省政府相继颁布有关航空政令。互利双方的航空约定推动国与国更加频繁的空中交通往来：1918年3月22日，在巴黎和布鲁塞尔之间首次开辟国际民用航空定期航线；1919年8月25日，伦敦—巴黎航线首次正式开通；跨越大西洋的首次不降停也在同年获得成功。

随着航线的增加，各国之间空间交往更加频繁，有关航空法律法规也逐步完善形成系统。1919年10月3日，在巴黎签订的《巴黎公约》是第一个关于航空的国际条约，首次确立了领空主权原则，为空中航行的法律制度打下了一个坚实的基础，被后人誉为"航空法的出生证"。1928年2月20日，美洲各国家第二次外长会议在古巴首都哈瓦那召开，与会国签订了《哈瓦那公约》。

由于第二次世界大战对航空器技术发展起到了巨大的推动作用，使得世界上形成了一个包括客货运输在内的航线网络，随之也引起一系列急需国际社会协商解决的政治上和技术上的问题。因此，在美国政府的邀请下，52个国家参加了于1944年11月1日至12月7日在芝加哥召开的国际会议，签订了《国际民用航空公约》，按照公约规定成立临时国际民用航空组织（PICAO）。1947年4月4日，《国际民用航空公约》正式生效，国际民用航空组织也正式成立，并于当年5月6日召开了第一次大会。1947年5月13日，国际民用航空组织正式成为联合国的一个专门机构。1947年12月31日，"空中航行国际委员会"终止，并将其资产转移给"国际民用航空组织"。《国际民用航空公约》正式生效后，一系列世界性多边条约被签订。此外，还有一批地区性多边条约和大量的双边航空协定诞生。

空气空间的法律地位，即空中航行实行怎样的法律制度，决定了航空器在空气空间的运行活动。自从1783年人类将第一个航空器——热气球升入天空以来，空气空间的法律地位问题就一直备受关注，这是民用航空法的基本问题。对于空气空间的法律沿革，我们可以将1919年《巴黎公约》的签约作为分界线，1919年《巴黎公约》签约前的有关空中航行的法律制度可作为空气空间法律的雏形，签约后确立了空气空间法律的基础框架。

在签订1919年《巴黎公约》之前，人们意识到空气空间的活动需要有规矩，由于以前没有这方面的理论，所以出现了许多主张和理论。以比利时法学家尼斯为代表的专家认为，空气空间和海洋一样是人类的共同财富，因而是可以完全自由航行的。有专家认为空气空间原则上是自由开放的，既承认国家的自保权，也要求尊重国际社会的权利，但不承认国家有完全的主权。还有一些海洋法律专家将国际海洋法中有关确定各种海域法律地位的理论搬到空气空间领域，认为空气空间应当像海洋一样分为领空、毗连区空域和公共空域几个层次，其法律地位也应与领海、毗连区和公海相同。还有一种空气空间国际共管论调，主张应对全部空气空间实行国际共管，以方便空中航行。有关空气空间法律地位的种种主张，虽说意见各异，但都有一个争论焦点，那就是对于一个国家领土之上的空气空间，该国家是否拥有主权？他国的航空器是否能够不受限制地飞入、飞经、飞离该国的领土上空？

在实践中，基于国家安全和行使主权的需要，以及国家建立和保护其商业航线等经济方面的原因，空气空间国家主权论是各国最后唯一的选择，空间完全自由论或有限自由的主张在实践中被逐渐淘汰。事实上，理论上的这些争论在第一次世界大战前就结束了，在第一次世界大战中，几乎所有的国家都不允许外国飞机飞入或飞越自己的领空。国家对陆地和水域上空的可利用空间享有主权的原则作为一个习惯法规为国际社会所接受，领空主权论在实践中取得了胜利，剩下的问题就是如何以法律的形式加以确认。

第一次世界大战结束后，与会国在巴黎和会上缔结了第一个国际航空法典——1919年《巴黎公约》，该公约第一条规定："缔约各国承认，每一国家对其领土之上的空气空间具有完全的和排他的主权。"由此可见，各国都意识到了领空权的重要性，认为领空权是每一个国家都享有的，不仅对缔约国有约束力，而且对所有国家都有约束力。从此，领空主权就由国际条约确定下来，领空主权原则成为航空法的基础。

由于第二次世界大战中飞机广泛用于战争，领空主权原则遭到破坏，在战争即将结束时，为恢复被战争破坏的航空活动，1944年各国在美国芝加哥召开的国际民用航空会议上签订了《国际民用航空公约》。该公约第一条照抄了1919年《巴黎公约》的规定，它表明国家对其领土上空的主权原则得以重新确立，从而最终在世界范围内确立了完全的和排他的领空主权原则，形成了公认的国际法基本准则。根据现代国际法公认的原则，国家对其领空行使完全的管辖和控制，国家有权禁止外国飞机进入领空，或在一定条件下准许外国航空器通过。外国航空器如擅自飞越一国领空，就是对该国领空主权的侵犯，地面国有权根据具体情节，采用如抗议、警告、迫降，甚至击落等必要的措施。

二、空气空间法的概念和特点

（一）空气空间法的概念

从人类在空气空间活动及法律形成发展的历史来看，空气空间法就是调整国家之间利用空气空间进行民用航空活动所产生的各种关系的法律规则的总称，又称国际航空法。

（二）空气空间法的 3 个特点

1. 空气空间法的民用性

国际航空法是调整民用航空活动所产生的社会关系的法律，将国家航空器活动排除在外。《国际民用航空公约》明确规定："本公约仅适用于民用航空器，不适用于国家航空器。""用于军事、海关和警察部门的航空器，应认为是国家航空器。"

2. 空气空间法的国际性

航空法的规则就是因为航空器在空气空间中飞行涉及国与国之间的权益和纠纷而制定的，目的是稳定国与国之间的和平交往及经济活动，所以国际性是其明显的特征。

3. 空气空间法是平时法

空气空间法是平时法，而非战时法，并不规定战争或武装冲突各方之间的权利和义务。《国际民用航空公约》规定："如遇战争，本公约的规定不妨碍受战争影响的任一缔约国的行动自由，无论其为交战国或中立国。如遇任何缔约国宣布其处于紧急状态，并将此事通知理事会，上述原则同样适用。"

领空主权原则是航空法的基础。在航空活动的初期，人们对空气空间的法律地位存在争议。但 1919 年签订的《巴黎公约》第一次明确规定了每一国家"对其领土之上的空气空间享有完全的和排他的主权"。1919 年《巴黎公约》是航空法的第一个多边国际条约，从此以后，领空主权原则即成了航空法的基础。

《国际民用航空公约》是国际社会广泛接受的、现行的航空法国际条约。该公约第一条明确规定："缔约各国承认每一国家对其领土之上的空气空间享有完全的和排他的主权。"

《中华人民共和国民用航空法》第二条规定："中华人民共和国的领陆和领水之上的空域为中华人民共和国领空。中华人民共和国对领空享有完全的、排他的主权。"

第二节　空气空间法的法律内容与性质

空气空间，通称"空域"，是航空器运行的活动场所。航空器在空气空间的运行活动，即我们通常所说的空中航行。对于空气空间我们到底制定了多少相关法律？其主要内容是什么？其法律地位如何？空中航行实行怎样的法律制度？

要建立空气空间的法律，首先要确定空气空间的性质，如此制定的法律方能有的放矢、有理有据。

一、领空的概念

领土是地球上隶属于一国主权支配下的特定部分，包括陆地、水域及这些陆地和水域的上空与地下层，即领陆、领水（内水和领海）、领空和底土。因此，领空也是一国领土的组成部分，指处在一个国家主权支配之下，在国家疆界之内的陆地和水域之上的空气空间。在国际法中，一国疆界之内的陆地称为领陆，疆界之内的水域称为领水（分为内水和领海），领陆、领水和领空，以及领陆和领水的底土，组成一个国家的领土，都是国家行使主权的空间。

领空概念是随着航空活动的出现，受海洋法关于领海制度的影响逐渐形成的。17世纪初，以荷兰法学家格劳秀斯与英国学者塞尔登为代表，就海洋是自由的还是为各国占有和控制的展开激烈的争论，人们称之为"第一次大论战"。航空活动出现后，一国航空器飞越另一国领土的事件时有发生，甚至出现在另一国领土降落的情形。这使人们不得不考虑领土上空与领土之间的关系。因而，人们对于空气空间是一种怎样的法律地位、实行何种法律制度展开了激烈的争论。争论的焦点在于，是空中自由还是国家主权，对此，人们称之为"第二次大论战"。争论直至1919年《巴黎公约》签订才告一段落，确立了每一国家对其领土之上的空气空间享有完全的和排他的主权，形成了领空制度。由于当时飞行器在空中的活动在各国交往中地位不如海洋突出，飞行器在捍卫国家主权中的力量与地位没有今天这样重要，"无害通过"领空的概念仍被大多数国家接受，直至《国际民用航空公约》签订，才摒弃"无害通过"的概念，确立了完全的和排他的领空主权原则，形成公认的国际法基本准则。

二、领空的范围

领空的范围已为世人所公认，但领空范围是否有上限，这个上限高度又是多少，却有争论，至今仍未解决。

1913年，《国际法学报》（克卢内）称："每个国家对其领空的主权权利应自由地行使至穹苍。"这在当时，直至20世纪40年代，这种高度无限论是不存在任何问题的。1957年第一颗人造卫星上天后，出现了"外层空间"的新概念，逐渐形成了"空间法"。空气空间根据航空法实行领空主权制度；而外层空间根据空间法则实行自由探索，不受任一国家主权管辖，也不得为任何国家占有的制度。于是，如何划界的问题凸显出来，出现了关于如何划定领空上限高度的多种理论学说。

领空是一个立体的概念，其范围是以地球中心为顶点，由与国家在地球表面的领陆和领水的边界线相垂直的直线所包围的圆锥形立体空间。这种说法已为世人所公认。因此，它不仅涉及平面边界的问题（宽度、广度），还涉及垂直边界（高度）的问题。

（一）平面边界

我们通常把地球上的表面划分为以下几块：首先是一个国家的领陆，其次是国家的领海，然后是专属经济区，最后是不属于任何国家的领土和公海。另外，还存在用于国际航行的海峡。已知领陆、领海、专属经济区，以及不属于任何国家的领土和公海上的法律地位不尽相同，那么它们上空的法律地位如何？是否属于国家的领空？国家行使领空主权的平面边界主要在哪里？

国家领土包括陆地及与之相邻的领海，其边界根据地面界线而定，国际条约也确认了这一普遍认可的规则。然而，领海的宽度未能在国际上形成统一的规则。当前绝大部分国家坚持12海里领海或窄一些的领海。实践中有一些国家以单方行为拓展领海边界，如南美洲及非洲的一些国家建立了200海里的领海，并形成了对拓展水域的实际控制，其上的领空也随之受到控制。对于领海，有一条众所周知的国际法规则，即外国船舶有"无害通过权"，但在领海上空的空气空间则不适用这条规则，国家对其实行的是"完全的"和"排他的"主权。

专属经济区及不属于任何国家的领土和公海上空的空气空间，是各国领空以外的空气空间，这个空间不属于任何国家的管辖范围，所有国家都有自由航行的权利。但是这种自由航行要遵守国际航空法，并且受海洋法或其他国际法律制度的限制。

（二）垂直边界

空气空间是航空器的运行场所；空间论又称主权定界论，以空间的某种高度为界线，将空间划分为空气空间和外层空间，即划定行使国家主权的空间和自由探测的空间。外层空间亦称"太空""宇宙空间"，是航天器的活动领域。垂直边界即空气空间的上限或外层空间的下限。国家对其领土上空享有主权，但上空有多高，是否包括空气空间和外层空间？这个问题在过去是没有人过问的。1919年《巴黎公约》只承认每一个国家对其领土上空空域享有完全的、排他的主权，并未对其垂直范围或高度做出规定。《国际民用航空公约》也没有对此问题做出规定。

随着空间科技的飞速发展，人类的空中活动已穿越空气空间，开始探索和利用外层空间。发射第一颗人造地球卫星之后，产生了卫星运行的空域是否属于地面国主权管辖范围的问题，即人造地球卫星日夜绕着地球旋转，跨越无数国家的上空，是否构成侵犯领空主权的行为？人造地球卫星是在外层空间活动的，外层空间是不是也像空气空间一样受地面国的主权管辖？随着外空活动的迅猛发展，联合国大会终于在1961年12月20日通过的第1721号决议中明确：人造地球卫星运行的空域是属于各国自由探索和利用的"外层空间"。事实也表明，国家的领空主权只能达到一定的高度，超过了一定的高度，其主权不能行使。也就是说，国家主权只能到达领土之上的空气空间，而不能到达外层空间。因此，空气空间和外层空间是两个性质不同的空间领域，受不同法律调整，具有完全不同的法律地位。空气空间是由地面国主权支配的空域，是地面国的领空，依据航空法实行领空主权制度；外层空间是空气空间以外的整个空间，不属于国家领土主权范围，根据空间法实行自由探索，不受任何国家主权管辖，不得为任何国家占有。

知识小课堂

学习航空法律时，空气空间是一个绕不过去的话题，如何界定空气空间和外层空间更为业内人士津津乐道，甚至争论不休。我们来列举几种关于空气空间和外层空间的学术争论。

1. 空气存在说

空气存在说认为，凡存在空气的地方都应认为是"空气空间"。但是，根据地球物理学家的研究，地球表面的大气层分为5层，即对流层（海平面至约10千米）、平流层（同温层，10~40千米）、中间层（外平流层，40~80千米）、热成层（电离层，80~370千米）、外大气层（电离层，约370千米以上）。地球上的空气约有3/4在对流层内，而随着高度的增加，空气密度逐渐稀薄。从热成层开始，温度急剧上升，空气密度仅为地球表面的1%，氧气子开始分裂，但在10万千米的高度仍发现有空气粒子。由此可见，以是否有空气存在来划界是不现实的。

2．有效控制高度说

根据这一主张，一国对其空气空间的主权范围应以其能行使有效控制的高度为界。由于各国国力和空间技术相差悬殊，同时随着科学技术的进步，可控制的高度也在不断变化，若依此主张，不仅不可能有统一的客观划界标准，而且会纵容"强权政治"的泛滥，因此此主张不被大多数国家接受。

3．航空器升空限度说

航空器是指利用空气的反作用而在大气中取得支撑力的任何机器。因此，这种主张认为，凡航空器能上升的最高高度，应是空气空间的上限。目前，飞机上升的最高高度为30～40千米。显然，愿意将领空主权限制在这样低的高度的国家为数不多。

4．引力平衡说

引力平衡说主张以地球的引力和邻近天体的引力之间的平衡点为界限。根据科学计算，地球和月亮之间的平衡点距地球约为32.7万千米；而地球和太阳之间的平衡点与地球之间的距离约为上述数字的6倍。以这样遥远的距离划界没有实际意义。

5．离心力说

也有人提出以地球离心力为标准，将飞行得以进行的条件作为考虑的基础，离心力取代空气成为飞行动力的高度距地面约为83千米。这一界线由物理学家冯·卡曼计算而来，也称为卡曼管辖线。但是，各地大气层条件有较大差异，因而影响卡曼管辖线的稳定性，也就难以此标准划分空气空间和外层空间的界线。

此外，人造地球卫星轨道最低点说。根据这一主张，外层空间的最低界限应以人造地球卫星轨道离地面最低高度为界。国际法协会在通过的决议中称："在海拔约100千米及以上的空间，已日益被各国和从事外空工作的专家们接受为外层空间。"还有的主张在空气空间与外层空间之间设立一个"中介空间"。按此种理论，以人造地球卫星轨道最低点划界，该界线以下是"空气空间"；往上设置一个"中介空间"，宽度为50千米，毗连的国家行使部分管辖权；"中介空间"再往上则是"外层空间"。

在上述各种主张当中，以不靠空气做依托的人造地球卫星运行轨道的最低近地点作为界限的主张最受重视。因为随着人类对太空探索的重视，以及人类对太空探索活动的日益频繁，太空间的相关法律探讨也越来越多。空间委员会于1976年提交联合国外空委员会的一份报告中称：目前人造地球卫星轨道距地面最低高度为130千米，椭圆形轨道的最低点为100千米，所以建议距地面100千米的高度为外空最低界限。国际法协会在1978年的一份决议中称：海拔100千米以上的空间已日益被各国接受为外层空间。但这项标准也尚未成为公认的标准，更未能被认为是一项习惯国际法规则。因此，对空气空间和外层空间的明确划界问题，至今尚未得到妥善解决。由于在短时期内，这个问题对航空法与外空法的实施与发展并未构成大的障碍，因此国际上并不急于做出定论。

（三）功能论

领空范围的理论还有一个说法，那就是功能论。功能论认为整个空间是一个整体，围绕地球的只有一个天空，它逐渐消融在宇宙之中，既不需要，也难以划定两个空间。因此，功能论主张，不必人为地划定界线，而只区分航空活动和航天活动，把空域划分为自由功能和主权功能，即航空活动受主权支配，航天活动则自由飞行。

了解航天常识的人知道，发射航天器进入外层空间之前是要通过领空部分的，若按功能论定性，那将来还有什么"领空"可言？况且，航空航天飞机出现后，既有航空活动，又有航天活动，又该如何定性？航空航天飞机的活动及其有关问题将适用什么样的法律制度？为解决这些问题，有人提出，应以飞行器的功能来确定各自所适用的不同的法律制度，如果飞行器按航天器登记，其活动即航天活动，应适用外层空间法；如果飞行器按航空器登记，其活动即航空活动，应适用航空法。

三、领空主权的法律内容

《国际民用航空公约》是民用航空的宪章性文件，是国际社会广泛接受的、现行的航空法国际条约。该公约第一条明确规定："缔约各国承认每一国家对其领土之上的空气空间享有完全的和排他的主权。"这一规定明确宣告领空主权原则，强调领空主权是每一个国家都享有的，无论是对缔约国还是对非缔约国，都具有普遍的法律约束力，而且每一个国家享有的领空主权是"完全的"和"排他的"。因此，每一个国家对其领空享有充分的主权权利。这种权利包括国家对领空资源的排他占有、使用、处分权，以及对领空及其内的人、物、事的管辖权，公约的这一规定具有如下极其重要的意义。

（1）它明确宣告了领空主权原则。

（2）领空主权是每个国家都享有的，无论是缔约国还是非缔约国。因此，领空主权原则不仅是国际条约法规则，而且是国际习惯法规则，具有普遍的法律约束力。

（3）每个国家享有的领空主权是"完全的"和"排他的"。因此，每个国家对其领空享有充分的主权权利，这种权利主要体现在下列4个方面。

① 自保权。一国领空不受侵犯，未经该国允许，任何外国的航空器不得进入该国领空。任何国家都有保卫其领空安全不受外来侵犯的充分权利。

② 管辖权。每个国家对其领空都享有管辖权。管辖权是国家主权最直接的体现。在国际法上，领空是一国领土不可分割的组成部分。国家行使领空管辖权，属于属地最高权性质。当然，国家在行使管辖权时，也应当履行所承担的国际义务，受所缔结或加入的国际条约规定的限制。

③ 管理权。每一个国家都有权自行决定制定必要的法律和规章，以维护空中航行的正常秩序，保障空中交通安全，保护公众的合法权益不受任何外国干涉。任何外国航空器在一国领土上空飞行或在该国领土内运转，都必须遵守当地关于航空器飞行和运转的现行法律和规章；航空器所载乘客、机组人员或货物进入或离开一国领土，都必须遵守该国有关入境、放行、移民、护照、海关及检疫等方面的法律和规章。鉴于航空法具有国际性的特点，各国在制定本国法律和规章时，应当尽可能地与国际技术标准和国际法律规范取得一致，在执行这些法律和规章时，也应履行所承担的国际义务，不得实行歧视性的差别待遇。

④ 支配权。空气空间是航空活动赖以存在的场所。罗马法中早有格言："谁有土地，

谁就有土地的上空。"根据国家领空主权原则，国家对其主权属下的空气空间拥有支配权。国家可以通过国内立法对领空实施支配权。国家可以规定公民有自由通行的权利，而对于外国通航则需要签订航空协定或通过批准，给予运营权。

四、关于"无害通过权"的解释

根据领空主权原则，外国航空器在一国领空中是没有"无害通过权"的。但是，1919年《巴黎公约》曾对"无害通过"做了规定；《国际民用航空公约》第五条的规定又似乎含有"无害通过权"的意义，给人们带来一定困惑，这就需要让大家明了什么是"无害通过权"，从而进一步认识清楚在国际空中航行中为何不能实行"无害通过"制度。

（一）"无害通过"的含义

"无害通过"原是海洋法中的概念，指"所有国家，不论为沿海国或内陆国，其船舶均享有无害通过领海的权利"（1982年《联合国海洋法公约》第十七条）。

"无害通过"制度的实质在于，任何外国船舶无须事先经沿海国批准，即有权无害通过该国领海。"无害通过"通常只适用外国商船和从事商业目的的政府船舶，而对外国军舰是否适用并不明确。我国多次声明，关于领海内"无害通过"的规定，不妨碍沿海国按其法律规章要求外国军舰通过领海必须事先得到该国许可或通知该国的权利。1992年2月25日通过、颁行的《中华人民共和国领海及毗连区法》对此做了明确规定。

（二）1919年《巴黎公约》关于"无害通过"的条文

1919年《巴黎公约》借鉴海洋法关于"无害通过"的条文，在公约第一条明确规定每一个国家"对其领土之上的空气空间享有完全的和排他的主权"之后，紧接着又规定"每一缔约国承允，只要本公约规定的条件得以遵守，在和平时期给予其他缔约国的航空器无害通过其领土上空的自由。"1944年《芝加哥公约》又增加了关于无人驾驶航空器的规定。

1919年《巴黎公约》详细规定的"无害通过"的条件如下所述。

（1）每一缔约国有权按照其立法规定的处罚，为军事需要和公共安全的利益，禁止其他缔约国的航空器飞越其领土的某些区域。但此规定在其私用航空器和其他缔约国的航空器之间不得有任何差别。

（2）每一缔约国保留在和平时期的特别情况下，临时地并立即生效地限制或禁止飞越其全部或某一部分领土的权利，但这种限制或禁止应不分国籍地对所有其他缔约国的航空器适用。

（3）一缔约国的任何航空器有权不降停地飞越另一缔约国的空气空间，但须沿飞越国指定的航路飞行；因通常管理的需要，该航空器当接到按公约附件规定的信号指令时，得以降落；遵守飞越国制定的航行规章和载运限制规定。

（4）一缔约国凡可无人驾驶的任何航空器，非经特别许可，不得无人驾驶飞越另一缔约国的领土。

（5）从一国飞往另一国的任何航空器，如果另一国的规章有所要求，必须在另一国指定的机场降落。

（6）军用航空器以及警察和海关航空器不适用"无害通过"的规定，其飞越、降停或飞越边界必须经有关国家特许或有关国家之做出特殊安排。

从上述规定可以看出，"无害通过"与"完全的和排他的主权"之间本身就是不相容的，在理论上是相互矛盾的。在航空实践中，我们也发现领空与领海有很大不同。领海对一个国家来说，可以作为国防安全的缓冲地带，而领空则没有这种作用。航空的机动性决定了保卫领空不受侵犯对国防安全至关重要。1919年《巴黎公约》虽仿效海洋法规定了缔约国之间相互给予"无害通过"的自由，但同时规定了很多限制条件。

所以我们有理由认为，在1919年《巴黎公约》中没有给"无害通过"下定义，却给飞经国规定限制条件，因此，使得"无害通过"这句条文在实践中成了一句空话。

为此，《国际民用航空公约》完全摒弃了"无害通过"的概念，而采用"5种空中自由"的概念。这"5种空中自由"是航空运输运营权利的概念，与"无害通过"是两回事，不能相提并论。

五、航空自由或权利

1944年在芝加哥会议上，出于战后发展国际长途航空运输需要的考虑，加拿大代表提出航空自由或航空权利的提案，把民用飞机飞入、飞经外国的经营权利划分为4种，称作4种"航空自由"，后经其他国家代表补充，最终形成所谓9种"航空自由"的说法。

第一种自由（权利）是领空飞越权，是指某国或地区的航空公司不降落而飞越他国或地区领土的权利。例如，北京—俄罗斯，中间途经蒙古国；或者北京—旧金山，中途飞越日本领空。这时就要和途经国签订领空飞越权，获取第一航权，否则只能绕道飞行，增加燃料消耗和飞行时间。

第二种自由（权利）是技术经停权，是指某国或地区的航空公司在飞往另一国或地区途中，为非运营理由而降落其他国家或地区的权利。尤其是航空公司飞远程航线，由于距离太远无法从始发地直接飞到目的地，这时需要选择一个地方中途加油或从事清洁客舱等技术工作，那么在这个地方的起降就叫作技术经停。技术经停权，仅允许用于非商业的技术处理，而不允许在当地上下旅客、装卸货物和邮件。例如，从上海飞往芝加哥的航班，曾经在美国安克雷奇做技术经停。

第三种自由（权利）是目的地下客权，是指某国或地区的航空公司自其登记国载运旅客、货物和邮件至另一国或地区的权利。例如，北京—悉尼，澳大利亚允许中国民航承运的旅客、货物和邮件在悉尼进港。又如，上海—首尔，韩国允许中国民航承运的旅客、货物和邮件在首尔进港，但只能空机返回。

第四种自由（权利）是目的地上客权，是指某国或地区的航空公司自另一国或地区载运客货返回其登记国或地区的权利。例如，韩国允许执行上海—首尔航班的中国民航班机在首尔装载客货出境，否则，该班机只能空载返回。

第五种自由（权利）是第三国运输权，是指某国或地区的航空公司在其登记国或地区以外的国家或地区间载运客货的权利，但其班机的起点与终点必须为其登记国或地区，也被称为中间点权或延远权。承运人前往获得准许的国家，并将从第三国载运的客货卸到该国，或者从该国载运客货前往第三国。例如，新加坡—厦门—芝加哥，新加坡航空获得第五种自由（权利），可以在新加坡—芝加哥航线上在厦门经停，上下客货。第五种自由（权利）包括以下两种。

（1）承运人本国（第一国始发地）—中途经停第三国—目的地国（第二国）。承运人从本国运输客货到另一国家时中途经过第三国（也就是始发地国家和目的地国家以外的其他国家），并被允许将途经第三国。

（2）承运人本国（第一国始发地）—目的地国（第二国）—始发地国和目的地国以外的第三国。

第五种自由（权利）的第二种是始发地国和目的地国以外的第三国的运输，承运人将自己国家始发的客货运到目的地国家，同时被允许从目的地国家上客货，并被允许运到另一国家。以新马泰航线为例，中国和泰国的双边协定同意中国承运人将泰国的客货运往东南亚的另一个国家，并同意将东南亚另一个国家的客货运到泰国。中国承运人选择了新加坡，这样就组成了中国—泰国—新加坡航线。

可以看出，只有在同时具有这两种第五种自由（权利）时，承运人才可以完整地使用这些权利，否则，即便获得了其中之一，也很难进行操作。

第五种自由（权利）是针对两个国家的双边协定而言的，在两国的协定中允许对方行使有关第三国运输的权利。但是在没有获得第三国同意的情况下，这个权利就不存在。第五种自由（权利）之所以复杂，就是因为它涉及多个双边协定，并且在不同的协定中意味着不同种类的航权。

第六种自由（权利）是桥梁权，是指某国或地区的航空公司在境外两国或地区间载运客货且中途经过其登记国或地区的权利。这种航空自由是一种组合权利（我国政府只和8国签署第四种自由（权利），并和一些国家政府签署第三种自由（权利），得以完成3个航段的飞行，以提高效率。例如，伦敦—北京—东京，国航将来自英国伦敦的旅客运经北京后再运到日本东京。

第七种自由（权利）是基地权，是指某国或地区的航空公司完全在其本国或地区领域以外经营独立的航线，在境外两国或地区间载运客货的权利，也被称为完全第三国运输权。例如，根据美国与亚太经济圈的一些国家和地区（如菲律宾、新西兰、中国台湾地区及新加坡等）签署的开放天空协定的有关规定，新加坡的航空公司可以不经过本土而直接经营美国至新西兰的货物运输服务。

第八种、第九种自由（权利）被称为连续、非连续的国内载运权，是指某国或地区的航空公司在他国或地区领域内两地间载运客货的权利。国家为了保护本国国民的经济利益和促进其航空事业的发展，有权保留国内载运权，并且此项权利的行使对外国航空器而言是平等的。从国际航空运输的实践来看，很少有国家给予他国国内载运权，因为这对于授权国国内民用航空业的冲击是很大的，只有欧洲一些国家和美国等少数国家在特别约定的情况下允许他国在本国行使国内载运权。

如果将上述第八种自由（权利）分为连续的国内载运权和非连续的国内载运权两种形态，那么就引申出第九种自由（权利）的概念。在这种情况下，第八种自由（权利）解释为授权国门户点到授权国境内一点的飞行自由；第九种自由（权利）则解释为授权国国内各点之间的飞行自由。

第八种自由（权利）强调的是国际联程航班的国内航段的载运权问题，此类航班的第一航段的起点或最后航段的终点不在授权国境内，所以强调了"授权国门户点"，即授权国的国际航班机场；而第九种自由（权利）强调的是完全的国内航班运营权，此类航班的起点和终点都在授权国境内，其起点和终点既可能是授权国的门户机场（国际航班机场），也可能是非门户机场，即授权国境内一般的国内航班机场。例如，假设我国向美国开放了第八种自由（权利），则可能有这样的航线：芝加哥—北京—成都，由美国西北航空公司承运，中国不仅允许美国西北航空公司承运的旅客、货物和邮件在北京进港，而且允许其在航班座位有空余的情况下承载北京—成都的旅客、货物和邮件，但是这一航线的起点是芝加哥，而不在我国境内。再如，假设我国向美国开放了第九种自由（权利），则可能出现这样的航线：北京—成都，由美国西北航空公司承运；上海—西安，由美国联合航空公司承运；南京—连云港，由联邦快递承运；杭州—舟山，由联合包裹快递承运。这类航线的起点和终点都在我国境内。

"一带一路"倡议提出 5 年后，2018 年我国已与 125 个国家和地区签署了双边政府间航空运输协定，其中包括"一带一路"沿线的 62 个国家和地区。

六、我国提出的航空法立场

1974 年 2 月 15 日，中华人民共和国政府通知国际民用航空组织，决定承认《国际民用航空公约》。根据《国际民用航空公约》第二章第五条（不定期飞行的权利）和第九条（禁区）的规定，为了飞行安全和公共安全的利益，外国民用航空器从事非定期航班飞入中国国境，需要事先向中国政府申请，在得到答复接受后方能进入，并应遵守关于遵循指定的航线和在指定的机场降落的规定。由此可见，我国政府对《国际民用航空公约》第五条的立场是十分明确的。1958 年 9 月 4 日，《中华人民共和国关于领海的声明》宣布："一切外国飞机和军用船舶，未经中华人民共和国政府的许可，不得进入中国的领海和领海上空。"1992 年《中华人民共和国领海及毗连区法》第十二条规定："外国航空器只有根据该国政府与中华人民共和国政府签订的协定、协议，或者经中华人民共和国政府或者其授权的机关批准或者接受，方可进入中华人民共和国领海上空。"1995 年《中华人民共和国民用航空法》第一百七十四条第一款规定："外国民用航空器根据其国籍登记国政府与中华人民共和国签订的协定、协议的规定，或者经中华人民共和国国务院民用航空主管部门批准或者接受，方可飞入、飞出中华人民共和国领空和在中华人民共和国境内飞行、降落。"

第三节　领空管理制度

如同航海离不开海洋一样，各种航空航天活动都离不开空域。民用航空运输、科学试验飞行、军队训练飞行、国土防空作战活动等，都需要使用一定的空域。空域是一种可以反复无限使用、不需再生的自然资源，每个国家的领空就是每个国家的空域资源。我国管辖着 1080 多万平方公里的天空面积，空域资源相当丰富，民用航空飞行的航线和区域遍布全国。

国家为了保卫国防安全，维护空中交通的正常秩序，保障空中航行安全，保护国家和人民的利益，使得他国乃至自己国家的航空器在国家领空内飞行，处于国家主权支配下，必须制定法律，形成完整而严密的管理制度。

领空管理，俗称空域管理，包括空域划分、飞行管理，以及入境和放行的法律制度。我国航空法对空域实行管理原则、管理主体乃至空域管理法规由谁制定都做出了清晰的解答。例如，《中华人民共和国民用航空法》规定："国家对空域实行统一管理。"（第七十条）"划分空域，应当兼顾民用航空和国防安全的需要以及公众的利益，使空域得到合理、充分、有效的利用。"（第七十一条）"空域管理的具体办法，由国务院、中央军事委员会制定。"（第七十二条）

一、领空管理的原则

按照国际民用航空组织的有关要求，各国空域管理应遵循以下三大原则。

1. 主权性原则

主权性原则主要是指空域管理代表各国主权，不容侵犯，具有排他性。

2. 安全性原则

安全性原则主要是指在有效的空域管理体系下，确保航空器空中飞行安全，具有绝对性。

3. 经济性原则

经济性原则是指在确保飞行安全性基础上，科学地对空域实施管理，保证航空器沿最佳飞行路线，在最短时间内完成飞行活动。

为了合理、充分、有效地利用空域，我国对空域实行统一管理。目前，我国空域是兼顾民用航空和国防安全的需要，同时考虑公众的利益统一进行规划的。

二、空域划分

《国际民用航空公约》第九条规定："缔约各国由于军事需要或公共安全的理由，可以一律限制或禁止其他国家的航空器在其领土内的某些地区上空飞行。""在非常情况下，或在紧急时期内，或为了公共安全，缔约各国也保留暂时限制或禁止航空器在其全部或部分领土上空飞行的权利并立即生效。"按照统一管制和分区负责相结合的原则，我国将全国空域划分为若干飞行情报区和飞行管制区，并建立相应的机构，为在上述区域内的民用航空飞行提供空中交通服务。同时，为了对民用航空飞行实施有效的管制，要求飞机沿规定的路线在规定的区域内飞行。因此，在飞行情报区和管制区内划定飞行的航路、航线、空中走廊和机场区域，对一些禁止飞行和在规定时间与高度范围内禁止飞行的区域，划定空中的禁航区、限制区和危险区。

（一）禁航区

禁航区是指在一个国家的陆地或领水上空，禁止航空器飞行的划定空域。任何航空器未经特许，都不得进入禁航区。任何航空器非法进入禁航区，都将承担严重的法律后果，除非有特别紧急的情况。这些区域一般划在政治经济中心、工业基地、军事要地和港口等重要的地区或海区上空，在航图上常以醒目的字母加以标注。

（二）限制区

限制区是指在一国陆地或领水上空，根据某些规定的条件，划定限制航空器飞行的区域。限制区与禁航区一样，非经许可，任何航空器不得进入。但是，符合限制区规定的特定条件的航空器可以例外。一般来说，对这些区域划定的范围都能确保飞行员可避开这些区域而不致发生冲突，但在飞行中仍需特别注意，哪怕仅仅是飞近限制区。此类空域在航图上常用字母加以标注。

《中华人民共和国民用航空法》第七十八条规定："民用航空器除遵守规定的限制条件外，不得飞入限制区。"

（三）危险区

危险区是指在规定时间内存在对飞行有危险活动的划定空域。需要指出的是，一国划定禁航区和限制区只能在其领空之内，而划定危险区则可以扩伸到临近的公海上空，危险区必须有时限要求。

设立禁航区、限制区和危险区，必然对航空运输造成阻碍和影响，考虑到这些因素，《国际民用航空公约》对其又附加3个条件。

一是应遵循国民待遇原则，即对本国和外国同样性质飞行的民用航空器不得区别对待，而且应不分国籍适用于所有其他国家的航空器。

二是其范围和位置应当合理，以免空中航行受到不必要的阻碍。

三是其设置说明及其随后的任何变更，应予以公布，并迅速通知国际民用航空组织及其他缔约国。

三、空中交通规则

与地面交通一样，天上也需要一套交通规则，用以规范驾驶员的驾驶行为。借鉴地面交通规则的经验制定的空中交通规则，是组织实施航空器飞行、维护空中交通秩序、保障飞行安全的依据，又称"飞行规则"。在世界范围内统一的空中交通规则是指《国际民用航空公约》的附件二《空中规则》。

（一）空中交通规则的主体和法律责任

随着空中交通流量的增大、航空器飞行速度的提高，空中交通愈加繁忙、拥挤，为保持空中交通流畅，防止航空器相撞，保障飞行安全，必须设立相关部门对空中交通实施管制，以维持空中交通秩序。

为了维护国家领空主权、规范飞行活动、保障飞行活动安全有秩序地进行，我国对境内所有飞行活动实行统一的飞行管制，飞行规则由国务院、中央军事委员会制定，各有关飞行管制部门按照各自的职责分工提供空中交通管制服务。

我国民用航空空中交通管制单位主要包括机场塔台空中交通管制室、空中交通服务报告室、进近管制室、区域管制室、中国民用航空地区管理局（以下简称民航地区管理局）调度室和民航局空中交通管理局总调度室。我国民航的空中交通管制服务人员主要由空中交通管制员、空中航行调度员、飞行签派员和航行情报员等几类专业技术人员组成。

而航空器在空中危险接近,乃至发生空中或地面相撞的惨重事故,若是由空中交通管制的原因造成的,空中交通管制服务人员应承担相应的法律责任。

(二)空中交通规则的特征

1. 必须实行统一的空中交通规则

《中华人民共和国民用航空法》第七十六条明确规定:"在中华人民共和国境内飞行的航空器,必须遵守统一的飞行规则。"空中交通如同陆上交通、水上交通一样,如果不实行统一的规则,后果将不堪设想。

2. 各国规则应尽可能地与国际规则相一致

根据领空主权原则,一国在其领空范围内,完全有权根据本国的具体情况,制定认为适合自己的规则。但是,国内规则如不尽可能地与国际规则一致,不仅会给国际飞行带来不必要的障碍,而且会给飞行安全造成潜在的危险。航空器飞行机动、快速,要求驾驶员反应灵敏地习惯两种以上的不同规则,这是很难做到的,也会给空域飞行带来安全隐患。因此,《国际民用航空公约》规定:"缔约各国承允使这方面的本国规章,在最大可能范围内,与根据本公约随时制定的规章相一致。"

当今世界各国关于空中交通规则的规定,已基本上取得了一致,这是值得庆幸的。少数国家还存在某些不一致的地方,应努力创造条件,尽快消除或尽可能地减少本国规章与国际标准之间存在的差异,以保障国际飞行的安全、促进本国民用航空事业的发展,方便本国和世界各国进行国际飞行。

3. 公海上空实行统一的国际规则

《国际民用航空公约》明确规定:"在公海上空,有效的规则应为根据本公约制定的规则",即在公海上空,凡是国际民用航空组织根据公约制定的有关规则,都应是有效的规则。根据该公约规定的领空范围和领空主权原则进行推理可知,那些不属于任何国家领土的地区上空应该与公海上空处于同样的法律地位。除非另有特殊规定,否则有效规则应为根据《国际民用航空公约》制定的规则。

4. 交通规则注重保障民用航空器的飞行安全

在平时,任何航空器都必须遵守统一的空中交通规则,这对保障飞行安全是必要的。在特殊情况下,为了作战和国防上的紧急需要,军用航空器除有优先通行权外,还应有不受平时空中交通规则约束的权利。这对保卫国家的领空不受侵犯、保卫国家安全,同样是必要的。这就要求在制定空中交通规则时,应正确处理好一般和特殊的关系,既要切实保障空中安全,有利于民用航空的发展,又要充分保障国防的需要。

四、入境和放行的相关法规

航空器出入境的放行规定和航空器所载旅客、机组、货物和其他物件出入境的放行规定,从航空法的角度说,是国家行使主权、管理领空的重要措施和法律保障。各国制定入境和放行的法律和规章，也会因各自的利益诉求有细微差异。

《国际民用航空公约》第十一条规定："在遵守本公约规定的条件下，一缔约国关于从事国际航行的航空器进入或离开其领土或关于此种航空器在其领土内操作或航行的法律和规章，应不分国籍，适用于所有缔约国的航空器，此种航空器在进入或离开该国领土或在其领土内时，都应该遵守此项法律和规章。"《国际民用航空公约》第十三条规定："一缔约国关于航空器的乘客、机组或货物进入或离开其领土的法律和规章，如关于入境、放行、移民、护照、海关及检疫的规章，应由此种乘客、机组或货物在进入、离开或在该国领土内时遵照执行或由其代表遵照执行。"《国际民用航空公约》第十四条规定："缔约各国同意采取有效措施防止经由空中航行传播霍乱、斑疹伤寒（流行性）、天花、黄热病、鼠疫，以及缔约各国随时确定的其他传染病。"《国际民用航空公约》第十六条规定："缔约各国的有关当局有权对其他缔约国的航空器在降停或飞离时进行检查，并查验本公约规定的证件和其他文件，但应避免不合理的延误。"

（一）航空器出入境放行规定

《中华人民共和国民用航空法》第八十一条规定："民用航空器未经批准不得飞出中华人民共和国领空。对未经批准正在飞离中华人民共和国领空的民用航空器，有关部门有权根据具体情况采取必要措施，予以制止。"

《中华人民共和国民用航空法》第一百七十四条对于外国飞机飞入、飞出我国领空有详细规定："外国民用航空器根据其国籍登记国政府与中华人民共和国政府签订的协定、协议的规定，或者经中华人民共和国国务院民用航空主管部门批准或者接受，方可飞入、飞出中华人民共和国领空和在中华人民共和国境内飞行、降落。对不符合前款规定，擅自飞入、飞出中华人民共和国领空的外国民用航空器，中华人民共和国有关机关有权采取必要措施，令其在指定的机场降落；对虽然符合前款规定，但是有合理的根据认为需要对其进行检查的，有关机关有权令其在指定的机场降落。"

《中华人民共和国民用航空法》第七十六条第一款对我国境内所有飞行器做出规定："在中华人民共和国境内飞行的航空器，必须遵守统一的飞行规则。"

另外，民用航空器还应遵守其他有关规定，主要包括下列各方面的法律、行政法规和民用航空规章：①空域管理规定；②空中交通规则；③空中交通管制规则；④航空器安全飞行管理规则，包括航空器适航性、航空人员、机场、通信、导航、气象、航行资料服务等方面的管理规则；⑤航空安全保卫规定；⑥航空运输经济管理规定；⑦航空器搜寻救援和事故调查规则；⑧其他与航空器出入境和飞行有关的法律和规章。

（二）旅客、机组、货物及其物件出入境放行规定

《中华人民共和国民用航空法》第一百零三条规定："公共航空运输企业从事国际航空运输的民用航空器及其所载人员、行李、货物应当接受边防、海关等主管部门的检查；但是，检查时应当避免不必要的延误。"

《中华人民共和国民用航空法》第一百七十九条规定："外国民用航空器应当在中华人民共和国国务院民用航空主管部门指定的设关机场起飞或者降落。"

《中华人民共和国民用航空法》第一百八十条规定："中华人民共和国国务院民用航空主管部门和其他主管机关，有权在外国民用航空器降落或者起飞时查验本法第九十条规定的文件。外国民用航空器及其所载人员、行李、货物，应当接受中华人民共和国有关主管机关依法实施的入境出境、海关、检疫等检查。实施前两款规定的查验、检查，应当避免不必要的延误。"

五、防空识别区

为了国家安全，国家要求对空域飞行的航空器能立即识别、定位和管制，故设置"防空识别区"。"防空识别区"是指从地球陆地或水域的表面向上延伸的划定空域，它是有关国家为了国防安全的需要而设置的。凡进入"防空识别区"的航空器，必须报告身份，以便地面国识别、定位和管制。1950年和1951年，美国和加拿大先后建立"防空识别区"，向大西洋和太平洋延伸几百海里。如今已有20多个国家和地区建立了这类区域。

由于"防空识别区"延伸至领空水平范围之外的公海上空，且是一些国家单方面的行为，因而建立这种空域是否合法在国际上是有争论的。有人认为，这种没有任何根据将领空主权向外延伸的单方面行为是对国际法的破坏；也有人认为，这如同海洋法中关于毗连区学说一样，建立"防空识别区"是地面国固有的自卫和自保的权利，因而称这种空域为"毗连空域"。

在实践中，对于和平时期建立的永久性防空识别区，并未引起异议。建立"防空识别区"并不认为是地面国领空范围的扩大，也不意味着其领空主权向外延伸，而建立这种空域，能有效地将来犯敌机在进入领空之前予以识别，对于加强国防监控、保卫国家领空安全是有重大意义的。因此，尽管对建立"防空识别区"是否合法在理论上是有争论的，但只要不违反国际法关于在领空之外空中航行自由的原则，建立"防空识别区"应认为与航空国际法是相容的。

第四节　国际空中航行的原则与规定

国际空中航行，是指航空器进行的经过一个以上国家领土之上空气空间的飞行活动。国际空中航行遵循的基本原则如下所述。

（1）领空主权原则，外国航空器进入一国领空须经该国允许并应遵守该国的法律和规章。

（2）在不属于任何国家领空的空气空间航行，须遵守国际民用航空组织统一制定的空中航行规则。

一、国际空中航行的一般规则

根据《国际民用航空公约》的规定，航空器进行国际航行主要遵循下列规则。

（一）展示识别标志

"从事国际航行的每一航空器应载有适当的国籍标志和登记标志。"（第二十条）

（二）遵守飞入国的法律和规章

"缔约各国承允采取措施以保证在其领土上空飞行或在其领土内运转的每一航空器及每一具有其国籍标志的航空器，不论在何地，应遵守当地关于航空器飞行和运转的现行规则和规章。缔约各国承允使这方面的本国规章，在最大可能范围内，与根据本公约随时制定的规章相一致。在公海上空，有效的规则应为根据本公约制定的规则。缔约各国承允对违反适用规章的一切人员起诉。"（第十二条）

（三）在设关机场降停接受降停国的检查

"除按照本公约的条款或经特许，航空器可以飞经一缔约国领土而不降停外，每一航空器进入一缔约国领土，如该国规章有规定时，应在该国指定的机场降停，以便进行海关和其他检查。当离开一缔约国领土时，此航空器应从同样指定的设关机场离去。"（第十条）

"缔约各国有关当局有权对其他缔约国的航空器在降停或飞离时进行检查，并查验本公约规定的证件和其他文件，但应避免不合理的延误。"（第十六条）

（四）携带必备的文件

《国际民用航空公约》第二十九条规定："缔约国的每一航空器在从事国际航行时，应当按照本公约规定的条件携带下列文件：一、航空器登记证；二、航空器适航证；三、每一机组成员的适当的执照；四、航空器航行记录簿；五、航空器无线电台许可证，如该航空器装有无线电设备；六、列有乘客姓名及其登机地与目的地的清单，如该航空器载有乘客；七、货物舱单及详细的申报单，如该航空器载有货物。"

（五）条约关于货物限制的规定

1. 不得载运军火或作战物资

国际民航发展的根本目的，就是要发展经济，改善人民的生活。和平往来是各国飞行来往的宗旨。为了防止战争避免冲突，《国际民用航空公约》第三十五条第一款规定："从事国际航行的航空器，非经一国许可，在该国领土内或在该国领土上空时不得载运军火或作战物资。"至于什么样的物品是作战物资，很难断定，如医疗物品，在疫情期间是救援物资，但在战争时期，就可以列入作战物资。所以，《国际民用航空公约》第三十五条第一款还规定："本条所指军火或作战物资的含意，各国应以规章自行确定，但为求得统一起见，应适当考虑国际民用航空组织随时所作的建议。"

2. 各国视情况而制定的管制或禁止物品

由于为了保护国家产业或者其他原因，一些国家对特定的物品制定了管制或禁止的条款。但《国际民用航空公约》第三十五条第二款对此专门提出了要求："缔约各国为了公共秩序和安全，除（上述）第一款所列物品外，保留管制或禁止在其领土内或领土上空载运其他物品的权利。但在这方面，对从事国际航行的本国航空器和从事同样航行的其他国家的航空器，不得有所区别，也不得对在航空器上为航空器操作或航行所必要的或为机组成员或乘客的安全而必须携带和使用的器械加任何限制。"

（六）促进民用航空发展

为避免各国之间和人民之间的摩擦并促进其合作，保障世界和平，《国际民用航空公约》第四条指出："缔约各国同意不将民用航空用于和本公约的宗旨不相符的任何目的。"该公约强调其目的是"使国际民用航空按照安全和有秩序的方式发展，并使国际航空运输业务建立在机会均等的基础上，健康地和经济地经营。"

我国按照国际航行的一般规则，在制定《中华人民共和国民用航空法》时，制定了相应的规定，力求使国内法尽可能地与国际法规范相一致。

二、几种权利的解读

（一）公海和专属经济区上空飞行自由

在传统的国际法上，"公海"，"是指不包括在一国领海或内水内的全部海域"（1958年《公海公约》第一条）。《联合国海洋法公约》确立了专属经济区和群岛水域的概念，因而"公海"的范围缩小到"适用于不包括在国家的专属经济区、领海或内水或群岛国的群岛水域内的全部海域"。（第八十六条）

"专属经济区"，是指沿海国在其领海以外邻接其领海的海域所设立的一种专属管辖区，其宽度从测算领海宽度的基线量起，不应超过200海里；它既不是公海，也不是领海，而是自成一类，具有特定的法律地位。

《联合国海洋法公约》规定了公海的界定以及各国的权利，"任何国家不得有效地声称将公海的任何部分置于其主权之下。"（第八十九条）"公海对所有国家开放，不论其为沿海国或内陆国"，其中包括"航空器飞越自由。"（第八十七条）公海自由是公海制度的法律基础，并早已形成为国际习惯法规则。对此，无须加以阐述。

因此，航空器在专属经济区上空飞越自由，这是十分清楚的。然而，如何理解这种"飞越自由"，在认识上却是存在分歧的。

一种意见认为，在专属经济区上空的飞越自由，完全与公海上空的飞越自由一样。因为《联合国海洋法公约》第五十八条写得十分明白，是"享有第八十七条（公海自由）所指的航行和飞越自由……"；另一种意见则认为，在专属经济区上空的飞越自由，不能与在公海上空的飞越自由相提并论，而是受更多条件限制的飞越自由。其理由如下。

（1）《联合国海洋法公约》明确规定，在专属经济区上空，是在公约有关规定的限制下，享有飞越自由的。

（2）专属经济区是自成一类的特定区域，它既不是领海，也不是公海，沿海国在此区域内以勘探、开发、养护和管理海床与底土及其上覆水域的自然资源为目的，拥有主权权利；在区域内的人工岛屿、设施和结构的建造和使用，以及海洋科学研究和海洋环境保护等方面享有专属管辖权。

鉴于此，有的著作者认为："专属经济区是国家管辖范围内的水域。所谓的自由，根本不可能是公海上的那种自由。""在专属经济区的所谓自由，实际上是在区域特定法律地位上的一种自由，是其他国家在该区域所享有一种权利。而任何认为该区域的设立保留了公海地位上的自由的意见都是不切实际的。"这种意见无疑是正确的。

沿海国为了在本国的专属经济区内行使《联合国海洋法公约》规定的主权权利和专属管辖权，就有必要，也完全有权制定有关的法律和规章，以限制他国航空器在专属经济区上空的飞越自由。当然，沿海国滥用在专属经济区的权利，不恰当地妨碍甚至在实际上取消了别国航空器的飞越自由，违反了《联合国海洋法公约》的规定，亦是不正确的。

（二）航空器的"过境通行权"和"群岛海道通过权"

1."过境通行权"

"过境通行权"指所有外国船舶或航空器都可以在用于国际航行的海峡自由通过。用于国际航行的海峡是指那些两端连接公海的区域或专属经济区。

"过境通行权"是《联合国海洋法公约》所设立的一种新的法律制度。这是因为新的海洋法规定，领海宽度不得超过12海里，因而领海宽度原只有3海里或6海里的国家可以扩展为12海里，使这些国家原本有一部分属于公海海域的海峡都成了领海之列，为了船舶的航行自由和航空器的飞越自由，故创设了"过境通行权"的概念。"过境通行权"是一种介于"无害通过"和"自由过境"之间的新概念，即"过境通行"既不像"无害通过"那样严格控制，又不像"自由过境"那样自由。过境通行亦受到一定条件的控制。

"过境通行权"适用于国际航行的海峡。这种海峡，首先处于一国领海水域；其次，必须是用于国际航行的。"用于国际航行的海峡"，是指"公海或专属经济区的一个部分和公海或专属经济区的另一部分之间的用于国际航行的海峡"（《联合国海洋法公约》第三十七条）。"但如果海峡是由海峡沿岸国的一个岛屿和该国大陆形成，而且该岛向海一面有在航行和水文特征方面同样方便的一条穿过公海，或穿过专属经济区的航道，过境通行则不应适用"（《联合国海洋法公约》第三十八条第一款）；"如果通过某一用于国际航行的海峡有在航行和水文特征方面同样方便的一条穿过公海或穿过专属经济区的航道"，也不适用"过境通行"（《联合国海洋法公约》第三十六条）。因为公海和专属经济区实行航行自由和飞越自由，不需要"过境通行权"也是显而易见的。

所有航空器在用于国际航行的海峡上空均享有"过境通行权"。"过境通行"，是指在上述海峡上空，为"继续不停和迅速过境的目的"，行使飞越自由（《联合国海洋法公约》第三十八条第二款）。这种"过境通行"不应受到阻碍，但行使过境通行权的航空器应履行下列义务。

（1）毫不迟延地飞越海峡。

（2）不对海峡沿岸国的主权、领土完整或政治独立进行任何武力威胁或使用武力，或者以任何其他违反联合国宪章的国际法原则的方式进行武力威胁或使用武力。

（3）除因不可抗力或遇难而有必要外，不从事其继续不停和迅速过境的通常方式所附带发生的活动以外的任何活动。

（4）遵守国际民用航空组织制定的适用于民用航空器的《空中规则》，国家航空器通常应遵守这种安全措施，并在操作时随时对航行安全予以应有的注意。

（5）"随时监听国际上指定的空中交通管制主管机构所分配的无线电频率或有关的国际呼救无线电频率。"（《联合国海洋法公约》第三十九条）

通过海峡时，受该沿岸国入境条件的约束。

2. "群岛海道通过权"

这是《联合国海洋法公约》规定的另一种新的通过制度,即指航空器专为在公海或专属经济区的一部分和公海或专属经济区的另一部分之间继续不停和无障碍地过境目的,行使正常方式的航行和飞越权利的制度。"群岛海道通过权"主要包括以下内容。

(1) 群岛国可指定适当的海道和其上的空中航道,以便外国船舶和飞机继续不停和迅速通过或飞越其群岛水域和邻接的领海。

(2) 所有船舶和航空器均享有这种海道和空中航道内的群岛海道通过权。

(3) 这种海道和空中航道应以通道进出点之间的一系列连续不断的中心线划定,通过群岛海道和空中航道的船舶和飞机在通过时不应偏离这种中心线 25 海里以外,但这种船舶和航空器在航行时与海岸的距离不应小于海道边缘各岛最近各点之间距离的百分之十。

(4) 如果群岛国没有指定海道或空中航道,可通过正常用于国际航行的航道,行使群岛海道通过权。

第五节 领空主权的保护

领空是一个国家领土的一部分。每一国家对其领空享有完全的和排他的主权。完整性和排他性是主权最基本的属性;领空主权具体体现为国家在其领空范围内行使自保权、管辖权、管理权和支配权。主权的完整性,决定了一国领空主权不容侵犯,当一个国家的领空主权受到侵犯时,主权的排他性是采取一切必要措施保护主权最基本的法律根据。

《中华人民共和国民用航空法》庄严宣布,"中华人民共和国对领空享有完全的、排他的主权"(第二条),并在第八十一条、第一百七十四条等条例中对飞入、飞出的外国民用飞行器有明确的规定:"对未经批准正在飞离中华人民共和国领空的民用航空器,有关部门有权根据具体情况采取必要措施,予以制止";"对擅自飞入、飞出中华人民共和国领空的外国民用航空器,中华人民共和国有关机关有权采取必要措施,令其在指定的机场降落;对虽然符合前款规定,但是有合理的根据认为需要对其进行检查的,有关机关有权令其在指定的机场降落。"

一、外国航空器的入侵

外国航空器的入侵,是指任何外国航空器未经一国准许,非法进入该国领空的行为。国家领空不受侵犯,是国际法的一项基本准则。因此,任何外国航空器未经一国准许而进入该国领空,均应视为对该国领空的侵犯。根据领空主权原则,被侵犯的国家对入侵的外国航空器可以采取一切必要措施,这完全是一个国家捍卫自己的主权、保卫国防安全的正当权利。

然而,外国航空器侵入一国领空,往往呈现复杂的情形,有战时与平时之分,有民用航空器与国家航空器之别。综观世界上发生的各种外国航空器入侵事件,外国航空器飞入一国领空,有的是有意行为。例如,外国军用航空器施行间谍飞行或进行其他军事目的的活动,同时不排除滥用民用航空器进行非法活动。但外国航空器,特别是民用航空器,飞入一国领空并非一切都是有意行为,如因天气原因或机械故障,或者遭非法劫持身不由己地改变航线，或者由于其他原因而迷航等。因此，对于外国航空器入侵，应该具体问题具体分析，予以正确处置。例如，1987年5月28日，19岁的联邦德国青年鲁斯特驾驶一架美国制造的塞斯纳172型运动飞机，从芬兰首都赫尔辛基出发进入苏联领空，并于傍晚7时30分出现在莫斯科红场上空。在被捕的审判中，尽管鲁斯特辩解说其目的是执行和平使命、会见苏联领导人和公众等，但无论是怎样的说辞，他的行为的确侵犯了苏联的领空权。苏联最高法院审理后，宣判其犯有非法进入苏联国境、违反国际飞行规则和恶性流氓罪，判处鲁斯特在普通劳改营服刑4年。此判决为终审判决。此后，经联邦德国政府多次交涉，苏联最高苏维埃主席团于1988年3月3日决定提前释放鲁斯特，并将其立即驱逐出境。

国家对入侵航空器行使主权，采取一切必要措施，应当符合国际法的规定，其所采取的措施应当既是必要的，又是适当的。

二、拦截入侵飞行器

拦截，是指一国的军用航空器受命对入侵本国领空的外国航空器采取强制手段，或者将其驱逐出境，或者迫令其在该国境内的指定机场降落予以检查、处置的行动（无论是进入一国防空识别区而不报明身份的航空器，还是其他违法航空器）。拦截，是国家保卫国防安全的合法行为，但不得滥用拦截措施。

拦截航空器对其飞行安全具有潜在的危险。因此，国际民用航空组织理事会出于保护民用飞行器的目的，于1966年6月22日同意，并于1973年6月5日敦请缔约各国，希望避免拦截民用航空器；如要拦截，仅作为最后手段而采取，以识别航空器为限，按照规定的拦截程序进行，并应提供为安全飞行所需要的任何航行上的引导。被拦截的航空器必须听从拦截航空器的指令，并尽可能地通知有关空中交通服务单位。

《国际民用航空公约》规定："缔约各国承允在发布关于其国家航空器的规章时，对民用航空器的航行安全予以应有的注意。"（第三条第四款）国际民用航空组织理事会为敦促各国遵循公约规定的义务，对民用航空器的拦截问题做出了下列具体建议。

（1）为了避免或减少拦截民用航空器的必要，拦截控制单位应尽一切可能获得任一航空器（它可能是一架民用航空器）的识别信号，并且通过有关空中交通服务单位对该航空器发出任何必要的指示或建议。至关重要的是，在拦截控制单位与空中交通服务单位之间，要建立迅速可靠的通信手段，并且在这些单位之间应按照《国际民用航空公约》附件中的"空中交通服务"的规定，签订交换民用航空器动态的协议。

（2）消除或减少作为最后手段采用的拦截所固有的危害性，要尽一切可能保证驾驶员和地面有关单位间的协作，至关重要的是缔约各国应采取下列步骤使之得到保障。

① 一切驾驶民用航空器飞行员对他们所采取的行动以及对《国际民用航空公约》附件中的"空中规则"所规定使用的目视信号有充分的了解。

② 保证航空器经营人或民用航空器机长执行《国际民用航空公约》附件中"航空器的运行"关于航空器能力的规定；能用规定的兆赫频率通信，并在航空器上备有拦截程序和目视信号。

③ 要使所有的空中交通服务人员充分了解按航行服务程序空中规则和空中交通服务

规定而采取相应的行动。

④ 保证所有拦截航空器机长了解航空器一般性能范围，并且认识到被拦截民用航空器由于技术困难或非法干扰所引起的紧急状况的可能性。

⑤ 指示必须清楚而不含糊，确保指令清晰发到拦截控制单位，以及可能的拦截航空器的机长，这些指示至少应包括：关于空对空目视信号的规定，关于与被拦截航空器的无线电通信的规定；关于引导被拦截航空器降落应注意的事项；航空器在拦截民用航空器时，在任何情况下应避免使用武器；拦截控制单位与有关空中交通服务单位之间应保持密切的协作；拦截控制单位及拦截航空器在有机会时应装有设备，以便监听航空应急频率1215兆赫；拦截控制单位应装设二次雷达并配备设备，能够立即识别出相关模式的编码。

（3）关于禁止一切民用航空飞行的禁区和民用航空非经国家特别批准不得飞行的区域，应清楚地在航行资料汇编中予以公布；当靠近已公布的空中交通服务航路或其他常用的航线划设这类区域时，各国应考虑到可供民用航空器使用的以电台为基准的助航设备，以及这些设备的准确度和民用航空器避开这些划设区域的能力。在航行资料汇编中，应清楚地说明进入这些区域时有被拦截的危险。

三、应避免对民用航空器使用武器

在拦截中，若对民用航空器使用武器，必将殃及广大无辜旅客的生命和财产，将造成极其严重的后果。第二次世界大战之后，国际上发生了多起民用航空客机被击落的严重事件。因此，对非法进入一国领空的外国民用航空器是否应使用武器的问题，引起了国际社会的关注。人们认为，从人道主义考虑，从外国人在一国领域内应受到保护的精神出发，联系到国际关系中不使用武力解决争端的原则，禁止对民用航空器使用武器应早已是一项国际习惯法，但在国际条约中并未有明文规定。1973年，在罗马举行的第20届国际民用航空组织大会（特别大会），曾对修改《国际民用航空公约》进行审议，增加禁止对民用航空器使用武力的问题，但有关提案未被大会通过。

1983年9月1日，大韩航空公司007号航班波音747-200型客机在执行纽约—首尔定期航班任务时偏航飞入苏联领空，在萨哈林岛（库页岛）附近被苏联歼击机击毁，造成240名旅客和29名机组成员（共269人）全部丧生的惨案，引起了国际社会的强烈反响。1983年9月2日，一些国家向联合国安理会提交了一个决议案，重申"国际法规则禁止威胁国际民用航空的暴力行为"，指出"必须进行公正的调查"，承认"受害者应得到赔偿的权利"。决议主文中声明："如此对国际民用航空使用武力，是与支配国际行为的规范和人道主义的基本考虑不相容的。"这个决议案尽管得到了多数票赞成，但由于苏联反对及使用否决权而没有被通过。

但民航客机进入外国领空被击落的严重事件接连发生，引起了国际社会的广泛关注。武力拦截航空器引起了越来越多人的反对。

1983年9月20日至10月7日，国际民用航空组织大会举行第24届会议，认可了上述理事会决议。1983年10月14日，理事会第110届会议决定于1984年4月24日至5月10日召开国际民用航空组织大会第25届特别会议，通过激烈的争论，最后达成共识，决定修改《国际民用航空公约》，增加第三条分条，内容如下。

（1）缔约各国承认，每一国家必须避免对飞行中的民用航空器使用武器，如拦截，必须不危及航空器内人员的生命和航空器的安全。

（2）缔约各国承认，每一国家在行使其主权时，对未经允许而飞越其领土的民用航空器，或者有合理的依据认为该航空器被用于与本公约宗旨不相符的目的，有权要求该航空器在指定的机场降落；该国也可以给该航空器任何其他指令，以终止此类侵犯。为此目的，缔约各国可采取符合国际法的有关规则，包括本公约的有关规定，特别是本条第一款的规定的任何适当手段。每一缔约国同意公布其关于拦截民用航空器的现行规定。

（3）任何民用航空器必须遵守根据本条第二款发出的命令。为此目的，每一缔约国应在本国法律或规章中做出一切必要的规定，以便在该国登记的或者在该国有主营业所或永久居所的经营人所使用的任何航空器必须遵守上述命令。每一缔约国应使任何违反此类现行法律或规章的行为受到严厉惩罚，并根据本国法律将这一案件提交其主管当局。

（4）缔约各国应采取适当措施，禁止将在该国登记的或者在该国有主营业所或永久居所的经营人所使用的任何民用航空器肆意用于与本公约宗旨不相符的目的。这一规定不应影响本条第一款或者与本条第二款和第三款相抵触。

《国际民用航空公约》这个修正案的通过和生效，在法律上具有重要意义。其第三条分条一方面明确规定了每一国家不得对飞行中的民用航空器使用武器，如采取拦截这样的强制手段，也必须不危及航空器内人员生命和航空器的安全；另一方面重申了每一国家的主权和自卫的权利。第三条分条第一款所说的"此规定不应解释为在任何方面修改了联合国宪章所规定的各国的权利和义务"，主要是指《联合国宪章》第五十一条所规定的"联合国任何会员国受武力攻击时，在安全理事会采取必要办法，以维持国际和平及安全以前，本宪章不得认为禁止行使单独或集体自卫之自然权利"。但适用这一条规定时应做广义上的解释。上述规定的权利和义务指的是"每一国家"，这也决定了《国际民用航空公约》不仅是国际条约法规则，也是习惯法规则，对民用航空器的飞行安全是重要的法律保障。

思考与练习

1. 简述航空法的发展历程。
2. 简述空气空间法的概念与特点。
3. 简述领空制度和领空主权原则。
4. 领空管理制度的主要内容是什么？
5. 国际空中航行的规则主要有哪些？
6. 简述如何维护国家领空主权。

第三章
民用航空器管理的法律制度

本章学习目标

- 了解航空器的定义、法律分类及法律地位；
- 熟悉确定民用航空器国籍的法律意义及民航航空器国籍管理的原则；
- 了解民用航空器权利的含义、种类和登记；
- 掌握民用航空器租赁的形式及湿租外国民用航空器的有关规定；
- 知晓民用航空器适航管理的含义、分类及主要内容等。

第一节 民用航空器概述

航空器是指在大气层中飞行的飞行器，包括飞机、飞艇、气球及其他任何藉空气之反作用力，得以航行于大气中之器物。由动力装置产生前进推力，由固定机翼产生升力，在大气层中飞行的重于空气的航空器被称为飞机。无动力装置的滑翔机、以旋翼作为主要升力面的直升机，以及在大气层外飞行的航天飞机都不属于飞机的范畴。但在日常生活中，有人习惯将气球、飞艇以外的航空器泛称飞机。在所有航空器中，飞机的飞行效率突出，具有速度快、载重大和飞行效率高的优点。在燃料、发动机和推进装置一定的条件下，运载工具的效率可用载重量和飞行距离来衡量。

一、航空器的沿革

人类很早就开始探索天空，通过自身的努力和开拓，制造风筝和热气球等飞行工具，来追求伟大的飞天梦想，这些简单的手工制造形成了飞行器的雏形。无数的先驱者不断努力尝试飞行，飞行器终于如愿出现在天空。1903年12月17日，莱特兄弟研制的"飞行者1号"飞机试飞成功，开创了人类驰骋天空的新纪元。在此后几十年的光阴里，飞机从实验室走向战场，飞机在战场上的应用促使其飞速发展，而后又在民航应用中，使其作用发扬光大。沿其发展轨迹，航空器将进一步向实用型和智能型方向发展。

（一）国外航空器的发展

1. 扑翼机

17~18 世纪，欧洲的航空器发展处在一个特殊的扑翼机探索和设计阶段。扑翼机是指机翼能像鸟和昆虫的翅膀那样上下扑动的重于空气的航空器，又称振翼机。扑动的机翼不仅产生升力，还产生向前的推动力。春秋时期就有人试图制造能飞的木鸟。在热气球飞行成功之前，扑翼机设计成了这个时期的主题。

达·芬奇的《论鸟的飞行》一书提及了用两个旋翼绕垂直轴转动支承飞行器的思想，由于发现年代较远，起到的作用比较小，但它为以后工业革命现代航空器学理论做了有益探索。1878 年英国伦敦博览会上首次展示了两架扑翼机。因没有出现航空学理论研究的事件和成果支撑，模仿鸟类进行冒险飞行的人明显减少。

2. 热气球

1783 年 9 月 19 日，蒙哥尔费兄弟制成了世界上第一个热气球，气球下面系着一只用柳条编织的吊篮，将第一批"乘客"（一只山羊、一只鸭和一只鸡）升到了 520m 的高空，在飞行了 8 分钟、约 3.2 千米后，安全着陆。最早的载人航空器是热气球，1783 年 11 月 21 日，法国人法兰特和德·罗尔在巴黎上空完成首次载人飞行。

3. 飞艇

1852 年，法国人吉法尔在气球上安装一台 3 马力（约 2205W）的蒸汽机带动螺旋桨的推进装置，制成了世界上第一个可操纵飞艇。19 世纪末，德国的齐柏林制成了用汽油发动机作为动力，性能比其他的飞艇好，转载量也大的硬式飞艇，并应用于军事和交通运输。

由于飞艇在载运能力和使用成本上具有明显的优势，先进的空气动力学设计、新动力、新材料、新工艺、新机载电子设备和氦气的应用，使飞艇事业到 20 世纪 70 年代之后又有了复苏的迹象。例如，1996 年荷兰研制出的"千禧导航"号飞艇，我国在 1985—1986 年研制成功的"天舟"号载人热气飞艇。

1843 年，一位具体实践凯利理论的航空先驱亨森设计了"空中蒸汽车"并取得专利。这一设计的外形有主翼、有平尾、有垂尾、有动力（蒸汽机），与现在的飞机十分相近。到了 20 世纪 70 年代，出于节能环保的目的，人们结合新技术开发出了以安全气体氦替代氢的新一代飞艇。飞艇在第一次世界大战中发挥了不可忽视的作用。

4. 飞机

1884 年，俄国的航空先驱莫扎伊斯基制造过一架单翼机，在彼得堡附近的红村做过试飞，但没有操纵系统。

由于 19 世纪的科技与生产力水平的提高，在前人不断尝试的基础上，19 世纪末，德国的奥托·李林达尔终于完整地完成了滑翔飞行试验。1891 年，他制成一架蝙蝠状的弓形翼滑翔机，成功地进行了滑翔飞行，从而肯定了曲面翼的合理性。1896 年，奥托·李林达尔在一次滑翔试验中丧生,虽然他在滑翔机上安装蒸汽发动机的愿望并未实现,但是他多年的研究使后人得到很大的教益,为后来飞机的出现奠定了基础。

1896年,兰利制造的蒸汽机模型试飞距离达1280米,但他在全尺寸飞机的试飞中未能成功,尽管如此,他的许多发现给后来的飞机研制者提供了有益的启示。他是莱特兄弟成功前的最后一位航空先驱。

1903年,莱特兄弟进行了人类历史上第一次有动力、持续的、可操纵的飞行。1908年,法国对他们的成就给予了充分肯定,因此掀起了席卷世界的航空热潮。美洲国家、俄国等都有先驱进行飞行探索:1909年,美国华侨冯如驾驶自己设计的飞机在美国旧金山奥克兰试飞成功;1910年3月28日,法国人试飞成功世界上第一架水上飞机;1913年,俄国人成功研制了四发大型客机,飞行速度已达到200千米/小时,续航时间超过13小时,飞行高度达到6.5千米。

1927—1932年,座舱仪表和领航设备的研制取得进展,陀螺技术应用到了飞行仪表上。这个装在万向支架上的旋转飞轮能够在空间保持定向,于是成为引导驾驶员在黑暗中、雨雪天飞行的各种导航仪表的基础。接着,飞机中出现了人工地平仪、陀螺磁罗盘指示器、地磁感应罗盘。人工地平仪能向飞行员指示飞机所处的飞行高度;陀螺磁罗盘指示器,在罗盘上刻有度数,可随时显示出航向的变化;地磁感应罗盘,既不受飞机上常常带有的大量铁质东西的影响,也不受振动和地球磁场的影响。这些仪表有灵敏度高、能测出离地30多米的高度表和显示飞机转弯角速度的转弯侧滑仪,以及指示空中航线的无线电波束,这些都是用来引导驾驶员通过模糊不清的大气层时的手段。

此时的飞行探索也出现了战争应用和民用两个不同方向。

1)战机

战争促进了航空科学技术和航空工业的发展,特别是在第一次世界大战期间。有人称,在第一次世界大战结束到第二次世界大战爆发前的20年,为航空黄金年代。由于战争的需要,在那段时间出现了一系列新技术,如硬壳式轻型合金结构、悬臂单翼、可收放式起落架、密封座舱、发动机增压器,以及包括自动驾驶仪在内的一系列供飞行和导航使用的设备等。在第二次世界大战期间,已有国家使用以活塞式发动机提供动力的螺旋桨飞机,其中还出现了比较有名的战机如P-51等。在第二次世界大战后期,战机的最大飞行速度达到780千米/小时的速度极限。

2)民用飞机

1956年,苏联的图-104、1958年美国的波音707和DC-8进入航线,标志着民用喷气航空时代的开始。波音707的飞行速度为900~1000千米/小时,航程可达12 000千米,最多可载158名乘客。

1969年出现了宽体式大型客机(波音747),标志着航空客运已经走向大众化。此时,民用飞机的航程大增,座位也增加了许多,运营成本大大降低。

2000—2005年,出现了A380大型双层客机。同时,各国还在不断地研制新型的高速、远航程、低油耗的未来客机。

航空器虽然有多种，但在民用航空中主要使用的是飞机。民用飞机有多种分类方式，常见的有如下几种。

（1）按照用途，有用于商业飞行的航线飞机和用于通用航空的通用航空飞机之分。其中，航线飞机又分为运送旅客的客机和专门运送货物的货机，我国将客机分为干线客机和支线客机；通用航空飞机一般可分为公务机、私人用飞机、农业用机、教练机、体育竞赛飞机等。

（2）按照发动机的类型，有螺旋桨式飞机和喷气式飞机之分。螺旋桨式飞机，包括活塞螺旋桨式飞机和涡轮螺旋桨式飞机。飞机引擎为活塞螺旋桨式，这是最原始的动力形式，它利用螺旋桨的转动将空气向机后推动，借其反作用力推动飞机前进。螺旋桨的转速越快，则飞机的飞行速度越快。喷气式飞机，包括涡轮喷气式和涡轮风扇喷气式飞机。这种机型的优点是结构简单、速度快，飞行速度一般可达 805～965 千米/小时；燃料费用节省，装载量大，一般可载客 400～500 人或运载 100 吨货物。

（3）按照发动机的数量，有单发（动机）飞机、双发（动机）飞机、三发（动机）飞机、四发（动机）飞机之分。

（4）按照飞行速度，有亚音速飞机和超音速飞机之分。亚音速飞机又分为低速飞机（飞行速度低于 400 千米/小时）和高亚音速飞机（飞行速度马赫数为 0.8～8.9）。多数喷气式飞机为高亚音速飞机。

另外，按飞机的航程远近，有近程、中程、远程飞机之分；按客座数，有大、中、小型飞机之分。中国民用航空局按飞机客座数将飞机划分为 大、中、小型飞机，飞机的客座数在 100 座以下的为小型飞机，100～200 座的为中型飞机，200 座以上的为大型飞机。

在人类的历史中，飞机的历史已超过百年，其给人类带来的既有战争的痛苦，也有生活的便捷。随着航空科技的发展，航空器将会向着速度更快、能耗更低、航程更远、操纵性更好、可靠性更高、应用更广的方向发展，继续为人类服务，让人类走得更远。

飞机分类，如图 3-1 所示。

（二）我国航空器的发展历程

我国是世界文明古国。我国古代发明和创造的风筝、火箭、孔明灯、竹蜻蜓等飞行器械，被看作现代飞行器的雏形，对航空的产生起了重要作用。中华人民共和国成立后，我国的航空事业获得了迅速发展。

下面通过简述我国近代的飞行器的沿革，引发人们对于中国与西方航空发展之间的联系与区别的思考，并在对历史的回顾中找到未来的方向。

1909 年 9 月 21 日，我国第一架飞机（由冯如制造并驾驶的）在美国的奥克兰市郊区试飞成功。

1910 年 8 月，刘佐成、李宝浚在北京南苑修建厂棚里制造飞机，并利用南苑驻军操场修建了中国第一个机场。

1913 年 9 月，我国第一所航空学校——北京南苑航空学校成立，秦国镛任校长。1920 年 4 月 24 日，我国第一条民用航线——京沪航线京津段试飞成功，并于 1920 年 5 月 8 日投入运营。

图 3-1　飞机分类

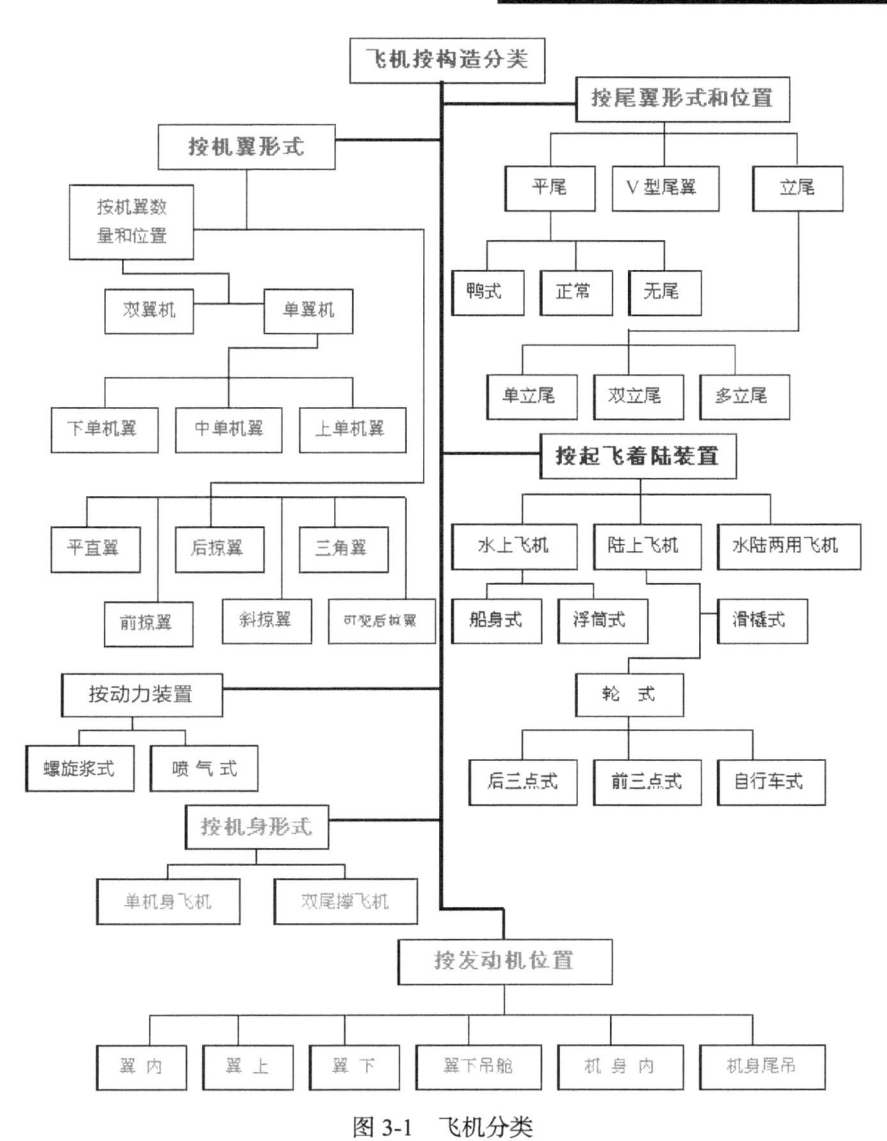

1923年7月30日，中国第一架双层螺旋桨敞盖飞机由广东飞机制造厂研制成功。

1936年4月24日，中国第一座自行设计制造的风洞在清华大学进行首次开车运转试验。

1．军用飞机

中华人民共和国成立后，我国处于敌对势力的包围下，急切需要发展航空事业，尤其是使军事空中力量取得长足发展。

1954年7月25日，南昌飞机厂试制雅克-18（初教-5）型教练机成功，并通过国家鉴定。

1956年9月8日，沈阳飞机厂试制成功中国第一种喷气式歼击机——米格-17型（歼-5），并获批准批量生产。

1958年7月，中国自行设计制造的歼教-1型喷气式教练机在沈阳首飞成功。

1959年9月30日,由沈阳飞机厂制造的米格-19(歼-6)歼击机首飞成功。

1964年9月,轰-5型飞机在哈尔滨飞机厂试制成功,并于1967年4月投入批生产。

1966年1月17日,国产歼-7型飞机首次试飞成功,并于1966年12月28日定型投入批生产。

1979年12月,中国自行研制的歼-8型高空高速歼击机设计定型,翌年12月交付空军试用,1981年开始装备空军部队。

改革开放后,中国的空军实力突飞猛进,航空防御及进攻的力量有了翻天覆地的变化,并拥有了当时世界上只有少数几个国家能够制造的喷气式战斗机。

2. 民用飞机

1978年之后,我国进入改革开放时期,将主要精力投入社会主义经济建设中,民用飞机也加快发展。

当时,波音和空客这两家飞机制造厂商基本上垄断了世界上的民用飞机制造。我国的民用飞机发展就是在这种十分困难的条件下起步的。

运-10飞机项目于1970年启动,1973年6月国务院、中央军事委员会正式批准在上海研制大型客机,1980年9月26日首飞成功,1986年研制计划终止,共飞行了130多个起落、170多个飞行小时。运-10是中国第一个独立自主研制的大型飞机,除发动机外,其主要部件都是国内自主研制的,其整体设计更是完全由国内技术力量独立完成的,其国产化程度远远高于现在的ARJ-21和C-919客机,也高于当时仿制苏联产品的运-8和轰-6飞机。

1992年1月16日,国产直-9型直升机首飞成功。

ARJ21翔凤客机(Advanced Regional Jet for 21st Century,ARJ21),是由中国商用飞机有限责任公司研制的新型涡扇支线客机,亦为中国第一次完全自主设计并组装、制造的支线飞机。它包括基本型、货运型和公务机型等系列型号。

首架ARJ21支线客机于2015年11月29日飞抵成都,交付成都航空有限公司,正式进入市场运营。

比ARJ21-700更为大型的飞机为C919大型客机。C是China的第一个字母,也很容易与A(空客)和B(波音)相区分:C919定位于单通道150座级,19代表其最大载客量为190座。2009年9月8日,C919外形样机在香港举行的亚洲国际航空展上正式亮相。2009年12月21日,中国商飞与法国CFM公司签约,选定LEAP-X1C型飞机发动机为C919提供动力,并在国内设总装生产线。2009年12月26日,C919机头工程样机在上海商飞正式交付。相比ARJ21-700,C919的进展似乎更为快速。

C919大型客机是我国按照国际民航规章自行研制、具有自主知识产权的大型喷气式民用飞机,座级为158~168座,航程为4075~5555公里,于2015年11月2日完成总装下线,2017年5月5日成功首飞。

2021年3月1日,东航与中国商用飞机有限责任公司在上海正式签署C919大型客机购机合同,这也是国产C919大型客机在全球的首个正式购机合同,东航成为全球首家运营C919大型客机的航空公司。

3. 民用航空业快速发展

"十三五"期间，我国运输航空和通用航空发展实现"两翼齐飞"。运输航空在速度、质量、效益方面稳步、快速提升，在国家综合交通运输体系中的比重逐年增加，航空运输总周转量继续保持自 2005 年以来世界排名第二的位置，并逐年缩小与世界第一的差距。通用航空在国家政策的指引下，迎来发展新机遇。

1）运输航空的规模越来越壮大

"十三五"期间，我国民用航空业仍然保持了较快的增长速度，截至 2019 年年末，全行业完成运输总周转量 1293 亿吨公里、旅客运输量 6.6 亿人次、货邮运输量 753 万吨，年均分别增长 11%、10.7%和 4.6%，旅客周转量在国家综合交通体系中的比重由"十二五"末的 24.2%提升至 33.1%，具体呈现以下特点。

一是航线网络日趋完善。截至 2019 年，我国共有定期航线 5521 条，其中国内航线 4568 条（包括港澳台航线 111 条）、国际航线 953 条；境内通航城市 234 个；国内航空公司从境内 66 个城市通航 65 个国家的 167 个城市；境内航空公司从 30 个城市通航中国香港、19 个城市通航中国澳门、49 个城市通航中国台湾。

二是枢纽建设卓有成效。"十三五"期间，中国民用航空局以枢纽建设为牵引，积极服务国家战略，不断完善国内航线网络；围绕京津冀协同、长三角一体化、粤港澳大湾区建设发展目标，全力打造北京、上海、广州三大复合枢纽，支持基地航空公司做强枢纽航线网络，疏解北上广机场非枢纽功能；重点建设昆明、成都、西安等区域枢纽，实现直辖市、省会级城市间航线联结；布局面积较大的省内区域航线网络，引导航空公司深耕支线市场，实现干支相互促进的良性循环。

三是"一带一路"建设成果凸显。"十三五"期间，中国民用航空局以优化、量化国际航权资源配置为牵引，服务国家"一带一路"建设目标，支持地方经济的发展，鼓励、引导航空公司开拓国际航空运输市场；统筹北京"一市两场"协同发展，突出发挥大兴机场作为国家发展新动力源的作用。截至 2019 年年末，我国航空公司已开通与 47 个"一带一路"合作国家的 520 条国际航线。在新冠肺炎疫情发生前，我国已完成大兴机场至俄罗斯、英国、法国、韩国、日本等国家的航权配置工作。

2）运输服务品质稳步提升

一是准班率大幅度提升。"十三五"期间，航班正常工作实现从阶段治理向常态管理转变、从规模速度向质量效率转变、从经验管理向科技支撑转变。2019 年，全国航班正常率为 81.65%，连续两年超过 80%；2020 年前三季度，全国航班正常率达到 87.04%。同时，航空公司、机场、空中交通管理等行业运行主体自身原因导致延误的比例大幅下降，航班平均延误时长明显减少，行之有效的航班正常治理体系已基本形成。

二是服务质量不断提高。"十三五"期间，购票环境持续优化，41 家国内航空公司实施客票退改签"阶梯费率"；餐食质量更有保证，机场餐饮基本实现"同城同质同价"；旅客投诉渠道畅通，开通 12326 民航服务质量监督电话，国内航空公司投诉响应率达到 100%；建立民航旅客遗失物品查询平台，25 家机场在该平台上线。行李运输条件明显改善，8 家航空公司和 29 家机场参与跨航司行李直挂试点，普遍适用的"通程航班"海关监管政策顺利出台，挂牌认证"航易行"行李跟踪公共信息平台，RFID（射频识别）系统建设进入"串线成网"阶段；"无纸化"便捷出行蔚然成风，千万级机场国内旅客自助值机占比超过 7 成；

机上 Wi-Fi 建设进程加快，19 家航空公司的 506 架飞机为 855 万名旅客提供客舱无线网络服务；安检新模式逐步试行，15 家千万级机场试点"旅客差异化安检"，首都机场、大兴机场等机场实现部分区域海关查验与民航安检"一机双屏""一次过检"；物流信息化加速推进，航空货运电子运单突破 160 万张；特色服务明显提升，"军人依法优先"通道实现运输机场全覆盖，母婴室建设进一步完善，实施《残疾人航空运输管理办法》，累计为人体捐献器官开通航空运输绿色通道 5149 次。

二、航空器的定义

航空器是一切能在空气中腾起的器械的总称，是实施空中航行的工具。关于航空器的定义，综观各国的法律，虽然关于航空器的定义在字面上有所不同，但基本都是指能在空气中飞行的一种机器，均参照了国际上的定义。

1919 年《巴黎公约》的附件中关于航空器的表述："航空器是指可以通过空气的反作用而在大气中取得支撑力的任何机器"，或者"航空器是大气层中靠空气的反作用力做支撑的任何器械"，这是在国际上被普遍接受的定义。这个定义被后来的《国际民用航空公约》原文引录于它的附件中。

从这个定义来看，航空器既包括重于空气的飞机、飞船、滑翔机、直升机，也包含轻于空气的氢气球，其关键在于该器械有无升力。《国际民用航空公约》对"飞机"做了更精确的定义："有动力装置的重于空气的航空器，其升力主要来自空气动力在翼面上的反作用，其翼面在特定条件下固定不变。"这个定义也排除了火箭。我们知道，火箭在大气层中并不是靠空气的反作用力做支撑的，其冲力来自一种靠气态发射物产生冲力的装置。

1967 年 11 月 8 日，国际民用航空组织修改了这一定义，把空气对地球表面反作用力的情况排除在外，将航空器定义如下："航空器是指可以通过空气的反作用，但不是通过空气对地球表面的反作用，而在大气中取得支撑力的任何机器。"依据这一定义，既把气垫车、气垫船等剔除出航空器的范畴，又把利用空气对地（水）面反作用取得支撑力的器械，以及不依靠空气反作用取得支撑力飞行的器械如火箭、导弹等从航空器的类别中剔除。航空器在技术上分成轻于空气的航空器和重于空气的航空器。前者包括气球、飞艇等，后者包括飞机、滑翔机、直升机等。航空器的分类，如图 3-2 所示。

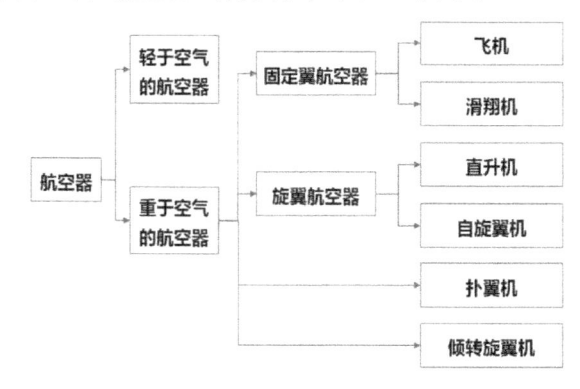

图 3-2 航空器的分类

三、航空器的法律分类及法律地位

（一）航空器的法律分类

法律上把航空器划分为"民用航空器"和"国家航空器"，以区别其不同的法律地位。

1919年《巴黎公约》第三条把下列航空器视为国家航空器：①军用航空器，由委任的军人操纵的任何航空器，均被视为军用航空器；②专用于国家部门的，如邮政、海关、警察的航空器。缔约各国承允在发布关于其国家航空器的规章时，对民用航空器的航行安全予以应有的注意，并明确表示本公约仅适用于民用航空器，不适用于国家航空器。在历史上，有些国家的法律把航空器分为"公用航空器"和"私用航空器"，直到《国际民用航空公约》正式提出"民用航空器"这一名称。

《国际民用航空公约》第三条"民用航空器和国家航空器"中规定："一、本公约仅适用于民用航空器，不适用于国家航空器。二、用于军事、海关、警察部门的航空器，应认为是国家航空器。"这里把国家航空器之外的航空器都称为"民用航空器"。但《国际民用航空公约》本身没有对"国家航空器"明确做出定义，仅仅举例说明用于军事、海关、警察部门的航空器是国家航空器，那么国家航空器是否仅包括这3类？有没有其他类别？语焉不详。可见一些国际通用的航空法律体系，也是在实践中逐步完善的。

《中华人民共和国民用航空法》第五条明确规定："本法所称民用航空器，是指除用于执行军事、海关、警察飞行任务外的航空器。"我国空运企业担任国内、国际航空运输任务的航空器，虽然作为生产资料的所有权为国家所有，但它们执行的任务是民用的，因此不属于国家航空器。另外，航空法还对其管理有所规定，《中华人民共和国民用航空法》第十五条规定："国家所有的民用航空器，由国家授予法人经营管理或使用的，本法有关民用航空器所有人的规定适用于该法人。"

民用航空器有着下列比较明显的特征以区别于国家航空器。

（1）民用航空器一般是在一国的民用航空当局注册登记的。

（2）从事运送旅客、行李、货物和邮件等公共航空运输。

（3）在国民经济的某些部门从事公共航空运输以外的航空作业，如工农业、林业、渔业和建筑的作业飞行。

（4）从事医疗卫生事业和采取保健措施等活动。

（5）进行气象探测、科学实验等活动。

（6）从事教育训练、文化体育等飞行活动。

（7）进行救灾抢险等活动。

（二）航空器的法律地位

国家航空器和民用航空器的法律地位是不同的。

1. 国家航空器的法律地位

国家航空器在飞经其他国家领空，要受到法律的约束，这是航空法主权特征所决定的。《国际民用航空公约》第三条规定："三、一缔约国的国家航空器，未经特别协定或其他方式的许可并遵照其中的规定，不得在另一缔约国领土上空飞行或在此领土上降落。"即使是经特许进入一国的外国国家航空器，法律上也有严格的制约。军用航空器原则上享受通常给予外国军舰的特权，但被强迫降落或者被要求或勒令降落的军用航空器，将因此不能获得这方面的任何特权（这种特权即通常所称的"治外法权"，指的是管辖豁免权）。

管辖豁免权的范围如下。

（1）外国国家元首、政府首脑和执行特别使命的高级官员乘坐的专用航空器（专机）享有管辖豁免权。

（2）用于执行国际组织任务的航空器也享有特权和豁免权，其特权和豁免权是由国际组织本身所享有的成员方所赋予的特权和豁免权所决定的。例如，联合国及专门机构所拥有的航空器在执行任务时的管辖豁免权。

（3）军用航空器享有管辖豁免权。军用航空器原则上享有给予外国军舰的特权，这种特权即我们常说的"治外法权"，也就是管辖豁免权，但是被强迫降落或被要求或勒令降落的军用航空器不能获得这方面的任何特权。这已经形成了习惯国际法规则。

（4）警察和海关航空器不享有特权和豁免权。在任何情况下，警察和海关航空器都不享有特权和豁免权，但是有关国家之间可以通过特别协议确定在何种情况下准许飞越边境，如国家之间打击犯罪的合作、对航空器的搜寻和救援的合作等。

我国航空法中没有对国家航空器的法律地位做详细规定，只在有关国际航空条约中有零星的内容，所以我们只能根据国际法的一般原则和习惯国际法加以判断。

2．民用航空器的法律地位

民用航空器受航空器所在地国家的管辖，并受该国法律的约束。一国民用航空器在外国不享有任何特权和管辖豁免权。民用航空器必须遵守飞入国的法律和规章；必须按规定在设关机场降停；接受海关和其他检查，遵守关于入境、放行、移民、护照、海关及检疫规章等。《国际民用航空公约》指出："本公约仅适用于民用航空器，不适用于国家航空器。"

《国际民用航空公约》第十六条规定："缔约各国有关当局有权对其他缔约国的航空器在降停或飞离时进行检查，并查验本公约规定的证件和其他文件，但应避免不合理的延误。"

《国际民用航空公约》第三条规定："一缔约国的国家航空器，未经特别协定或其他方式的许可并遵照其中的规定，不得在另一缔约国领土上空飞行或在此领土上降落。""缔约各国承允在发布关于其国家航空器的规章时，对民用航空器的航行安全予以应有的注意。"

航空法中将航空器的概念、权属都做了清晰的界定，如下所述。（我国航空法规定的民用航空器的权利，就阐明了民用航空器是合成物。）

（1）民用航空器是合成物。民用航空器是由航空器构架、发动机、螺旋桨、无线电设备及其他一切为了在民用航空器上使用的，无论安装于其上或暂时拆离的物品组成的合成物，每一部分都是民用航空器不可或缺的，在法律上均不能脱离民用航空器而单独存在。它们与民用航空器之间被视为从物与主物的关系，民用航空器所有权的转移、抵押权的设立及优先权的存在等均涉及整个民用航空器。

（2）民用航空器具有不动产的属性。民法理论中将财产分为动产与不动产，它们的主要区别标志是该财产发生位移后其价值是否受到损害。发生位移而不损害其价值的财产是动产，民用航空器理应属于动产范畴。但是，民用航空器作为运输工具，其投入资金大、使用年限长，法律上一般将其视为不动产进行处理。《中华人民共和国民用航空法》按照不动产物权变动进行权利登记的模式，规定民用航空器所有权的取得、转让和消灭，以及抵押权的设定和变更都应当进行登记，未经登记的，不得对抗第三人。

第二节　民用航空器的国籍与登记

【范例3-1】

案例分享：

2019年11月，一名身份不明的男子未经允许驾驶小型飞机闯进华盛顿州，他在被联邦探员发现后立即驾驶飞机逃走，逃跑途中还将一些不知载有何物的包裹扔在华盛顿州北部的旷野里。

根据美国海关和边境保护局（U.S. Customs and Border Protection，CBP）于2019年11月26日发布的消息，华州北部贝林汉姆（Bellingham）机场空中交通管理部门和美国海军陆战队在当地的监控部门，均发现一架未获许可的飞机进入华盛顿州北部领空，并在小镇温斯洛普（Winthrop）的莫斯山谷机场（Methow Valley Airport）降落。

获得通报的CBP探员搭乘直升机前往该机场准备盘查这架飞机，飞行员看到探员后却立即踩上飞机飞走了。当局的直升机随后一路追赶这架飞机，并目睹飞行员相继把几个包裹丢弃在华盛顿州北部的旷野中。

在获得加拿大当局的批准后，CBP的直升机一路追赶这架可疑的小型飞机进入加拿大境内，并最终在加拿大皇家骑警的协助下，在不列颠哥伦比亚省兰利（Langley）机场，将降落于此的飞行员抓获，并扣留了该飞机。

加拿大皇家骑警在地面逮捕该男子时，CBP的直升机一直处于空中监视位置。

后来，该男子被移交给美国执法部门监禁，美加两国当局联合调查了这起非法越境案件的来龙去脉。

一、确定民用航空器国籍的法律意义

看了上述的美国海军陆战队追踪并扣留未经允许闯进华盛顿州的飞机的故事，人们会产生疑问：为什么要追踪和扣押该男子的飞机，他们凭借的是什么法律依据？这就涉及航空器的法律问题：这架飞机的国籍是哪，是否经过登记？

航空器国籍登记是一项十分重要的法律制度，《国际民用航空公约》的许多条款都是直接或间接地在这个概念的基础上做出规定或表述的，离开航空器的国籍，这些条款就会变得难以理解或表述。《国际民用航空公约》第三十一条指出："凡从事国际航行的每一航空器，应备有该航空器登记国发给或核准的适航证。"

国籍是指一个人属于某一个国家的国民或公民的法律资格，表明一个人同一个特定国家间的固定的法律联系，是国家行使属人管辖权和外交保护权的法律依据。在现代社会中，国籍的概念已经从自然人扩大到法人、船舶、航空器及一般财产。

对航空器采取国籍制度，是沿袭海商法对船舶采取国籍制度而来的，是从国际立法一开始就获得国际普遍承认的规则。1919年《巴黎公约》、1926年《伊比利亚美洲公约》（又称《马德里公约》）、1928年《哈瓦那公约》，都有关于航空器国籍的规定，而逐步完善的《国际民用航空公约》特意设置了一个章节来解释航空器的国籍。

简而言之，航空器的国籍是航空器与登记国（国籍国）相联系的法律纽带，航空器国籍登记国对具有其国籍的航空器享有权利和承担义务，对航空器予以保护和进行管理。

二、民用航空器国籍管理的原则

（一）登记与所有权

登记制度是各国民商法中普遍采用的一种确定财产所有权的规则，即对于不动产和价值重大的动产（如轮船、飞机、汽车等）必须向国家有关当局注册登记。1919年巴黎会议采用以登记制度决定航空器国籍的方法，即航空器在哪个国家登记的，其国籍就是哪个国家。这个方法后来被《国际民用航空公约》沿用。

航空器采取国籍制度，是沿袭海商法对船舶采取国籍制度而来的。航运界存在这种现象：航运中一些公司为了避税或者因其他原因，在公司的船舶挂上巴拿马的"国旗"，俗称"方便旗"。船舶登记国籍时挂"方便旗"是一个很难解决的痼疾。海洋法关于船旗国的一般规则是，船舶具有悬挂其所属国的国籍旗帜的权利，但各国对在本国登记并取得本国国籍的法规和条件要求差别很大。有些国家的规定严格，如俄罗斯规定船舶所有权必须为该国国有、集体所有和该国公民所有方可登记取得该国国籍。但有些国家，如利比里亚和巴拿马，国籍登记的条件很宽松，不论船舶所有权为哪国，只要缴纳较低的赋税，就可登记并取得该国国籍，这就是"方便旗"问题。

为了弥补《国际民用航空公约》航空器国籍条款中没有堵塞"方便旗"漏洞的条文，在芝加哥会议另外制定的《国际航班过境协定》和《国际航空运输协定》两个多边协定文本，以及后来各国缔结的大量双边航空协定中，一般都规定有"实质性所有权与有效控制"条款。我国与许多西方国家之间的双边航空协定中也订有此类条款，用以杜绝类似"方便旗"的问题在航空运输中发生。

（二）只许有一个国籍

《国际民用航空公约》第十八条规定："航空器在一个以上国家登记不得认为有效，但其登记可以从一国转移至另一国。"因此，民用航空器国籍管理的原则之一就是一架航空器只许有一个国籍。

根据《国际民用航空公约》的规定，一个跨国组织如拥有飞机，也必须在某个国家登记以取得国籍。此规定虽然杜绝了双重或多国籍的混乱，但是存在一个难以解决的问题：现在由于经济全球化，各国航空企业之间互换飞机、租机（干租）与包机的事情经常发生，这就会造成国籍国与经营人所属国相分离的局面，由此也会引起一系列复杂的法律问题。为解决各航空企业合作中出现的复杂法律方面的问题，人们于1961年在墨西哥制定了《瓜达拉哈拉公约》以补充1929年《华沙公约》的不足，统一非缔约承运人承办国际航空运输的某些规则；又于1963年制定了《东京公约》，讨论和制定关于飞机上犯罪的规则，并确立飞机登记国刑事管辖权限，但仍然没有解决航空器国籍所引发的诸多问题。

（三）联合经营

由于空域广阔，一个国家的航空力量有限，在民用航空活动中，不少国家采取了联营手段。而国际航空法也不反对联合经营。

《国际民用航空公约》第七十七条规定："本公约不妨碍两个或两个以上缔约国组成航空运输的联营组织或国际性的经营机构，以及在任何航线或地区合营航班。但此项组织或机构的合营航班，应遵守本公约的一切规定，包括关于将协定向理事会登记的规定。理事会应决定本公约关于航空器国籍的规定以何种方式适合于国际经营机构所用的航空器。"世界上成立最早、最成功的国际联营组织是"斯堪的纳维亚联合航空体"——斯堪的纳维亚航空公司（Scandinavian Airlines，SAS）。它由瑞典、丹麦与挪威三国的航空公司按 3/7（瑞典）、2/7（丹麦）、2/7（挪威）的资金比例于 1946 年联合组成，通称"北欧航空公司"。这个航空公司按上述比例分别在三国登记，因而避免了《国际民用航空公约》第七十七条规定的由（国际民用航空组织）理事会决定其所用航空器国籍这个问题。至 2020 年 4 月 30 日，斯堪的纳维亚航空公司运营 167 架飞机和 90 个目的地，其主要枢纽是哥本哈根机场，负责运营 50 多个通往欧洲城市的航线。

1961 年，11 个法语系非洲国家联合组成了"非洲航空公司"。经国际民用航空组织决定，只要在一国做联合登记，而且将该公司在各国登记的航空器填入联合登记簿内，即可成立；但该公司所属机群只涂共用标志而不是某一个国家的标志，各国承担连带责任（国籍+共用标志）。该航空公司后来在科特迪瓦共和国做了联合登记。

中国航空公司是中国国民政府与美国柯蒂斯-赖特飞机公司合资成立的航空公司。中国航空公司筹组于 1908 年 4 月 15 日，在抗日战争爆发后为抗战做出了重要贡献，是驼峰航线的重要组成部分。1929 年 4 月，柯蒂斯-赖特公司的子公司——航空开拓有限公司（Aviation Exploration，Inc.）与中国航空公司签订合同，获得了从上海到汉口，北平和广州 3 条航线的经营权及为期 10 年的独占航邮权。

中华人民共和国成立后，经中华人民共和国国务院民用航空主管部门依法进行国籍登记的民用航空器，即具有中华人民共和国国籍，由国务院民用航空主管部门发给国籍登记证书。国务院民用航空主管部门设立中华人民共和国民用航空器国籍登记簿，统一记载民用航空器的国籍登记事项。

三、民用航空器国籍登记的相关事项

各国对民用航空器国籍的登记条件的要求有所不同，但都遵循在一个国家单一登记的原则。登记的条件及登记的程序一般由航空器登记国的国内法确定。

（一）民用航空器国籍登记的条件

1. 美国采取直接规定登记法

在美国，航空器如符合且只有符合下列情况，才能登记。

（1）该航空器为美国公民或经法律手续准许在美国长期居住的外国个体公民所有。

（2）为依法组织并按美国或其所属任何一州的法律从事营业的法人（只有一个美国公民的法人除外）所有，并且该航空器的基地在美国又主要在美国国内使用。

（3）航空器属于联邦政府或地方各级政府。

2．日本采取排除登记法

在日本，下列4种人员所拥有的航空器不得进行登记。

（1）未取得国籍者。

（2）外国或外国的公共团体或类似的机构。

（3）根据外国法令或规章设立的法人或其他团体。

（4）任何法人，其代表为前三项中所述人员时，其1/3以上的高级职员或1/3以上的表决权为此等人员所有时。

此外，日本航空法还规定，凡具有外国国籍的航空器，均不得登记。

3．我国采取应当登记法

《民用航空器国籍登记规定》第五条规定："下列民用航空器应当依照本规定进行国籍登记：

"（一）中华人民共和国国家机构的民用航空器；

"（二）依照中华人民共和国法律设立的企业法人的民用航空器；

"（三）在中华人民共和国境内有住所或者主要营业所的中国公民的民用航空器；

"（四）依照中华人民共和国法律设立的事业法人的民用航空器；

"（五）民航局准予登记的其他民用航空器。

"自境外租赁的民用航空器，承租人符合前款规定，该民用航空器的机组人员由承租人配备的，可以申请登记中华人民共和国国籍；但是，必须先予注销该民用航空器原国籍登记。"

（二）我国民用航空器国籍登记的内容

《中华人民共和国民用航空器国籍登记条例》第九条规定："国务院民用航空主管部门应当在民用航空器国籍登记簿中载明下列事项：

"（一）民用航空器国籍标志和登记标志。

"（二）民用航空器制造人名称。

"（三）民用航空器型号。

"（四）民用航空器出厂序号。

"（五）民用航空器所有人名称及地址。

"（六）民用航空器占有人名称及地址。

"（七）民用航空器登记日期。

"（八）民用航空器国籍登记证书签发人姓名。"

《中华人民共和国航空器国籍登记条例》第十条规定："民用航空器国籍登记证书应当放置于民用航空器内显著位置，以备查验。"

第三章 民用航空器管理的法律制度

（三）变更登记

《中华人民共和国航空器国籍登记条例》第十一条规定："取得中华人民共和国国籍的民用航空器，遇有下列情形之一时，应当申请办理变更登记：

"（一）民用航空器所有人或其地址变更；

"（二）民用航空器占有人或其地址变更；

"（三）国务院民用航空主管部门规定需要办理变更登记的其他情形。"

（四）临时登记

《民用航空器国籍登记规定》第三十一条规定："对未取得民用航空器国籍登记证书的民用航空器，申请人应当在进行下列飞行前 30 日内，按照民航局规定的格式如实填写申请书，并向民航局提交有关证明文件，办理临时登记：

"（一）验证试验飞行、生产试验飞行；

"（二）表演飞行；

"（三）为交付或者出口的调机飞行；

"（四）其他必要的飞行。

"前款申请人是指民用航空器制造人、销售人或者国务院民用航空主管部门认可的其他申请人。

"国务院民用航空主管部门准予临时登记的，应当确定临时登记标志，颁发临时登记证书。临时登记证书在其载明的期限内有效。"

（五）注销登记

《中华人民共和国航空器登记条例》第十二条规定："取得中华人民共和国国籍的民用航空器，遇有下列情形之一时，应当申请办理注销登记：

"（一）民用航空器所有权依法转移境外并已办理出口适航证的；

"（二）民用航空器退出使用或者报废的；

"（三）民用航空器失事或者失踪并停止搜寻的；

"（四）符合本条例第二条第二款规定的民用航空器租赁合同终止的；

"（五）国务院民用航空主管部门规定需要办理注销登记的其他情形。"

《中华人民共和国航空器登记条例》第十三条规定："申请人办理民用航空器国籍登记，应当缴纳登记费。登记费的收费标准由国务院民用航空主管部门会同国务院价格主管部门制定。"

《中华人民共和国航空器登记条例》第十四条规定："民用航空器没有或者未携带民用航空器国籍登记证书的，国务院民用航空主管部门或者其授权的地区民用航空管理机构可以禁止该民用航空器起飞。"

四、民用航空器的标志

民用航空器的标志即我们常说的飞机号、机尾号、注册号，这是飞机的重要识别标志，在世界范围内绝无重号。没有这个编号的民用航空器是不允许进行任何飞行的，即使是刚出厂的新飞机，试飞或交接给客户的转场飞行等也不行。民用航空器的标志有其严格规定、如何编排、如何在航空器上绘制等，并不是哪一家航空公司或哪一个国家随意制定、更改的。

（一）民用航空器的标志类别

1. 国籍标志

国籍标志（Nationality Mark）是识别航空器国籍的标志。

国籍标志选定规则：国籍标志须从国际电联（Telecommunication Standardization Sector, ITU）分配给登记国的无线电呼叫信号中的国籍代号系列中选择，且须将国籍标志通知国际民用航空组织。

2. 登记标志

登记标志（Rqistration Mark）是航空器登记国在航空器登记后给定的标志。

一般规定：登记标志须是字母、数字或者两的组合，列在国籍标志之后，第一位是字母的，则国籍标志与登记标志之间加一短横线。

临时登记标志：对于尚未取得国籍登记证的航空器，根据《民用航空器国籍登记规定》，当用于试验和表演飞行、为支付出口的调机飞行（在国外交付）时，以及民航局认为必要的飞行情况下，可申请临时登记标志。具有临时登记标志的航空器不得从事客货运输及其他经营活动。

（二）我国关于民用航空器标志的相关规定

中国民用航空局只对航空器国籍、登记标志进行管理和控制。航空器外部的其他图案（含航徽、彩条、公司名称字样）由企业自行确定，但需要将设计图以三面工程图纸的形式上报中国民航局备案。

每个国家的民用航空器都有国籍标志。1944年，我国根据国际规定，选用"B"作为民用航空器的国籍标志，凡是中国民航飞机机身上都必须涂有"B"标志和编号，以便在无线电联系、导航空中交通管制、通信通话中使用，也有利于在遇险失事情况下呼叫识别。因此，当人们看到涂有中国西南航空公司飞鹰徽记的波音757飞机如"B-2820"字样时，就不会误以为"B"代表"波音"。

我国目前民用飞机的登记标志即注册编号曾有明确规定：注册编号是唯一的，即每个注册编号只对应一架飞机。如果该机退役、失事或报废等不能再使用，则此编号永远空缺，不再编到其他飞机上。但现在此规定已更改，注册编号可重复使用，但仍遵循国际规定，不出现重号（同时使用）。

按照中国民用航空局颁发的《民用航空器国籍登记规定》，凡取得中华人民共和国国籍的民用航空器，必须在其外表标明规定的国籍、登记标志。

1. 国籍标志和登记标志的样式

（1）《民用航空器国籍登记规定》第二十条规定："中华人民共和国民用航空器的国籍标志为罗马体大写字母B。"

（2）《民用航空器国籍登记规定》第二十一条规定："中华人民共和国民用航空器登记

标志为阿拉伯数字、罗马体大写字母或者二者的组合。该组合不得与下列标志产生混淆：（一）Q简语电码中所用的以 Q 字为首的三字组合；遇险求救信号 SOS，或者 XXX、PAN 或 TTT 等其他紧急信号。"

（3）《民用航空器国籍登记规定》第二十二条规定："中华人民共和国民用航空器的国籍标志置于登记标志之前，国籍标志和登记标志之间加一短横线。"

（4）《民用航空器国籍登记规定》第二十三条规定："取得中华人民共和国国籍的民用航空器，应当将国籍标志和登记标志用漆喷涂在该航空器上或者用其他能够保持同等耐久性的方法附着在该航空器上，并保持清晰可见。"国籍标志和登记标志在民用航空器上的位置、尺寸和字体，由国务院民用航空主管部门规定。

（5）《民用航空器国籍登记规定》第二十七条规定："任何单位或者个人不得在民用航空器上喷涂、粘贴易与国籍标志和登记标志相混淆的图案、标记或者符号。"

（6）《民用航空器国籍登记规定》第三十条规定："取得中华人民共和国国籍的民用航空器，应当载有一块刻有国籍标志和登记标志的识别牌。该识别牌应当用耐火金属或者其他具有合适物理性质的耐火材料制成，并且应当固定在航空器内舱门附近的显著位置。"

2．国籍标志和登记标志的位置

《民用航空器国籍登记规定》第二十四条规定："民用航空器上国籍标志和登记标志的位置应当符合下列规定：

"（一）固定翼航空器——位于机翼和尾翼之间的机身两侧或垂直尾翼两侧（如系多垂直尾翼，则应在两外侧）和机翼的下表面。机翼下表面的国籍标志和登记标志应位于左机翼的下表面，除非它们延伸穿过机翼的整个下表面。

"（二）旋翼航空器——位于尾梁两侧或垂直尾翼两侧。

"（三）飞艇——位于飞艇艇身或安定面上。如标志在艇身上，则应沿纵向配置在艇身两侧及顶部对称线上；如标志在安定面上，则应位于右水平安定面上表面、左水平安定面下表面和垂直安定面下半部两侧。

"（四）载人气球——位于球体表面水平最大圆周直径两端对称部位上。

"航空器构形特别，其国籍标志和登记标志的位置不符合本条前款规定的，应当位于易于识别该航空器的部位。"

3．临时登记标志

《民用航空器国籍登记规定》第三十二条规定："临时登记标志应当按照本规定第四章在航空器上标明。取得临时登记标志的民用航空器出口的，可以使用易于去除的材料将临时登记标志附着在民用航空器上，并应当完全覆盖外方要求预先喷涂的外国国籍标志和登记标志。"

《民用航空器国籍登记规定》第三十三条规定："载有临时登记标志的民用航空器不得从事本规定第三十一条第一款以外的飞行活动。"

五、法律责任

《民用航空器国籍登记规定》第三十四条明确指出："违反本规定第四条、第十九条、

第三十三条，民用航空器没有或者未携带符合规定的民用航空器国籍登记证书或者临时登记证书的，民航局或者其授权的地区管理局可以禁止该民用航空器起飞。

"有下列情形之一的，民航局或者其授权的地区管理局可以处以警告；利用该民用航空器从事经营活动，有违法所得的，可以处以违法所得3倍以下的罚款（最高不超过3万元），没有违法所得的，可以处以1万元以下的罚款；利用该民用航空器从事非经营活动的，可以处以1000元以下的罚款：

"（一）违反本规定第十九条，伪造、涂改或者转让民用航空器国籍登记证书的；

"（二）违反本规定第三十三条，载有临时登记标志的民用航空器从事本规定第三十一条第一款以外的飞行活动的。"

《民用航空器国籍登记规定》第三十五条指出："有下列情形之一的，民航局或者其授权的地区管理局可以处以警告；利用该民用航空器从事经营活动，有违法所得的，可以处以违法所得3倍以下的罚款（最高不超过3万元），没有违法所得的，可以处以1万元以下的罚款；利用该民用航空器从事非经营活动的，可以处以1000元以下罚款：

"（一）违反本规定第二十四条、第二十五条、第二十六条，不按规定的位置、字体、尺寸在航空器上标明国籍标志和登记标志的；

"（二）违反本规定第二十七条第二款，在民用航空器上喷涂中华人民共和国国旗、民航局局徽、'中国民航'字样，不符合民航局规定的；

"（三）违反本规定第二十八条，不按规定在每一航空器上标明民用航空器所有人或者占有人的名称和标志的。"

部分航空公司的企业标识，如图3-3所示。

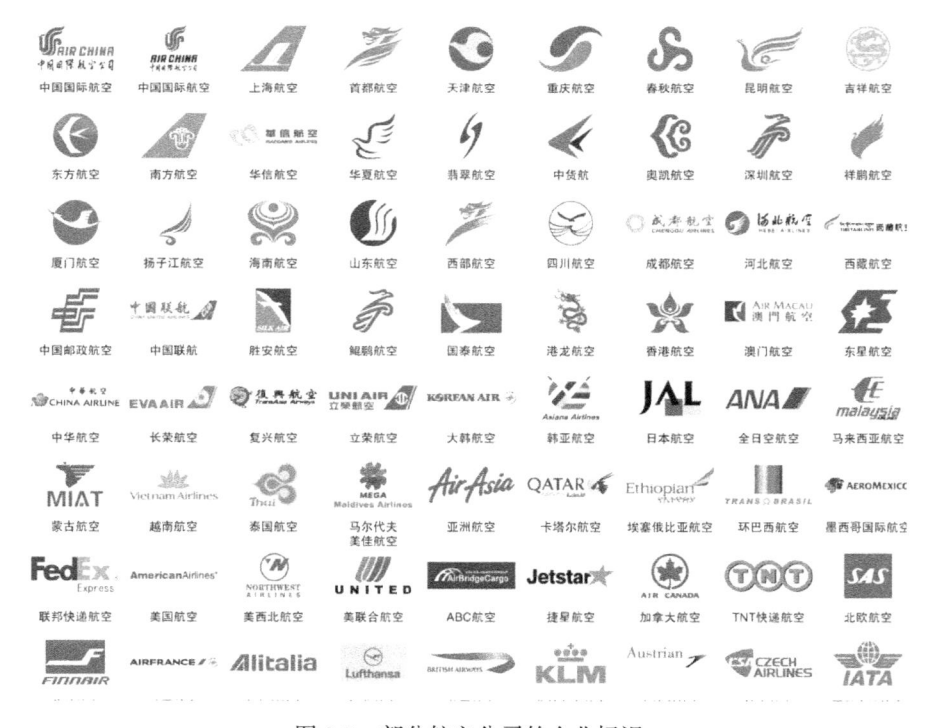

图3-3 部分航空公司的企业标识

思考与学习：

仔细观察机场里的飞机，分辨飞机机身上有哪些标志，了解这些标志的意义，以此了解民用航空器标志的使用。

第三节　民用航空器的权利

【范例3-2】

案例分享：

私人飞机无适航证书，法院判决解除合同

2016年6月，费先生在某展览会上购买了某公司销售的产自法国的某型号飞机一架，合同金额为150万元，包括飞机运输费用，在签订合同的当天，费先生支付了合同价款。

同年10月24日，费先生接收了其购买的飞机，并接受了该公司提供的一名外国教练为他进行培训，在培训过程中，外国教练发现该飞机存有质量问题，费先生立即与该公司交涉退货事宜，之后费先生又以该型号飞机未取得我国适航证书等原因要求退货，但双方未能达成一致。费先生将该公司诉至某法院。

法院审理：

在庭审过程中，被告某公司称原告费先生在购买之前就已经知道该款飞机不符合适航条件，即使该飞机存在一些质量问题，也不构成根本违约，不符合解除合同的条件。

法院认为，飞机销售合同中已经约定向费先生提供具有符合适航条件的通用轻型运动飞机及技术咨询，对于合同约定的适航条件，应当理解为能够在国内民用航空主管部门取得适航证书，能够在国内天空合法飞行。而讼争飞机不能在中国办理适航手续，无法取得适航证书，就不能合法飞行。

法院认为，某公司违反了合同约定，致使合同目的不能实现，费先生有权解除合同。于是判决解除合同，某公司返还150万元购机款及相应利息，费先生退回飞机。

提示：

此案是因飞机适航证书及质量问题引发的民事纠纷案，可以给准备购买飞机的人一个警示，在国内购买进口飞机，首先需要取得型号适航认可证书，只有取得型号适航认可证书才能在国内销售，才能在中国民航局办理飞机的适航证书。而飞机的适航证书是飞机飞行的最基本条件，相当于汽车的牌照。试想，如果汽车没有合法牌照怎么能上路行驶呢？

如果购买的是国产飞机，就没有型号适航认可证书，但同样需要该飞机的型号合格证和生产许可证，否则同样不能够正常办理飞机的适航证书，也就不能正常飞行。

还要提示的一点是，飞机属于重大资产，购买时应聘请律师审查合同。在本案中，如果飞机销售合同中没有需要满足飞机适航条件的条款，那么被告就不构成根本违约，法院也就不能判决解除合同。

最后，关于飞机质量问题，应该在合同中约定明确提示，免得发生不必要的纠纷。

一、民用航空器权利的含义

民用航空器权利是航空器物权人对航空器的所有权。《中华人民共和国民用航空法》第十条规定："本章规定的对民用航空器的权利，包括对民用航空器构架、发动机、螺旋桨、无线电设备和其他一切为了在民用航空器上使用的，无论安装于其上或者暂时拆离的物品的权利。"

二、民用航空器权利的种类

民用航空器权利人应当就下列权利分别向国务院民用航空主管部门办理权利登记。

（一）民用航空器所有权

民用航空器所有权是指民用航空器所有人依法对其民用航空器享有占有、使用、收益和处分的权利。从形式上看，这种所有权是人对物的关系，航空法就是将这种人与人之间对航空器的占有关系，通过法律来确认和保护的。它属于一种民事法律关系。

民用航空器所有权具有三要素：主体、内容和客体。

（1）所有权的主体即民用航空器的所有者，称为所有人。所有权的义务主体不是特定的，包括所有人以外的其他任何人。

（2）所有权的内容，是指所有权法律关系中权利主体所享有的权利和义务，以及主体应承担的义务。

（3）所有权的客体是指航空器本身。按照法律规定，民用航空器所有人对民用航空器享有占有、使用、收益和处分的权利。

1. 占有权

占有权指所有人在事实上或法律上对民用航空器的控制权。所有人一般都占有自己的民用航空器，这是所有人行使占有权的具体表现。随着现代航空运输事业的发展，新的占有形式出现了，航空器在很多情况下不为所有人所占有。比如，航空器通过融资租赁、经营租赁和其他租赁形式，在一定的时间期限内为承租人所占有。

2. 使用权

使用权是指按照民用航空器的性能和用途加以利用的权利。民用航空器使用权是所有权的派生权利，即民用航空器所有人将民用航空器所有权的部分权分离出去，由使用人享有，从而实现所有权人和使用权人的各自利益。民用航空器使用权虽然是民用航空器所有权派生的权利，但这并不影响民用航空器使用权作为一种独立的权利而存在。民用航空器使用权一旦产生，其使用权人在设定的范围内不仅可以排除一般人对于其权利行使的干涉，而且在其权利范围内可直接对抗所有人的非法妨害。民用航空器使用权以对民用航空器的使用、收益为主要内容，并以对民用航空器的占有为前提，即必须将民用航空器的占有权转移给使用权人，由其在实体上支配民用航空器，否则，民用航空器使用权设立的目的就

第三章　民用航空器管理的法律制度

无法实现。例如，在民用航空器租赁中，《中华人民共和国民用航空法》第二十九条规定："融资租赁期间，出租人不得干扰承租人依法占有、使用民用航空器。"

3. 收益权

收益权是指民用航空器的所有人、承租人和其他相关人通过使用民用航空器取得利益的权利，如通过国际或国内航空运输、货物运输来获得一定的经济效益。民用航空器收益权既可以归民用航空器的所有权人享有，也可以归合法的非所有权人享有。

4. 处分权

处分权指民用航空器所有人依法对航空器进行处置的权利。行使处分权，即航空器所有人可以自己使用，也可以转让或出售自己的航空器，使所有权消灭或让渡给他人；还可以通过订立以航空器为标的的租赁合同，将航空器的占有权、使用权转移给他人；在某些情况下，处分权（如留置、抵押）也可以依法由非所有人行使。

（二）其他取得和占有民用航空器的权利

1. 通过购买行为取得并占有民用航空器的权利

这是指购买人通过附加条件买卖、分期付款买卖、租购等交易形式购买航空器，在未取得该民用航空器所有权之前，对该民用航空器所享有的占有权。

2. 根据经营性租赁合同（包括根据融资租赁合同）占有民用航空器的权利

不论采用何种租赁形式，其合同约定的租赁期限至少为6个月。

（三）民用航空器抵押权

所谓抵押是指抵押人和债权人以书面形式订立约定，不转移抵押财产的占有权，将该财产作为债权的担保。当债务人不履行债务时，债权人有权依法以该财产折价或者以拍卖、变卖该财产的价款优先受偿。

抵押权是债权人对债务人或者第三人不转移占有的担保财产，在债务人届期不履行债务或者发生当事人约定的实现抵押权的情形时，依法享有的就该抵押财产的变价处分权和优先受偿权的总称。

抵押权作为一种担保物权，是实践中较理想、并广泛使用的担保形式，因为它的担保效力最可靠而且能充分发挥担保财产的作用。既然抵押物不转移其占有权，那么它既可以发挥其使用价值，也可以由所有人继续使用并发挥它的使用价值，取得的收益亦可以清偿债务，这样就能使债权人的权益得到最充分的保障。基于抵押权这种区别于其他担保物权的优势，其对市场经济的正常、良性运转起着促进和保护作用。随着市场经济有序地深入和发展，抵押权受到越来越多人的青睐，成为一种常见、常用的担保形式。

《中华人民共和国民用航空法》第十七条规定："民用航空器抵押权设定后，未经抵押权人同意，抵押人不得将被抵押的民用航空器转让他人。"

（四）民用航空器优先权

我国民用航空法的规定指出，民用航空器优先权属于法定优先权，是与抵押权、质权和留置权并行的担保特定债权,并且是对某一特定财产优先受偿的一种担保物权。《中华人民共和国民用航空法》第十八条规定:"民用航空器优先权,是指债权人依照本法第十九条规定,向民用航空器所有人、承租人提出赔偿请求,对产生该赔偿请求的民用航空器具有优先受偿的权利。"在我国民事一般法尚未确立优先权制度的情况下,作为特别法的《中华人民共和国民用航空法》规定民用航空器优先权制度,对我国优先权制度的建立无疑具有借鉴作用。民用航空器优先权作为担保物权既具有与其他担保物权相同的法律特征,也具有其独有的法律特征。

具有民用航空器优先权的债权的受偿顺序是后发生的债权先受偿,即遵循"时间倒序原则"。其出发点是坚持"为其他债权的受偿创造条件的债权优先于其他债权"的原则。因为这类债权虽然发生在后,但它为发生在先的、已经存在的债权的受偿起到了保全作用。如果没有发生在后的债权,则发生在先的债权可能也得不到清偿。

(1)《中华人民共和国民用航空法》第十九条规定:"下列各债权具有民用航空器优先权:

"(一)援救该民用航空器的报酬;

"(二)保管维护该民用航空器的必需费用。

"款规定的各项债权,后发生的先受偿。"

《中华人民共和国民用航空法》第二十条规定:"本法第十九条规定的民用航空器优先权,其债权人应当自援救或者保管维护工作终了之日起三个月内,就其债权向国务院民用航空主管部门登记。"

《中华人民共和国民用航空法》第二十三条规定:"其债权转移的,其民用航空器优先权随之转移。"

(2)《中华人民共和国民用航空法》第二十四条规定:"民用航空器优先权应当通过人民法院扣押并强制拍卖产生优先权的民用航空器行使。"

为了债权人的共同利益,在执行人民法院判决以及拍卖过程中产生的费用,应当从民用航空器拍卖所得价款中先行拨付,即在执行人民法院判决以及拍卖过程中产生的费用先于民用航空器的优先权受偿。

(3)《中华人民共和国民用航空法》第二十二条规定:"民用航空器优先权先于民用航空器抵押权受偿。"

享有民用航空器优先权的债权人优先于民用航空器抵押权得到清偿,这是国际上的通行做法,并作为民用航空器优先权制度确定下来。这是为了鼓励救助遇险的航空器的行为,从法律上保障救助人在经济上优先得到补偿。

(4)《中华人民共和国民用航空法》第二十五条规定:"民用航空器优先权自援救或者保管维护工作终了之日起满三个月时终止;但是,债权人就其债权已经依照本法第二十条规定登记,并具有下列情形之一的除外:

"(一)债权人、债务人已经就此项债权的金额达成协议;

"(二)有关此项债权的诉讼已经开始。"

"民用航空器优先权不因民用航空器所有权的转让而消灭;但是,民用航空器经依法强制拍卖的除外。"

三、民用航空器权利的登记

航空器属于重大资产,其在空域中的活动又涉及国家安全和国家主权等,因此必须对航空器进行登记注册。国务院民用航空主管部门设立民用航空器权利登记簿,同一民用航空器的权利登记事项应当记载于同一权利登记簿中。

民用航空器权利登记事项,可以供公众查询、复制或者摘录。

思考与学习:

1. 民用航空器买卖需要注意哪些事项?
2. 民用航空器有哪些优先权?债权人、债务人的权利与义务是什么?

第四节 民用航空器租赁

一、民用航空器租赁概述

飞机租赁是租赁的重要领域之一,是指航空公司(或承租人)从租赁公司(或直接从制造厂家)选择一定型号、数量的飞机并与租赁公司(或出租人)签订有关飞机租赁的协议。在租赁期限内,飞机的法定所有者即出租人将飞机的使用权转让给承租人,承租人以按期支付租金为代价取得飞机的使用权。

我国民用航空业的发展,离不开金融租赁业的支持。据统计,全球航空运输业所使用的飞机 2/3 以上是通过租赁方式获得的。

民用航空器租赁主要有融资租赁和经营性租赁两种形式。

(一)民用航空器融资租赁

1. 民用航空器融资租赁的概念

融资租赁,又称金融租赁,是指承租人选定机器设备后,出租人先购置然后出租给承租人使用,承租人按期交付租金的一种融资与融物相结合的经济活动。租赁期满后,租赁设备可以通过退租、续租或转移给承租人 3 种方法进行处理。融资租赁是现代租赁中影响大、应用广、成交额较多的一种形式。

民用航空器融资租赁,是指出租人按照承租人对供货方和民用航空器的选择,购得民用航空器,出租给承租人使用,由承租人定期交纳租金。

融资租赁的业务模式,如图 3-4 所示。

2. 民用航空器融资租赁的法律规定

由于民用航空器是一个特殊领域,一架飞机动辄数亿元,即使是小飞机也要上千万元,属于大型财产。为了规范市场,《中华人民共和国民用航空法》对于民用航空器融资租赁做了详细的法律规定。

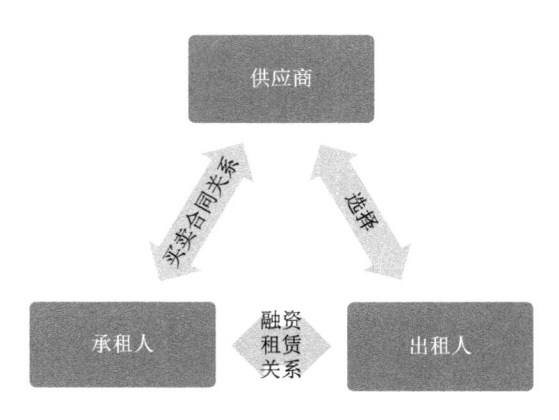

图 3-4 融资租赁的业务模式

（1）租赁合同形式。《中华人民共和国民用航空法》第二十六条规定："民用航空器租赁合同，包括融资租赁合同和其他租赁合同，应当以书面形式订立。"

（2）融资租赁形式。《中华人民共和国民用航空法》第二十七条规定："民用航空器的融资租赁，是指出租人按照承租人对供货方和民用航空器的选择，购得民用航空器，出租给承租人使用，由承租人定期交纳租金。"

（3）融资租赁权益。《中华人民共和国民用航空法》第二十八条规定："融资租赁期间，出租人依法享有民用航空器所有权，承租人依法享有民用航空器的占有、使用、收益权。"

（4）融资租赁注意事项。

① 《中华人民共和国民用航空法》第二十九条规定："融资租赁期间，出租人不得干扰承租人依法占有、使用民用航空器；承租人应当适当地保管民用航空器，使之处于原交付时的状态，但是合理损耗和经出租人同意的对民用航空器的改变除外。"

② 《中华人民共和国民用航空法》第三十条规定："融资租赁期满，承租人应当将符合本法第二十九条规定状态的民用航空器退还出租人；但是，承租人依照合同行使购买民用航空器的权利或者为继续租赁而占有民用航空器的除外。"

③ 《中华人民共和国民用航空法》第三十一条规定："民用航空器融资租赁中的供货方，不就同一损害同时对出租人和承租人承担责任。"

④ 《中华人民共和国民用航空法》第三十二条规定："融资租赁期间，经出租人同意，在不损害第三人利益的情况下，承租人可以转让其对民用航空器的占有权或者租赁合同约定的其他权利。"

⑤ 《中华人民共和国民用航空法》第三十三条规定："民用航空器的融资租赁和租赁期限为六个月以上的其他租赁，承租人应当就其对民用航空器的占有权向国务院民用航空主管部门办理登记；未经登记的，不得对抗第三人。"

3. 民用航空器融资租赁的作用

（1）为承租人解决了资金短缺的难题，促进其设备的更新换代和企业发展。

（2）为投资者提供了新的投资渠道。民用航空器融资租赁一般有稳定的现金（租金）回流，因此风险相对较小。信托财产的独立性这一制度特色保证了投资者资金的安全。

（3）为信托投资公司开拓了一种前景较为广阔的业务类型。

4．民用航空器融资租赁的特点

民用航空器融资租赁，既具有一般生产器物融资租赁的特点，也有其自身特性。

（1）所有权和使用权分离。在民用航空器融资租赁中，虽然设备是承租人指定的、由出租人出资购进，但在约定租赁期限内，设备所有权属于出租人，承租人获得的仅是设备使用权，并有义务对租用的设备进行维修、保养以使之处于良好状态。期满后，承租人可享有留购、续租、退租或签订另外租约等多种选择。这种所有权和使用权的分离常见于现代经营方式，适用于社会化大生产。

（2）租赁期限内分期归流。在民用航空器融资租赁中，承租人交付租金的次数和每次所付金额均可由双方具体协商。租赁期限结束时，租金归流的累计数大体相当于购买设备的价款加上管理费用和出租人的盈利。

（3）租赁期限长。民用航空器融资租赁的租赁期限一般为10年左右。

（4）资金与物资紧密结合。民用航空器融资租赁能使产销紧密结合，出租人直接与设备制造商发生购买关系，一方面连接着设备的生产环节，另一方面与承租人发生租赁关系，连接着设备的实际需求。民用航空器融资租赁以商品形态和资金形态相结合的方式提供信用。向企业出租设备解决了企业的资金问题，其不同于借款还钱、借款还物的一般信用形式，而是借物还钱，因而具有信用、贸易的双重性质。因此，这是一种具有长期稳定特征的信用方式，出租人在这里兼有金融机构和贸易机构的双重职能。

（二）民用航空器经营性租赁

1．经营性租赁的概念

经营性租赁，又称服务性租赁，是指出租人向承租人提供设备及使用权的同时，还提供设备的维修、保养等其他专门的服务，并承担设备过时风险的一种中短期融资与融物相结合的经济活动。经营性租赁是一种以提供租赁物件的短期使用权为特点的租赁形式，通常适用于一些需要专门技术进行维修保养、技术更新较快的设备。

经营性租赁的租赁期限较短，且可以经过一定的预约期而中途解约。其租赁物一般为需要高度保养、管理技术的，或技术进步较快的，或广泛运用的设备与机械。

在经营性租赁项下，租赁物件的保养、维修、管理等由出租人负责，承租人在经过一定的预约期后可以中途解除租赁合同。经营性租赁每一次交易的租赁期限大大短于租赁物件的正常使用寿命。对出租人来说，其并不从一次出租中收回全部成本和利润，而是通过将租赁物件反复租赁给不同的承租人来获得收益。因而，有人将经营性租赁称为"非全额清偿租赁"，将融资租赁称为"全额清偿租赁"。

2．民用航空器经营性租赁的特征

（1）租金较高。在民用航空器经营性租赁中，由于出租人承担的风险很大，为了转移风险，承租人支付的租金高于融资租赁相同期间的租金。

（2）期限较短。民用航空器经营性租赁的期限一般在7年以下，为承租人的经营活

动提供了灵活性。

（3）可以规避技术风险。现代航空工业发展迅速，新的技术和产品不断涌现，民用航空器经营性租赁由于期限较短，承租人可以迅速更换新的机型以提高经济效益，承租人因此可以避免因航空技术陈旧落后而面临的风险。

（4）可以促进承租人管理水平的提高。民用航空器经营性租赁结构中的出租人拥有一大批经过严格专门训练的世界航空运输业、金融和管理等方面的飞行、机务、经济专家。出租人为了降低其所面临的各种风险，对承租人的整体经营管理水平特别看重。这就促使承租人必须加强经营管理决策的风险投资决策，提高整体管理水平。

3. 民用航空器经营性租赁的类型

民用航空器经营性租赁按其租赁内容可分为湿租、干租、半干半湿租 3 种类型。干租和湿租这两个术语，最初起源于航空工业，其他租赁业务也是由这两种业务扩展而来的。

1）湿租

湿租是指通过协议，由出租人（航空运营人）向承租人（航空运营人）提供航空器并附带完整的机组人员和维修、燃油等设备，承租人只经营使用、向出租人支付租金的租赁方式。在租赁过程中，被租赁的飞机的标志不变、飞机号不变，通常由出租人承担运行控制。湿租主要以经营租赁为主。在一项湿租交易中，出租人提供一定数量的座位。承租人可以按照自己的需要增加或减少座位。湿租最适合新成立的航空公司，因为这种方式可以使新成立的航空公司没有什么生产包袱，从而专心致力于新的生产。

湿租飞机对航空公司来说大有裨益，不仅能缓解航空公司在运输繁忙时运力不足的矛盾，而且能为航空公司节约大量的资金。

湿租这种租赁方式开创于 1947 年的美国。当时，设在美国佛罗里达州迈阿密的美国航空租赁公司首次采用湿租的方式出租了一架 DC-3 型飞机。在我国，首次采用湿租方式的是新疆航空公司，它于 1992 年 7 月 20 日从乌兹别克斯坦塔什干航空公司短期租赁了两架伊尔-86 飞机。后来，国航、北航、通用航空公司、云南省航空公司、浙江航空公司和四川航空公司等也采用了湿租方式。

【范例 3-3】

案例分享：

南航印尼湿租

2009 年 10 月 21 日上午 11 时 27 分，南航一架波音 777 大型客机在广州白云机场腾空而起，飞往印度尼西亚梭罗机场，开始执行长达两个月的"湿租"包机任务。这是我国民用航空运输企业首次执行最长时间的整机"湿租"任务，标志着南航的国际化运输水平得到了更多的认可。据悉，南航精心挑选 9 个机组共 36 名飞行员、10 名乘务员执飞两架 777 飞机完成此次包机任务，帮助印度尼西亚 031-1183 航空公司（鹰航）执行朝觐航班。

据了解，此次湿租的南航飞机的 380 个座位全部用于载客，航线东西跨越 5 个时区，每班次飞行时间长达 23 小时。南航波音 777 机队根据当地的特点制定了最优运行方案,确保整个湿租包机过程万无一失,以最安全的飞行、最优质的服务完成包机任务,在异国展示中国航空运输企业的良好形象。

为适应航空业的发展,我国逐步放开了飞机的租赁市场,并于 1993 年颁布了《湿租外国民用航空器从事商业运输的暂行规定》。该规定第四条规定:"湿租民用航空器必须按照本规定办理有关手续,并经中国民用航空局批准后,方可进行。未经中国民用航空局批准,任何单位和个人不得从国外湿租民用航空器。"该规定要求湿租外国民用航空器的承租人必须具备相应的资格和素质。

随着改革开放的深入,我国飞机租赁市场不断扩大,飞机租赁局势发生了变化,《湿租外国民用航空器从事商业运输的暂行规定》被废除,有关租赁的条例进一步细化、融入民航其他规章里。

《民航局运输飞机引进管理办法》第十七条规定:"民航局评审标准:

"(一)申请人航空安全状况良好。

"(二)符合民航运输机队规划。

"(三)民航行业信用信息记录中不存在申请人的严重失信行为信息。

"(四)申请人飞机引进申请前按时足额缴纳民航发展基金,民航安全保障财务考核合格。

"(五)人员保障实力充足。

"(六)申请人拟引进机型已获得民航局型号设计批准及补充型号设计批准。

"(七)管理局评估通过。

"(八)申请材料和信息应当真实。"

2020 年 11 月 25 日下发的《航空器投入运行和年度适航状态检查要求》一文,对出租人和航空器的具体要求如下所述。

(1)出租人应当为国际民用航空组织成员国按照等同或类似我国运行法规批准的航空运营人,获得国际航协运行安全审计(IOSA)的合格证并保持有效。

(2)湿租航空器注册国应当是批准出租人的民航当局所在国,列入出租人运行规范批准航空器清单中的航空器。

(3)湿租航空器应当获得民航局适航审定部门颁发的外国航空器适航证认可书,并符合我国对运行设备和特殊适航的要求。

湿租协议要求航空器租赁协议中应当明确如下内容。

(1)协议双方和协议期限。

(2)协议中每一航空器的制造厂家、型号和序号。

(3)协议限制的运行种类。

(4)租赁协议的失效日期。

(5)维修、放行要求。

(6)双方的监督责任和方式。

(7)其他适用的有关条件、限制和管理内容。

需要注意的是，尽管湿租航空器适航性和运行控制责任由出租方承担，但因出租人及航空器均非直接按照 CCAR-121 审定和监管的，航空运营人应当自行承担管理和监督责任。

航空器运营人在申请将湿租航空器投入运行前，应当由航空运营人在计划投入运行前至少 30 天向其合格证管理局提交申请，并提交航空器基本信息及湿租航空器符合性说明。

湿租对航空器机组人员也有详细的规定，如下所述。

（1）湿租民用航空器的机组成员均应持有其本国民用航空主管部门颁发的、有效的执照和体检合格证，其中驾驶员应有英语通话能力并熟悉中华人民共和国的飞行规则和空中交通管制规则。

（2）担任机长的驾驶员除具有上述规定的条件外，还必须具有担任国际航线机长的经历；具有较强的英语通话能力，能正确地用英语通话；总飞行时间不少于 3000 小时，在该型湿租民用航空器上的飞行时间总数不少于 500 小时；具有 I 类仪表着陆标准；具有紧急处置突发事件的知识和技能。

（3）湿租外国航空器，承租人经与出租人商定，承租人可提供适当数量的中国乘务员参加湿租航空器乘务组工作，但乘务方面的责任仍由出租人负责。

参加湿租航空器乘务工作的中国乘务员须符合下列要求：持有中国民用航空局颁发的有效乘务证和健康合格证，并有一年以上的客舱飞行服务经验；在飞行中，中国乘务员必须服从机长的统一领导。

另外，湿租航空器开始营运飞行前，出租人应对中国乘务员进行必要的培训，使之熟悉客舱紧急安全和服务设备的使用方法及应急撤离程序。

2）干租

干租，又称光机租赁，是指航空运输企业将飞机在约定的时间内出租给他人使用，不配备机组人员，不承担运输过程中发生的各项费用，只收取固定租赁费的业务活动。

干租和湿租最大的区别之处在于，干租只提供飞机的资金融通；而湿租不仅提供飞机的资金融通，还提供所需的燃油、机组、维修等方面的支援。另外，干租仅涉及飞机的租赁，不包括机组和备件，承租人必须自己提供机组、燃油，甚至自己提供维修服务。

中国航空运营人干租引进航空器的要求如下所述。

（1）干租航空器应当具备符合国际民用航空组织公约规定的国籍登记。例如，向中国民用航空局申请中国的国籍登记时，应当在原注册国注销其国籍登记。

（2）在中国进行国籍登记的干租航空器应当具有中国民用航空局颁发的标准适航证书；没有在中国注册的干租航空器应当具有其注册国颁发的符合国际民用航空组织公约要求的标准适航证书，并获得中国民航局颁发的外国航空器适航证认可书。

（3）承租人应当承担航空器的适航性和符合 2021 年修订的《大型飞机公共航空运输承运人运行合格审定规则》中有关运行要求的责任。

3）半干半湿租

在湿租的基础上，如因某些原因（承租人所在国家对执行国内航线任务的飞行人员国籍有限制或承租人本身有能力执行飞行任务等）将执行飞行任务改为由承租人负责，出租人提供飞机并负责飞机维护工作、保证飞机的持续适航性，这种租赁方式称为半干半湿租。

湿租和半干半湿租均为短期租赁，半干半湿租和湿租合同飞机租赁合同的要点基本相同，如下所述。

（1）明确所租飞机的型号、布局、装备、技术规格、性能、出厂时间、已使用时间、维修情况、改装通报执行情况等。

（2）出租人保证飞机使用的合法性和适航性，出租人应持有注册登记、适航等合法、有效证件，提供服务的飞行和维护人员也持有合格证件。这些证件应为承租人政府所认可。

（3）确定租赁期限和在租赁期满后如承租人要求延长租赁期双方的处理办法。

（4）明确飞机交接和归还的地点（机场），以及有关转场飞行所发生的费用由谁负担。

（5）确定租金（一般包括月租费、飞行小时费）和支付方式。

（6）在租赁期内出租人应保证飞机的持续适航性，考虑到飞机维护工作的需要，在合同中规定飞机每月最多停场天数（一般为每月一天）；如超过此限额，出租人应支付罚款（罚款金额谈判后定）；如停场时间过长（一般为超过72小时），出租人应以相同型号和布局的飞机替代并承担更换飞机所发生的一切费用。

（7）合同中还应明确各种税应由谁来负担，一般承租人只负责飞机运营所产生的各种税款。

（8）确定飞机保险的安排。一般为飞机本身的保险由出租人负责，飞机运营有关的保险如旅客、货物、第三者责任保险等由承租人负责（但不包括出租人工作人员的保险，出租人工作人员仍应由出租人负责保险）。这两种保险在投保时双方应进行协调，避免出现差错。

【范例 3-4】

案例分享：

从天津高级法院一则典型案例，看飞机融资租赁的相关问题。

2011年12月15日，被告某实业集团有限责任公司（以下简称被告）与案外人某地产公司签订了《飞机租赁合同》，某地产公司将一架豪客900XP型飞机租赁给被告使用，后被告向原告某腾飞飞机租赁（天津）有限公司（以下简称原告）提出融资租赁申请。

2012年6月13日，原告作为出租人、被告作为承租人，签订国金租（2012）租字第（A-006）号《融资租赁合同》，约定原告以融资租赁方式将该飞机购买后租赁给某实业集团公司继续使用，租金由租赁本金和租赁利息组成，租赁本金为人民币8000万元，租赁利率为中国人民银行发布的5年期以上贷款基准利率加150个基点，如果基准利率调整，则租赁利率做相应调整。租赁期限为8年，租金共分32期支付，每期租金为人民币300万元，每年的3月15日、6月15日、9月15日、12月15日为租金支付日期。

被告承担飞机的购买、交付过程中发生的一切税赋（包括但不限于飞机自中国境外进入中国境内保税地区的任何税赋，以及标的飞机自中国境内保税地区至非保税地区的税赋）与费用。被告逾期支付租金及其他应付款项的，每逾期一日，应按逾期未付金额的5‰向国银航空租赁支付违约金；逾期支付超过30日的，原告有权宣布《融资租赁合同》立即到期，并要求被告立即付清所有到期及未到期租金、违约金及其他应付款项。此外，原告还可以将标的飞机收回并出售，出售过程产生的费用应当由被告承担，标的飞机出售所得用于偿还某实业集团公司的应付款项，不足偿付应付款项时，原告有权向被告继续追索不足部分。若标的飞机出售所得超过被告的应付款项，则原告应将超出部分的款项退还给被告。同时，双方还应约定，如被告不履行合同义务，原告有权要求被告限期履行、采取补救措施并赔偿损失，包括损失本身及有关合理的费用，包括但不限于利息、滞纳金、诉讼费、保全费、审计费、评估费、鉴定费、政府规费、律师费等。

当日，原告作为买方、案外人某地产公司作为卖方，签订了国金租（2012）买字第（A-006）号《飞机买卖协议》，约定原告为履行《融资租赁合同》，向某地产公司购买豪客900XP型飞机一架，价格为1200万美元，折合人民币8000万元。

同日，原告作为出租人、被告作为承租人、案外人北京首都航空有限公司作为托管人签订了《三方协议》，约定原告将飞机出租给被告使用，并同意继续按照公务机管理协议将飞机交北京首都航空有限公司管理。

同日，原告、被告和某地产公司签订《三方支付协议》，约定被告自愿向原告支付租赁保证金和顾问费，保证金为人民币300万元，如果被告未能按期支付租赁合同项下的任一期租金或相关款项，则原告有权直接从租赁保证金中扣划相应金额用于偿还或抵销某地产公司的应付款项。

2012年6月15日，某地产公司与被告签订《租赁终止协议》，一致同意自签约当日终止原租赁合同，并妥善清理各自截止合同终止日前的债权债务。

截至原告起诉之日，被告仅支付了前5期租金及第六期部分租金（其中部分租金为某地产公司缴纳的保证金抵扣），2014年3月15日应付的第七期租金仍未支付。原告多次以电话、传真及书面函件形式，并派人向被告当面催收，但被告以资金短缺为由未能支付。

法院裁判天津市高级人民法院经审理认为，本案系融资租赁合同纠纷，融资租赁合同是出租人根据承租人对出卖人、租赁物的选择，向出卖人购买租赁物，提供给承租人使用，承租人支付租金的合同。原告作为出租人，按照被告的要求向案外人购买租赁物豪客900XP型飞机，再将租赁物出租给被告使用并收取租金。本案涉及的《飞机买卖协议》《飞机租赁合同》《租赁终止协议》等系列配套协议是各方当事人为保证融资租赁交易模式的正常履行而自愿签订的，是真实意思表示，不违反相关法律规定且已实际履行，均为合法有效。

被告不能按期偿还租金，至今已呈连续状态，且其对欠付的到期未付及未到期的租金数额不持异议。《中华人民共和国民法典》（以下简称《民法典》）第七百五十二条规定"承租人应当按照约定支付租金。承租人经催告后在合理期限内仍不支付租金的，出租人可以请求支付全部租金；也可以解除合同，收回租赁物。"同时，本案《融资租赁合同》第二十一条也明确规定，承租人一旦出现未能按照合同约定向出租人支付租金及其他款项的违约情形，出租人有权宣布合同立即到期，要求承租人立即付清所有到期未付及未到期的租金及其他应付款项。故对于原告依约主张剩余未到期租金全部提前到期、被告予以全部清偿的请求，本院予以支持。

据律师分析，本案是典型的飞机融资租赁交易，从本案中我们既可以了解飞机租赁的基本情况，也能进一步掌握飞机租赁交易中的法律风险。

（1）本案是典型的直接租赁交易。根据本案事实，涉案飞机在办理融资租赁交易之前已经由承租人通过其他租赁的方式从所有权人也就是案外人手中取得使用权。在使用的过程中，基于继续使用的需要，承租人通过融资租赁交易的方式，以融物的方式实现其飞机融资的目的，在本案的融资租赁交易中，各方签订了买卖、租赁等协议，通过新的交易安排，使得承租人在最终按期支付完毕租金后可以实现对涉案飞机享有所有权的目的。

（2）在融资租赁交易过程中，承租人需要严格执行约定，否则将面临很大的法律风险。根据融资租赁交易的实质，该类交易属于金融业务。出租人作为资金方，其非常关注投资的安全和收益，在相关法律文件中会对违约责任等做出非常细致、专业和苛刻的约定，一旦承租人违约，其将承担非常严重的法律后果。当然，作为典型的商业行为，各方应该对自己的行为承担最终的法律责任，但从风险防控的角度，专业的融资租赁律师通常会建议承租人能够遵守合同约定，以降低损伤和风险。

二、飞机租赁

（一）飞机租赁的流程

1. 提出申请

航空公司根据运输需要租赁飞机，首先要向中国民用航空局以可行性研究报告的形式提出增加飞机的请求，包括相应的资金筹措方式，由中国民用航空局经过审查、选型和综合平衡，然后上报国家发展改革委正式批准，方可与外商正式谈判。

2. 订购飞机及购买转让

根据国家批准的文件，由中国航空器材公司和航空公司统一对外谈判，并与飞机制造商签订飞机购买合同。航空公司至少应在飞机交付前3个月与外国银行或租赁公司取得联系。航空公司委托银行财团或租赁公司安排租赁后，由中国航空器材公司和航空公司将购机合同转让给出租人，由出租人将购机款支付给飞机制造商，然后将飞机租赁给航空公司。

3. 对外招标

航空公司对外招标，但不发招标通知书，也不签任何形式的书面证明文件，如意向书、委托书等。其招标方式通常是与外商在平时接触中，有意识地向外商透露订购飞机的有关信息，如租赁飞机和发动机的型号与架数、飞机的规格、交付日期、租赁期限等。

4. 方案评估

航空公司根据各银行和租赁公司提供的融资建议书，将各主要条款列出并一一做比较，对各建议书进行全面评估。对投标较多的租赁，需要经过1~2次的审查，逐步缩小考虑的范围，然后针对较好的几份建议书约外商进一步谈判，直到选出一个经济、安全、可靠的方案。方案评估涉及以下几个方面的内容：租赁期限、货币和汇率风险、投资与贷款比例、期末购买价值、净现值、租赁利率、贷款利率、投标者的资信等。

5. 发出委托书

航空公司经过严格审查和科学评估，将最后选定的方案报中国民用航空局审批，经批准后，由航空公司将其与外商磋商的方案以委托书的形式发给外商，并聘请在国际上有影响力的和具有飞机租赁经验的律师事务所审查出租人起草的租赁文件，同时将委托书的内容及要求告诉律师，以便律师按航空公司的意图与出租人及租赁的有关各方讨论所有文件。若发现新问题，律师一定要征求承租人的意见后方可与对方谈判。

6. 制定工作日程

航空公司在发出委托书后，应与安排人、银行和投资人等参与人确定以下工作日程：投资和贷款的承诺日期、飞机租赁文件第一稿完成分送日期、第一次磋商文件日期、修改稿分送日期、第二次磋商文件日期、签约日期。

7. 承租人的工作程序

承租人的工作程序主要包括：审查保险、担保和法律意见书的格式、经济计算部分和责任保证部分；准备飞机租赁的有关先决文件和办理有关手续，如授权书、飞机国籍登记承诺书、特许飞行证、银行担保函、保险单、律师意见书等。

8. 飞机的签约与交付

各交易方在磋商、审查文件之后，如无差异，方可正式签署协议。签约后的 30 天以内要向国家外汇管理局进行外债登记，取得外债登记证，并要求担保银行签署担保函转让确认书、保险公司签署保险转让通知书。

（二）优质飞机租赁公司的特点

1. 资金实力雄厚，批量购置飞机

即使标价一致的同样的飞机，不同国家、区域、规模的客户最终购买的价格也不同，供应商第一梯队的客户可以享有 4~5 折甚至更低的折扣，只有与上游飞机厂商保持紧密的合作关系才能以更低的价格购置飞机。

2. 股东背景强大，厂商系飞机租赁和银行系飞机租赁脱颖而出

银行系飞机租赁和厂商系飞机租赁将在未来的飞机租赁业脱颖而出。

银行系飞机租赁，优势在于融资。而今，世界排名前 20 的租赁公司中逐渐出现了中资租赁公司的身影。据媒体报道，2022 年，在全球排名前 20 的租赁公司中，中资租赁公司占了 8 家，并持有全球近 1/4 的飞机资产。截至 2022 年 6 月，我国飞机租赁相关企业有 5.7 万余家。

截至 2022 年，作为全球第二大飞机租赁中心，天津东疆保税港区已交付 2000 架飞机中，涵盖 70 余种机型，服务国内外 40 余家航空公司，资产价值达 6000 亿元。

良好的股东背景助其净资本迅速补充：中国商务部发放的租赁牌照最大可达 10 倍杠杆、中国银行保险监督管理委员会发放的金融租赁牌照最大可达 12.5 倍杠杆。考虑到其他限制因素，融资租赁和金融租赁杠杆最大为 8~10 倍杠杆，净资产成为业务规模最重要的参考依据。

大股东实力有利于为公司提供信用评级支持，降低资金成本。银行系飞机租赁具有低息贷款的优势。中银航空租赁的融资成本常年保持在低位，除去 2016 年受加息周期的影

响,该公司每年的融资成本均在2%以下。

厂商系飞机租赁的优势在于飞机购置、二手飞机转卖及残值处理。据2017年世界租赁业发展报告的统计与分析,AerCap凭借750亿元的飞机资产价值、1756架飞机的机队规模位于榜首。AerCap是一家综合的全球性航空公司,在飞机和发动机租赁、贸易及零件销售市场上处于领先地位。其总部设在荷兰,在爱尔兰、美国、中国、新加坡和阿拉伯联合酋长国等国家和地区设有分支机构,在纽约证券交易所上市。AerCap是全球飞机租赁业的领导者,厂商可以借助其强大的客户网络使得二手飞机的销售更为便捷;借助产业背景,其在维修飞机、客机更改货机领域更是举重若轻。

3. 遍布全球的优质客户

(1)抗风险:有利于平衡不同国家的需求与经济周期,避免区域性突发事件如恐怖袭击等带给公司的影响。

(2)优质客户:与大型航空公司合作易获得更稳定的租约。

(3)新兴国家布局:享有更高的需求增速与更少的竞争,可以获取更高的息差。

4. 机队数量庞大,精选机型,机龄年轻化

(1)飞机租赁龙头企业的经营租赁飞机数量已经超过900架,逐步形成寡头垄断态势。

(2)精选机型进行布局与航空公司财务指标息息相关。不同航程、油耗、起降费用的飞机适合不同航线的运营,如窄体机适合短途旅行。飞机租赁公司选择合适的机队结构需要丰富的经验和专业能力,这样才能更好地满足客户的需求。

(3)机龄年轻化不仅有利于飞机在出租时受到客户欢迎,还有利于避免因价值波动造成的折旧损失。

思考与学习

通过阅读"飞机融资租赁合同纠纷"案例。讨论以下问题:(1)三方主体之间的法律关系;(2)飞机融资租赁合同中当事主体风险控制问题;(3)作为飞机融资租赁的核心内容之一的租金问题。

三、我国飞机租赁的发展概述

2014年11月6日,在第十届珠海航展上,中国飞机租赁集团控股有限公司(以下简称中国飞机租赁)宣布将以102亿美元向空中客车司购买100架飞机。长江实业集团则于2014年11月4日宣布,分别与通用电气金融航空服务公司、中银航空租赁、Jackson Square Aviation达成购买45架飞机的实益权益,同时认购一家飞机项目公司60%股权,多份合约涉资超过20亿美元。

从"股神"巴菲特旗下的航空租赁公司奈特捷(NetJets)大举进军中国市场,到长江实业集团豪掷20亿美元试水飞机租赁业,飞机租赁悄然已至风口云端,各路英豪云集,其风光一时无双。

1960年,美国联合航空公司首次以杠杆租赁的方式租赁了一架商用飞机,开创了现代飞机租赁的历史。从此,美国的飞机租赁业快速发展,首先是北美,接着迅速扩展到欧洲、

亚太地区。

我国的飞机租赁业始于20世纪80年代。1980年9月23日，我国采用美国投资减税杠杆租赁的方式与美国汉诺威租赁公司签订了一架波音747SP飞机的租赁协议书，开创了我国飞机租赁的先河。我国飞机租赁业随着航空运输业的长期发展而繁荣。从全球市场来看，由于租赁飞机来运营给航空公司带来了更大的灵活性和现金流优势，租赁飞机已经成为当前和未来航空公司引进飞机的首选方式。飞机租赁市场的潜力巨大，我国航空公司约60%的飞机靠租赁方式引进。

（一）政策扶持，促进飞机租赁业的发展

国内各航空公司纷纷采用租赁方式引进飞机，使我国的飞机租赁业迅速发展。到了2007年，中国银行业监督管理委员会颁布了《金融租赁公司管理办法》，放宽对租赁业的监管。在政策红利下，银行资本开始大量进入飞机租赁业，一批银行系金融租赁公司成立，我国飞机租赁业迎来了发展新时期。

2013年12月20日，国务院出台《关于加快飞机租赁业发展的意见》，明确指出飞机租赁业作为支撑航空业发展的生产性服务业，是航空制造、运输、通用航空及金融业的重要关联产业；希望通过着力营造有利的政策环境，加强政府引导，支持飞机租赁企业巩固和扩大国内市场，积极开拓国际市场，打造飞机租赁产业集群，使我国成为全球飞机租赁企业的重要聚集地。该文件的出台，显然在很大程度上为资本进入我国飞机租赁业提供了"保驾护航"的作用。

2015年，《国务院办公厅关于促进金融租赁行业健康发展的指导意见》提出："在飞机、船舶、工程机械等传统领域培育一批具有国际竞争力的金融租赁公司。"

我国出台的一连串政策，有力地促进了我国飞机租赁业的发展。

（二）租赁机队规模跨越式增长

截至2013年年底，我国航空公司在册飞机中，58%是通过租赁方式获得的。而当时国内最大的两家航空公司，即南航和国航2013年年报显示：南航机队规模为561架飞机，其中319架飞机是通过租赁方式获得的；国航拥有497架飞机，其中259架飞机是通过租赁方式获得的。

随着时间的推移，经营性租赁的优势在我国飞机租赁领域中逐渐显现，并于2016年在应用占比中超过了融资租赁成为我国飞机租赁领域中最常使用的租赁模式。2017年9月22日，一架全新空客-320客机从德国汉堡飞抵天津滨海国际机场，这是天津东疆保税港区以租赁形式引进的第一千架飞机。据统计，当时我国民航机队有3141架飞机，约6成为租赁引进。

在两种模式的相互转换中，我国航空租赁机队的规模也在2017年年底达到了3326架，实现了快速的增长。

飞机租赁市场的潜力巨大，一个重要原因在于通过租赁飞机的方式来运营有以下优势：所需投入的资金更少，可以很好地平衡资产负债表；飞机交付时间短，租赁期限不固定，机队处置灵活，可以机动地应对市场动荡；有助于尝试新机型；可以抵消新航线的风险。

此外，值得注意的是，飞机租赁公司购买飞机只需要向中华人民共和国国家发展和改革委员会（以下简称国家发展改革委）进行报备，而航空公司却需要向中国民用航空局和国家发展改革委提出购机申请进行审批，这意味着飞机租赁公司享有更高的灵活性和自主权。

我国的飞机租赁是以融资租赁交易开始的，在迄今为止的 40 多年的发展历程中，融资租赁交易一度占据了我国飞机租赁交易的大部分份额。2006 年 10 月，国银航空租赁成功以经营租赁方式为东航引进了 A330-300 飞机，完成了我国本土租赁公司第一单飞机经营租赁业务。2010 年以前，中国民航机队中的大部分飞机是通过爱尔兰等外国租赁公司引进的。2009 年 12 月，在多部门协作下，工银租赁和天津东疆保税港区合作完成全国首单飞机租赁业务，以保税租赁方式成功引进两架波音货机，填补了中国航空租赁产业的空白。

目前，飞机租赁模式主要有融资租赁和经营性租赁两大类。融资租赁是指，租赁公司从飞机制造商那里买下飞机，然后再转租给航空公司，期满后，航空公司一般会留购飞机，拥有飞机的所有权，这是一种融资融物的模式；经营性租赁是指，由租赁公司拥有所有权，航空公司在租约满后退还飞机，或者按约定价格购买飞机。

租赁模式对于航空公司的好处显而易见，不仅可以大幅降低航空公司的现金流压力，还可以方便地更换机型。近年来，租赁飞机成为航空公司的主流方案。

中国租赁公司不断发展壮大，不仅有以工银租赁、国银航空租赁、交银金融租赁等为代表的银行系金融租赁公司，海南航空股份有限公司（以下简称海航）、东航等航空公司也纷纷设立附属租赁公司。飞机租赁业的发展有效支持了我国航空企业和运输业发展，促进了国内经济增长和结构转型。

从中国市场看，在航空运输业快速发展的近几年中，飞机租赁业也迎来了新的发展时期。截至 2020 年年底，我国有 15 家租赁公司进入全球前 50 机队价值榜单，如表 3-1 所示。随着国家政策的推进及行业企业主体运营模式的不断改善，我国航空租赁机队的规模仍将继续保持增长。

表 3-1　入榜 2020 年全球前 50 机队价值榜单的中国租赁公司

序　列	公　司　简　称	全　球　排　名
1	爱尔兰飞机租赁公司（Avolon）	4
2	中银航空租赁（BOC Aviation）	6
3	工银租赁（ICBC Leasing）	7
4	交银金融租赁（BoComm Leasing）	11
5	国银航空租赁（CDB Aviation）	12
6	中国飞机租赁（China Aircraft Leasing Company）	18
7	中航国际租赁（AVIC International Leasing）	20
8	招银金融租赁（CMB Financia Leasing）	21
9	南航国际融资租赁（China Southern AIR Leasing）	24
10	建信金融租赁（CCB Financial Leasing）	29
11	昆仑金融租赁（Kunlun Financial Leasing）	33
12	农银金融租赁（ABC Financial Leasing）	36

续表

序 列	公 司 简 称	全 球 排 名
13	民生金融租赁（Minsheng Financial Leasing）	42
14	兴业金融租赁（CIB Leasing）	45
15	浦发金融租赁（SPDB Financial Leasing）	49

（三）民航运输租赁机队的规模逐步扩大

在中国航空运输领域，不仅有民航运输市场，还有公务机市场及直升机市场。而在租赁市场，民航运输市场发展得较早，在租赁模式的成熟度上也领先于公务机市场和直升机市场。随着民航租赁市场的不断成熟，公务机市场和直升机市场也逐渐开始将租赁模式引入行业发展中。

中国飞机租赁、国银航空租赁及中银航空租赁为国内三大飞机租赁供给方，截至2020年6月底，中国飞机租赁管理的机队规模为137架，国银航空租赁管理的机队规模为228架，中银航空租赁管理的机队规模为374架。

2021年，中国航空租赁公司的战略目标已由过去追求规模的量变走向了寻求资产管理的高质量发展道路。天津东疆保税港区已成为全球第二大飞机租赁聚集地，其中有50多家中资租赁公司占据了国内新飞机租赁市场90%以上的份额。

飞机租赁业是一个比较依赖资金背景的行业，资金规模和资金成本直接决定了企业的盈利。在国家重点发展的海洋经济、装备制造、绿色金融，特别是大力布局航空领域的战略引领下，飞机租赁业务呈现快速发展之势。2021年，中国航空租赁市场规模为1604.7亿元。由此可见，我国的飞机租赁事业日益成熟。

民航行业发展统计公报数据显示，2010年至2021年期间，中国在册运输飞机从1597架增长至4054架。其中，通过天津东疆保税港区以租赁方式引进的运输飞机达1514架，占中国运输机队的比例超过1/3。目前，国内航空公司租赁机队规模的比例超过60%，租赁已经成为国内航空公司引进飞机的主要方式。截至2022年7月，天津东疆保税港区累计交付了2000架飞机。其中，干线大飞机1432架、支线飞机96架、货机40架、通用直升机218架、公务机214架，如图3-5所示。

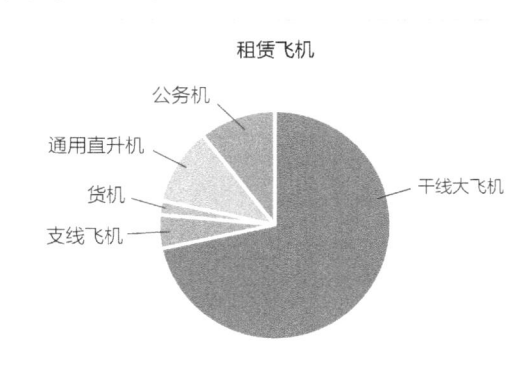

图3-5 截至2022年7月，天津东疆保税港区累计交付的2000架飞机中各类飞机的占比情况

第五节　民用航空器适航管理

【范例 3-5】

案例分享：

隐藏了 22 年的秘密：没有严格执行维修手册的后果

2002 年 5 月 25 日，我国台湾地区的中华航空股份有限公司（以下简称华航）波音 747-200 客机执飞的 611 号班机在飞往香港国际机场途中，在高空解体坠毁，机上 206 名乘客及 19 名机组成员罹难。

由于 611 号班机坠毁得非常突然，事故发生前飞行员与地面塔台间的联络一切正常，没有先兆，因此 611 号班机刚坠毁时关于其失事的原因众说纷纭。雷达记录显示 611 号班机在坠毁时是先分裂成四大块结构后才坠入海中的，因此遭导弹击中、恐怖攻击的说法曾被列在肇事原因的前几项。除此之外，被陨石击中、遭到匿踪袭击之类的武器误击也曾被认为是可能的肇事原因之一，但这些都被否定了。

随着调查员的深入调查，发现其中一块机尾蒙皮有修补过的现象，并有浓烈的燃料味。他们将该块蒙皮送往中国台湾中山科学研究院检查，发现该块蒙皮有严重金属疲劳的现象，经翻查肇事飞机的维修记录后，发现了整个空难的始末。

1980 年 2 月 7 日，该机曾在中国香港启德机场执行。该机因机尾擦地损伤机尾蒙皮，造成飞机失压，当天被运回中国台湾，次日进行了临时维修。华航于 1980 年 5 月 23 日至 26 日对该机机尾处做了永久性维修：用一块面积大小与受损蒙皮类似的铝板覆盖该处，并未按波音的结构维修手册指引将整块蒙皮进行更换，但负责维修的人员却在维修记录上写明依照波音维修指引进行了维修。

22 年来，后续维修人员相信该维修记录而未进行更进一步的检查。该修补部分因此出现了金属疲劳的现象。1988 年美国阿罗哈航空的 243 号班机事故发生之后，机务规范要求对飞机可能产生腐蚀的位置进行直接目视检查；这种检查被归入华航的飞机维护程序中。华航在这架飞机的服务期内对这个部位进行过若干次内部检查，其中最后一次例行检查是在事故发生之前大约 4 年，所拍摄的照片显示了在该架飞机尾部修复舱壁四周处肉眼可见的烟熏污渍，这是 1995 年之前允许机上乘客在增压机舱内吸烟所产生的烟雾。此处微小缺陷导致的舱内外气压差形成的气流会向外泄漏。这些深色痕迹（锈迹）预示着下面可能隐藏着结构损伤，但并未引起足够的重视。

该处裂开后，造成该机机尾脱落并失控，最后舱体突然失压、结构解体，导致该机失控坠毁。事故后回收的机身残骸显示，该处裂痕至少长达 90.5 英寸（约 2.3 米），而研究显示在高空中飞机上的裂痕超过 58 英寸（约 1.5 米）时就会有结构崩毁的可能。

经过 22 年的飞行，这处旧伤终于破裂，造成飞机空中解体。之后，飞机制造公司的维修准则被要求严格执行，以保证飞行安全。

讨论与思考：民用航空器适航管理的重要性。

一、民用航空器适航管理的含义

适航（Airworthiness）是适航性的简称，是民用航空器一种属性的专用词，英国牛津字典对适航的解释是"fit to fly"，意思是"适于飞行"。民用航空器的适航性是指该航空器包括其部件及子系统的整体性、操纵性等特性在预期运行环境与使用条件下的安全性和物理完整性的一种品质，这种品质要求民用航空器始终处于保持符合其型号设计且始终处于安全运行的状态。

"适航性"这个词的出现，既不是出于理论或学术研究的需要，也不是出于设计、制造民用航空器的需要，而是出于维护公众利益的民用航空立法的需要。

民用航空器适航管理是指适航主管部门依照法律规定，对民用航空器从设计、定型开始，到生产、使用直至停止使用的全过程实施监督，以保证民用航空器始终处于适航状态的科学管理。

保证民用航空器处于适航状态就是要求民用航空器具有适航性。民用航空器的适航管理是以保障民用航空器的安全性为目标的技术管理，是适航管理部门在制定了各种最低安全标准的基础上，对民用航空器的设计、制造、使用和维修等环节进行科学统一的审查、鉴定、监督和管理。适航管理揭示和反映了民用航空器从设计、制造到使用、维修的客观规律，并施以符合其规律的一整套规范化的管理。

我国政府明确规定，民用航空器的适航管理由中国民用航空局负责。民用航空器适航的宗旨是保障民用航空安全，维护公众利益，促进民用航空事业的发展。

二、民用航空器的适航标准

适航标准是一类特殊的技术性标准。它是为保证实现民用航空器的适航性而制定的最低安全标准。适航标准与其他标准不同，适航标准是国家法规的一部分，必须严格执行。

适航标准是通过长期工作经验的积累，吸取了历次飞行事故的教训，经过必要的验证或论证及公开征求公众意见不断修订形成的。目前，各国适航标准中较有影响的是美国的联邦航空条例、英国的民用适航条例（欧洲联合航空局的欧洲民用适航条例）。我国主要参考国际上应用比较广泛的美国适航标准，结合国情而制定民用航空器的适航标准。

各国对民用航空器的适航管理，基本上都具有5个国际上普遍承认的特点，即权威性、国际性、完整性、动态性、独立性。

1. 权威性

适航管理所依据的标准和审定监督规则具有国家法律效力，所有的适航规章、标准都是强制性的。作为适航管理部门，也必须具有权威性。航空器的设计、制造、使用和维修单位、个人，必须服从国家适航管理部门的统一、公正的管理。

2. 国际性

航空器既是国际上航空运输的重要工具，也是国际上的重要商品。航空产品的进出口特别是航空器的生产日趋国际化，决定了各国的适航管理必然具有国际性。各国的适航管理部门为了保证航空的安全和利益,根据本国的适航标准,严格审查各种进口的航空产品;同时各国也要求积极扩大国际交流,制定能够在国际上得到普遍承认的适航标准,广泛制定保护本国利益的适航协议,使本国的航空产品能够更多地进入国际市场。

3. 完整性

任何一个国家的适航管理部门,对航空器的设计、制造、使用、维修,直至其退役的全过程,都要实施以安全为目的、统一的、闭环式的审查、鉴定、监督和管理。

4. 动态性

航空科技的进步和民用航空业的不断发展,促使各国适航管理部门不断改进和增加新的适航标准,适航管理也必然随之发展而产生变化。因此,适航管理不能是静态的、永恒不变的,而应当是动态发展的。

5. 独立性

适航管理部门的独立性是保证其在立法和执法工作上的公正性和合理性的基础。世界各国适航管理部门几乎都是在经济和管理体制上独立于航空器的设计、制造、使用和维修等环节之外的政府审查监督机构。只有如此,才能保障航空安全和促进航空运输业及制造业的发展。

三、民用航空器适航管理的部门

尽管世界许多国家主管各国适航管理的部门和管理体制千差万别,但为了保证适航管理的权威性、国际性、完整性、动态性和独立性,基本上各国都有共同的特点,即由管理航空运输的行业管理部门作为适航管理的部门。例如,美国的适航管理机构是美国联邦航空局,欧盟的适航管理机构是欧洲航空安全局,欧盟、美国等对于适航管理普遍采用的是集中管理体制。

我国1987年颁布的《中华人民共和国民用航空器适航管理条例》第四条明确规定:"民用航空器的适航管理由中国民用航空局(以下简称民航局)负责。"由于民用航空运输业风险大、适航管理工作的好坏直接关系到航空运输安全和人民生命、财产安全的保证,作为适航管理部门必须具有足够的技术力量、完善的管理体系和丰富的经验。多年来,中国民用航空局建立了比较完整、科学、系统的适航管理机构,形成了适航管理的法律体系,在实现有法律依据的制度化、程序化管理过程中也积累不少经验,并与许多国家的适航主管当局建立了合作关系,在国际上得到了广泛的承认,在适航管理工作的体制和方法上能够与国际接轨。

根据我国现行的法律规定,民用航空器的适航管理由中国民用航空局负责。因此,中国民用航空局对中国民用航空器设计、制造、使用和维修实施全面适航管理。中国民用航空局下设航空器适航审定司,航空器适航审定司经授权后具体负责民用航空器适航管理工作。中国民航局下属的地区管理局分别设有适航处,业务上受总局领导。此外,中国民用航空局分别在上海、西安、沈阳、成都等地设有航空器审定中心,对民用航空产品的设计进行型号合格审定,对民用航空产品的生产进行生产许可审定。

四、民用航空器适航管理的分类

1. 初始适航管理

初始适航管理是在航空器交付使用前，适航管理部门依据各类适航标准和规范，对民用航空器的设计和制造所进行的型号合格审定和生产许可审定，以确保航空器和航空器部件的设计、制造是按照适航管理部门的规定进行的。

2. 持续适航管理

持续适航管理，是在航空器满足初始适航标准和规范、满足型号设计要求、符合型号合格审定基础，获得适航证、投入运行后，为保持它在设计制造时的基本安全标准或适航水平，为保证它能始终处于安全运行状态而进行的管理。

五、民用航空器适航管理的主要内容

《中华人民共和国民用航空器适航管理条例》第十四条规定："任何单位或者个人的民用航空器取得适航证以后，必须按照民航局的有关规定和适航指令，使用和维修民用航空器，保证其始终处于持续适航状态。"航空器的适航包括3个方面的内容，即航空器的设计、制造和维护与维修。三者的完美结合，才能满足真正意义上的适航要求，这就需要保证航空器设计的完整性、制造的高质量、符合（设计）性、维修的持续适航性。随着国际经济的发展与技术交流的深入，航空器的适航要求也日益国际化。《国际民用航空公约》第三十七条规定："缔约各国承允在关于航空器、人员、航路及各种辅助服务的规章、标准、程序及工作组织方面进行合作，凡采用统一办法而能便利、改进空中航行的事项，尽力求得可行的最高程度的一致。"各国适航管理部门应当对适航管理的3个方面进行严格的审定和监督、检查，及时采取措施，使其遵守各种规章以符合适航标准。

我国的民用航空器适航管理法规主要是围绕以下4个方面的内容而制定的。

（一）民用航空器（含航空发动机、螺旋桨）的设计适航管理

《中华人民共和国民用航空法》第三十四条规定："设计民用航空器及其发动机、螺旋桨和民用航空器上设备，应当向国务院民用航空主管部门申请领取型号合格证书。经审查合格的，发给型号合格证书。"

《中华人民共和国民用航空器适航管理条例》第六条规定："任何单位或者个人设计民用航空器，应当持航空工业部对该设计项目的审核批准文件，向民航局申请型号合格证。民航局接受型号合格证申请后，应按照规定进行型号合格审定；审定合格的，颁发型号合格证。"在型号合格证管理中，要求适航管理部门不断分析服役中的民用航空器的安全状况；对已批准获得型号合格证的民用航空器及其部件或系统要继续监控其设计的完整性，如果认为某些设计具有不安全因素，可以颁发"适航指令"，要求型号合格证持有人在规定期限内完成指令任务。

根据以上规定，民用航空器及其发动机、螺旋桨和民用航空器上设备的设计单位，都应当向国务院民用航空主管部门，即我国的适航管理部门申请领取型号合格证。经适航管

理部门审查合格后，发给型号合格证。型号合格证是国务院民用航空主管部门对民用航空器及其发动机、螺旋桨（滑翔机、载人气球、超轻型飞机或者其他非规定的航空器，以及装于其上的发动机、螺旋桨除外）设计批准的合格凭证。航空产品取得了型号合格证，就意味着其设计符合适航标准。型号合格证的内容包括：型号合格证编号；型号合格证持有人名称；型号设计符合的适航标准、产品型号、申请日期以及批准日期、批准人签署。

对民用航空器的设计进行型号合格审定，是适航管理中最重要的环节。因为民用航空器的国有安全水平是在设计阶段确定的。适航管理部门要根据反映最低安全水平的适航标准，按照严格详细的审定程序，对民用航空器的设计过程和有关的试验或试飞进行逐项审查及监督。只有符合适航标准、通过了型号合格审定、取得了型号合格证的民用航空器，才具备投入生产的资格。

民用航空器及其发动机、螺旋桨的型号合格证申请人，必须按照国务院民用航空主管部门规定的表格填写型号合格证申请，按照规定提供有关文件。型号合格证申请的有效期为5年，如果申请人在申请时证明其产品需要更长的设计、发展和试验周期，经国务院民用航空主管部门审查批准，可以获得更长的有效期限。国务院民用航空主管部门收到申请人的型号合格证申请书和所附资料后，指定项目主管人员对其进行初步评审，在90天内决定是否受理申请；若受理，则要对申请人发出受理通知书；不受理，则用函件通知申请人。经国务院民用航空主管部门审查符合要求的，即可批准向该申请人颁发型号合格证。

（二）民用航空器的生产、维修适航管理

《中华人民共和国民用航空法》第三十五条规定："生产、维修民用航空器及其发动机、螺旋桨和民用航空器上设备，应当向国务院民用航空主管部门申请领取生产许可证书、维修许可证书。经审查合格的，发给相应的证书。"

《中华人民共和国民用航空器适航管理条例》第七条也做了类似的规定："任何单位或者个人生产民用航空器，应当具有必要的生产能力，并应当持本条例第六条规定的型号合格证，经空工业部同意后，向民航局申请生产许可证。民航局接受生产许可证申请后，应当按照规定进行生产许可审定；审定合格的，颁发生产许可证，并按照规定颁发适航证。"

任何单位或个人未取得生产许可证，但因特殊需要，申请生产民用航空器的须经民航局批准。

以上规定，既有对民用航空器进行初始适航管理的内容，又有对民用航空器进行持续适航管理的内容。根据以上规定，民用航空器及其发动机、螺旋桨和民用航空器上设备的生产者、维修者，必须分别向国务院民用航空主管部门申请领取生产许可证书、维修许可证书；国务院民用航空主管部门经过审查，对合格的申请人颁发生产许可证书、维修许可证书。

（三）民用航空器的进出口适航管理

《中华人民共和国民用航空法》第三十六条规定："外国制造人生产的任何型号的民用航空器及其发动机、螺旋桨和民用航空器上设备，首次进口中国的，该外国制造人应当向国务院民用航空主管部门申请领取型号认可证书。经审查合格的，发给型号认可证书。已取得外国颁发的型号合格证书的民用航空器及其发动机、螺旋桨和民用航空器上设备，首次在中国境内生产的,该型号合格证书的持有人应当向国务院民用航空主管部门申请领取型号认可证书。经审查合格的,发给型号认可证书。"

持有民用航空器生产许可证的单位生产的民用航空器,经国务院有关主管部门批准,需要出口时,由中国民用航空局签发出口适航证书。我国的任何单位或者个人进口外国生产的任何型号的民用航空器,如系首次进口并用于民用航空活动的,国外出口民用航空器的单位或个人必须向中国民用航空局申请型号审查,经审查合格的,颁发准予进口的型号认可证书。

（四）民用航空器使用适航管理

《中华人民共和国民用航空法》第三十七条规定:"具有中华人民共和国国籍的民用航空器,应当持有国务院民用航空主管部门颁发的适航证书,方可飞行。出口民用航空器及其发动机、螺旋桨和民用航空器上设备,制造人应当向国务院民用航空主管部门申请领取出口适航证书。经审查合格的,发给出口适航证书。租用的外国民用航空器,应当经国务院民用航空主管部门对其原国籍登记国发给的适航证书审查认可或者另发适航证书,方可飞行。"也就是说,具有中华人民共和国国籍的民用航空器必须具有中国民用航空局颁发的适航证书,方可飞行。适航证书应规定该民用航空器所适用的活动类别、证书的有效期限,以及安全所需的其他条件和限制。对租用外国民用航空器的单位或个人,必须经中国民用航空局对其原登记国颁发的适航证书审查认可或另行颁发适航证书后,方可飞行。

任何单位或个人的民用航空器取得适航证书后,必须按照中国民用航空局的有关规定和适航指令,使用和维修民用航空器,保证其始终处于持续适航状态。加装或改装已取得适航证书的民用航空器,必须经中国民用航空局的批准,涉及的重要部件、附件必须经中国民用航空局审定。《中华人民共和国民用航空法》第三十八条对此有明确规定:"民用航空器的所有人或者承租人应当按照适航证书规定的使用范围使用民用航空器,做好民用航空器的维修保养工作,保证民用航空器处于适航状态。"

1. 民用航空器的所有人或承租人要按照适航证书规定的使用范围使用民用航空器

国务院民用航空主管部门颁发的适航证书,按照其不同的使用类别,可分为3类。第一类是运输类证书,此类证书的持有人可以从事商业性的客、货运输活动;第二类是专业类证书,此类证书的持有人只能从事通用航空的专业飞行活动;第三类是初级类证书,此类证书的持有人只能从事滑翔机、载人气球、超轻型飞机在规定的限制条件下的飞行活动。本条从保障民用航空安全的目的出发,要求民用航空器持有人或承租人只能从事与其所持有运航证书的使用范围类别相适应的飞行活动。

2. 民用航空器的所有人或承租人应当做好民用航空器的维修保养工作

这是对民用航空器的使用人所做的义务性规定。民用航空器的所有人或承租人与航空器的维修者一样,承担着保证民用航空器安全运行的义务。为保证安全适航,民用航空器的使用者不仅要有完备的维修设施、设备、器材,还要有合格的维修管理人员和良好运转的维修工作程序,并且作为民用航空器的使用者,应当按照国务院民用航空主管部门批准的维修大纲进行必要的维修,保证维修或者改装工作按照规定的要求和程序进行,使航空器在规定的时间内达到规定的适航指令要求。

3. 民用航空器所有人或承租人要保证民用航空器处于适航状态

民用航空器在发生以下 3 种情况之一时，即属于不适航状态：①航空器存在某种可疑的危及安全的特征；②航空器遭到损伤而短期内不能修复；③航空器被封藏。因此，民用航空器的所有人或承租人，当发现民用航空器处于不适航状态时，应当及时报告，而适航管理部门将视情况暂停其适航证书的有效性。

总之，民用航空器所有人或承租人，应当严格按照所持有的适航证书的类别和使用范围从事相应的飞行活动，不可超范围飞行，同时要认真做好民用航空器的维护保养工作，使民用航空器处于适航状态，以保证民用航空活动的安全进行，提高民用航空业的整体安全水平，促进民用航空业的持续发展和进步。

思考与练习

1. 熟悉我国航空器的发展历程。
2. 航空器具有哪些权利和义务？
3. 我国民用航空器国际登机需要哪些条件？
4. 论述航空器湿租与干租的特点及区别。
5. 民用航空器适航管理主要内容有哪些？

第四章
民用航空人员管理的法律规定

本章学习目标

- 熟悉航空人员的定义及法律责任;
- 了解航空人员资格的取得和丧失制度;
- 知晓航空人员的体检制度和工作时限制度;
- 了解机长的职责和权力。

自20世纪50年代以来,民用航空的服务范围不断扩大,成为一个国家的重要经济部门。在新的历史时期,我国航空业进入国际化的发展时期。随着我国改革的深入推进,与全球的政治、商贸、教育、旅游、文化等方面的互动交流更加频繁,加上"一带一路"沿线地区的多方合作,我国航空业的辉煌期已经来临。作为我国三大交通支柱产业(飞机、汽车、火车)之一的现代航空业,在这一时期实现了跨越式发展,其主要表现为客货运输量的迅速增长、定期航线密布于世界各大洲等。由于快速、安全、舒适和不受地形限制等一系列优点,民用航空在我国交通运输方式中占有独特的地位,为我国建设成经济强国做出了独特的贡献。

科技和人才是民航发展的重要支撑。随着航空业的发展,其对航空服务人才的需求激增,然而航空业是一个特殊行业,飞机被人们称为流动飞行的国土,在飞机这个特殊空间的特殊岗位上工作,在招聘航空工作人员时,对应聘人员的健康、品德及形体乃至服务水平等方面,有着区别于其他行业的特殊要求。

为了培养民用航空人员,国家投入了大量的人力和物力。2020年,民航承担国家重点研发计划项目立项3项,国家自然科学基金、民航联合研究基金重点项目立项18项,促进民航从业队伍不断扩大;民航直属院校共招收学生23 221人,全年招收飞行学生5480人。从专业技术人员的数量看,截至2019年年底,共有108 955名乘务员就职于我国各航空公司,比2018年年底的总数增加了5257人。其中,运输航空公司的乘务员总数为108 683人,有272名乘务员就职于非运输航空公司,主要是通用航空公司。截至2020年年底,中国民航驾驶员有效执照总数为 69442 本，比 2019 年年底增加了 1489 本；全行业持证机务人员为 60335 名，比 2019 年增加了 1211 名；持证签派员为 8994 名，比 2019 年增加了 550 名；空管行业 4 类专业技术人员共 33102 人，比 2019 年增加了 2138 人（其中，空中交通管制人员为 15001 人，比 2019 年增加了 1173 人）。

航空人员为何如此被国家重视？因为航空业是国家交通运输的重要组成。航空业是一个高科技、高风险的行业，其工作环境又是在高空这样一个特殊领域，因此对航空产业人员的要求与其他行业显然不同。一个合格的航空人员应该具备哪些条件？他的资格获取和丧失到底有哪些规定？我们在下面做详细讲解。

第一节　民用航空人员的管理制度

由于民用航空业属于特殊行业，人们对于民用航空人员工作充满了向往，对其聘用条件也纷纷猜测。一提起飞机工作人员，人们油然想起美丽高挑的空姐、帅气的"空少"，联想起能歌善舞、见多识广这些特征。其实，这仅仅是航空公司对航空人员在某一个方面的要求。由于民用航空业是一个特殊行业，关乎国家主权，关系到社会安定及人民生命财产安全等，因此在法律层面，国家和相关部门对航空人员的录取资格及工作权益做出了一系列规定。

一、航空人员的定义

《中华人民共和国民用航空法》第三十九条规定："本法所称航空人员，是指下列从事民用航空活动的空勤人员和地面人员：（一）空勤人员，包括驾驶员、飞行机械人员、乘务员；地面人员，包括民用航空器维修人员、空中交通管制员、飞行签派员、航空电台通信员。"

国际上对航空人员没有统一定义，各国对航空人员的定义不尽相同。《国际民用航空公约》及其附件没有使用航空人员的术语，只是在公约附件一"人员执照"中，就下列人员颁发执照制定了国际标准和建议措施，把人员分为飞行组人员和其他人员。

1. 飞行组人员

（1）私用飞机驾驶员。
（2）商用飞机驾驶员。
（3）高级商用飞机驾驶员。
（4）航班运输飞机驾驶员。
（5）滑翔机驾驶员。
（6）自由气球驾驶员。
（7）私用直升机驾驶员。
（8）商用直升机驾驶员。
（9）航班运输直升机驾驶员。
（10）飞行领航员。

（11）飞行工程师。
（12）飞行无线电报务员。

2．其他人员

（1）Ⅱ类航空器维护员（技术员、工程师或机械员）。
（2）Ⅰ类航空器维护员（技术员、工程师或机械员）。
（3）空中交通管制员。
（4）航务管理员。
（5）航空电台报务员。

《中华人民共和国民用航空法》对航空人员没有理论上的定义，只是采用列举的方法，从工作环境和工作职责上将航空人员划分为空勤人员和地面人员两大类，而非所有从事民用航空活动的人员都是航空人员。

二、航空人员的地位

在所有生产要素中，人是最积极的因素。科技是第一生产力，而科技需要被掌握知识的人运用。航空人员是实施空中航行最活跃的因素，处于十分重要的地位。

在任何空中航行活动中，都缺少不了驾驶员和其他空勤、地勤人员；对于有效而安全的运行来说，他们的能力、技巧和训练仍然是必要的保证。随着工业与科技的发展，航空器种类繁多，操作也越加复杂，所以防止由人们的差错或一个系统组成部分的失效导致整个系统崩溃显得尤其重要。

正因为如此，在空中航行活动中，各类航空人员都是不可缺少的，都应当符合规定的条件，各司其职，各负其责，团结协作，紧密配合，切实保障飞行安全。航空人员的高素质、高技能是航行安全的保障。为此，对于航空人员的录取资格及工作权益的管理十分必要，必须建立起一整套严密的规章制度，在法律上予以保障，使之遵照执行。

三、民用航空人员的法律责任

航空器在空中飞行，关乎国计民生，关乎人民的生命财产安全，关系到国家的主权，粗心大意、玩忽职守，就可能机毁人亡，造成重大损失。所以，对从事空中运行的航空人员责任，各个国家在法律上对其均有明确的规定。

《中华人民共和国民用航空法》规定如下。

（1）"航空人员玩忽职守，或者违反规章制度，导致发生重大飞行事故，造成严重后果的，依照刑法有关规定追究刑事责任。"（第一百九十九条）

（2）"违反本法第四十条的规定，未取得航空人员执照、体格检查合格证书而从事相应的民用航空活动的，由国务院民用航空主管部门责令停止民用航空活动，在国务院民用航空主管部门规定的限期内不得申领有关执照和证书，对其所在单位处以二十万以下的罚款。"（第二百零五条）

（3）"有下列违法情形之一的，由国务院民用航空主管部门对民用航空器的机长给予警告或者吊扣执照一个月至六个月的处罚，情节较重的，可以给予吊销执照的处罚：

"（一）机长违反本法第四十五条第一款的规定，未对民用航空器实施检查而起飞的；

"（二）民用航空器违反本法第七十五条的规定，未按照空中交通管制单位指定的航路和飞行高度飞行，或者违反本法第七十九条的规定飞越城市上空的。"（第二百零六条）

（4）"民用航空器的机长或者机组其他人员有下列行为之一的，由国务院民用航空主管部门给予警告或者吊扣执照一个月至六个月的处罚；有第（二）项或者第（三）项所列行为的，可以给予吊销执照的处罚：

"（一）在执行飞行任务时，不按照本法第四十一条的规定携带执照和体格检查合格证书的；

"（二）民用航空器遇险时，违反本法第四十八条的规定离开民用航空器的；

"（三）违反本法第七十七条第二款的规定执行飞行任务的。"（第二百零八条）

四、航空人员的执照

正因为航空从业人员责任重大，民航管理部门对航空从业人员采取执照管理制度，实行持证上岗，没有相应的执照，就不能获得从业资格。

实行执照管理制度，是对航空人员加强技术管理，促进航空人员素质不断提高的一项重大措施。为统一国际标准，使各国在本国的立法中有所参照，国际民用航空组织就人员执照问题在以下几个方面做了较为详细的规定。

（1）规定了充任飞行组成员的授权问题，即"除非持有符合本附件规格并与其职务相适应的有效执照，任何人不得充任航空器飞行组成员。该执照应由航空器登记国签发或由任何其他缔约国签发并由航空器登记国认可有效。"

（2）规定了认可执照的方法，即"当一缔约国认可另一缔约国签发的执照以代替自己另发执照时，必须通过在前者执照上做适当批准确定其有效，接受该执照作为相等于自己签发的执照。这种批准的有效期，不得超过该执照的有效期限。"

此外，《中华人民共和国民用航空法》第四十条规定："航空人员应当接受专门训练，经考核合格，取得国务院民用航空主管部门颁发的执照，方可担任其执照载明的工作。空勤人员和空中交通管制员在取得执照前，还应当接受国务院民用航空主管部门认可的体格检查单位的检查，并取得国务院民用航空主管部门颁发的体格检查合格证书。"中国民用航空局自1985年以来先后发布了许多有关规定，就各类发照人员分别在年龄、知识、经验、技能和体检合格方面制定了不同的标准和具体要求。凡符合规定的标准和要求的，中国民用航空局授权有关职能部门可据此颁发其执照。

五、航空人员资格的取得与丧失

（一）航空人员资格的取得

凡是符合规定的标准和要求的航空人员，中国民用航空局或民航地区管理局有关职能部门可据此颁发其执照。也就是说，领取执照的同时就具有了资格。例如，《民用航空器驾驶员合格审定规则》规定：

"（a）民航局飞行标准职能部门统一管理民用航空器驾驶员合格审定工作，负责全国民用航空器驾驶员的执照和等级的颁发与管理工作。

"（b）地区管理局及其派出机构的飞行标准职能部门根据民航局飞行标准职能部门的规定，具体负责本地区民用航空器驾驶员执照和等级的颁发与管理工作。"（第61.5条）

此外，《民用航空器驾驶员合格审定规则》还对有关执照类别和等级等做了明确的规定，且明确规定了申请执照的条件和英语水平的要求。该规则（第61.183条）就取得航线运输驾驶员执照应具备的资格要求进行了如下描述。

"（a）年满21周岁；

"（b）无犯罪记录；

"（c）能正确读、听、说、写汉语，无影响双向无线电通话的口音和口吃，申请人因某种原因不能满足部分要求的，局方应当在其执照上签注必要的运行限制；

"（d）具有高中或高中以上文化程度；

"（e）持有局方颁发的有效Ⅰ级体检合格证；

"（f）持有按本规则颁发的商用驾驶员执照和仪表等级或持有按本规则颁发的多人制机组驾驶员执照；

"（g）在申请实践考试之前，满足本章中适用于所申请航空器等级的飞行经历要求；

"（h）通过了本规则第61.185条所要求航空知识的理论考试；

"（i）通过了本规则第61.187条所要求飞行技能的实践考试；

"（j）出现本规则第61.197条（e）款（1）情形的，不得申请按照本规则颁发的航线运输驾驶员执照；

"（k）出现本规则第61.197条（e）款（2）情形的，安全飞行已满十年；

"（l）出现本规则第61.197条（e）款（3）情形的，安全飞行已满两年；

"（m）符合本规则适用于所申请航空器类别和级别等级的相应条款的要求。"

对航线运输驾驶员执照的申请人，提出了航空知识、飞行技能、飞行经历等方面的严格要求。此外，《民用航空空中交通管制员执照管理规则》第二十条还就空中交通管制员资格的取得做了规定，空中交通管制员执照申请人应具备下列基本条件。

"（一）具有中华人民共和国国籍；

"（二）热爱民航事业，具有良好的品行；

"（三）年满21周岁；

"（四）具有大学专科（含）以上文化程度；

"（五）能正确读、听、说、写汉语，口齿清楚，无影响双向无线电通话的口吃和口音；

"（六）通过规定的体检，取得有效的体检合格证；

"（七）完成规定的专业培训，取得有效的培训合格证；

"（八）通过理论考试，取得有效的理论考试合格证；

"（九）通过技能考核，取得有效的技能考核合格证；

"（十）符合本规则规定的管制员执照申请人经历要求。"

颁发执照前，必须对申请人进行考核，考核分为理论考试和技术考核两项内容。考核工作按照民航主管当局的有关规定，由中国民航主管当局授权的单位和技术检查人员进行。执照申请人各科理论考试（按百分制）成绩在80分以上，技术考核（按优、良、中、差）

各科成绩在"良"以上,方可发给执照。

以上分别就航线运输驾驶员及民用航空空中交通管制员的资格的取得做了简单介绍,其他各类人员资格的取得与上述情况相似,有关具体规定可参看《民用航空器领航员、飞行机械员、飞行通信员合格审定规则》《民用航空飞行签派员执照管理规则》《中国民用航空空中交通管制员执照管理规则》《中国民用航空无线电管理规定》《中国民用航空气象工作规则》《民用航空航行情报员执照管理规则》等。

(二)航空人员资格的丧失

航空人员在取得资格后因种种原因未能继续符合规定的要求和未达到规定的标准,其航空人员的资格就由此丧失。航空人员资格的丧失有以下几种情况:执照的收留、收回,以及自然中断和注销。

《航空安全员合格审定规则》第十七条规定:"有下列情形之一的,地区管理局应当依法办理执照的注销或者收回手续:

"(一)执照被撤销或者吊销的;

"(二)执照持有人达到国家法定退休年龄的;

"(三)执照持有人放弃执照权利的;

"(四)执照持有人未按规定完成训练且未予补正致使执照失效的;

"(五)执照持有人连续 15 个月以上未履行航空安全员岗位职责或者重获资格训练未通过考试考核,致使执照失效的;

"(六)法律、法规规定的其他情形。"

《航空安全员合格审定规则》第十八条规定:"有下列情形之一的,执照持有人所在单位不得安排其继续履行航空安全员岗位职责:

"(一)执照持有人正在接受刑事调查或者有未终结的刑事诉讼的;

"(二)执照持有人连续 12 个月以上且未超过 15 个月未履行航空安全员岗位职责的;

"(三)执照持有人在航空器上执行任务过程中,因未履行岗位职责造成严重后果、事故征候或者事故的。

执照持有人有前款第三项规定的情形的,认定为严重失信行为,记入民航行业信用信息记录。"

以上就航空安全员资格的丧失做了简单的介绍,其他各类航空人员资格的丧失与此相似,可参考中国民用航空局颁布的各相关规则。

六、航空人员的体检制度

为了保证从事民用航空活动的空勤人员和空中交通管制员身体状况符合履行职责和飞行安全的要求,《中华人民共和国民用航空法》第四十条第二款和第四十一条规定,空勤人员和空中交通管制员在取得执照前,还应当接受国务院民用航空主管部门颁发的体格检查合格证书;空勤人员在执行飞行任务时,应当随身携带执照和体格检查合格证书,并接受国务院民用航空主管部门的查验。

在航空体检方面,我国相继推出了 4 个国家标准和 3 个行业标准,共 7 个标准。其中,

3个行业标准分别为《民用航空飞行人员转机型、转专业体格检查鉴定标准》《民用航空安全员体格检查鉴定标准》及《民用航空招收飞行学生体检鉴定规范》。国家技术监督局也在1996年发布了关于民用航空飞行人员、空中乘务员、空中交通管制员，以及民航招收飞行学生体格检查鉴定的四个国家标准。由于航空运输业发展，对各类航空人员的身体健康的要求也发生变化，为此交通运输部于2017年、2018年两次对已有的《民用航空人员体检合格证管理规则》进行修订，对空勤人员和空中交通管制员体检鉴定医学标准、体检鉴定程序要求和体检合格证的管理规定，以及负责全国体检鉴定和体检合格证的管理工作做了进一步完善。

为保证空勤人员的身体状况符合行使相关执照权利和飞行安全的要求，航卫部门应根据《民用航空人员体检合格证管理规则》的规定，定期组织空勤人员进行体检鉴定，按期申办体检合格证。

（一）体检合格证等级

根据《民用航空人员体检合格证管理规则》的规定，对满足本规则相应的医学标准的申请人颁发下列体检合格证。

（1）I级体检合格证。
（2）II级体检合格证。
（3）III级体检合格证，包括IIIa、IIIb级体检合格证。
（4）IV级体检合格证，包括IVa、IVb级体检合格证。

（二）体检合格证有效期

当空勤人员健康状况发生变化，导致其身体状况与原体检鉴定结论不符时，航卫部门应及时安排其重新进行体检鉴定，保证合格证的有效性。

《民用航空人员体检合格管理规则》第67.33条规定：

"（a）体检合格证自颁发之日起生效。年龄计算以申请人进行体检鉴定时的实际年龄为准。

"（b）I级体检合格证有效期为12个月，年龄满60周岁以上者为6个月。其中参加《大型飞机公共航空运输承运人运行合格审定规则》（CCAR-121）规定运行的驾驶员年龄满40周岁以上者为6个月。

"（c）II级体检合格证有效期为60个月。其中年龄满40周岁以上者为24个月。

"（d）根据体检合格证持有人所履行的职责，III级体检合格证的有效期为：（1）IIIa级体检合格证有效期为24个月，其中年龄满40周岁以上者为12个月；（2）IIIb级体检合格证有效期为24个月。

"（e）IVa级体检合格证和IVb级体检合格证有效期为12个月。

"（f）体检合格证持有人可以在体检合格证有效期届满30日前，按照本规则的规定，申请更新体检合格证。"

另外，《民用航空人员体检合格管理规则》第67.35条规定："体检合格证持有人由于特殊原因不能在体检合格证有效期届满前进行体检鉴定、更新体检合格证，又必须履行职责时，应当在体检合格证有效期届满前向原颁证机关申请延长体检合格证的有效期。"

（三）体检合格证适用人员

《民用航空人员体检合格证管理规则》第 67.21 条规定：

"（a）航线运输驾驶员执照、多人制机组驾驶员执照、商用驾驶员执照（飞机、直升机或倾转旋翼机航空器类别等级）申请人或者持有人应当取得并持有 I 级体检合格证。

"（b）除（a）款之外的其他航空器驾驶员执照、飞行机械员执照申请人或者持有人应当取得并持有 II 级体检合格证。

"（c）机场管制员、进近管制员、区域管制员、进近雷达管制员、精密进近雷达管制员、区域雷达管制员应当取得并持有IIIa级体检合格证；飞行服务管制员、运行监控管制员应当取得并持有IIIb级体检合格证。

"（d）客舱乘务员应当取得并持有IVa级体检合格证。

"（e）航空安全员应当取得并持有IVb级体检合格证。"

（四）外籍飞行人员体检合格证管理

持有其他国际民用航空组织缔约国民航当局颁发的现行有效的体检合格证的外籍民用飞机驾驶员，在申请公共航空、通用航空、飞行院校等航空单位飞行运行不足 120 日（含本数）的，可以申请取得外籍飞行人员体检合格证认可证书。超过 120 日的，应当申请按照《民用航空人员体检合格证管理规则》规定颁发的体检合格证。

（五）其他

（1）持证人换发体检合格证进行体检时，如体检结论为暂不合格或不合格，则原体检合格证即使在有效期内也即失效。

（2）空勤人员体检合格证由所在地区管理局审核颁发，I级、II级民用航空人员通过"云执照"持有电子体检合格证，III级、IV级民用航空人员通过"电子体检合格证"App 持有电子体检合格证。

（3）空勤人员由于身体原因临时停飞超过 30 天，须在体检鉴定机构申请单科鉴定，经体检鉴定合格后，方可恢复飞行。由于身体原因临时停飞超过 90 天，须在体检鉴定机构重新申请体检鉴定，经体检鉴定合格并重新获得体检合格证后方可恢复飞行。

（4）空勤人员收到体检鉴定合格信息后，应按照 AMS 系统行政许可标准化的要求，发起办证申请。

【范例 4-1】

案例分享：

2015 年 7 月 8 日，我国民用航空业传出消息，因飞行员超时飞行，奥凯航空有限公司（以下简称奥凯航空）遭到中国民用航空局的重罚，被要求尽快拿出消减航班量的具体方案。

成都商报记者在中国民航华北地区管理局官网上查到，近日该管理局对奥凯航空飞行人员的飞行时间、执勤期和休息期进行了专项检查，发现该公司两名飞行员的飞行时间超时，15 名飞行员、21 人次不满足民用航空法规关于休息期的规定，65 人次单组飞行超过 8

小时。

为此，中国民航华北地区管理局于 2015 年 6 月 26 日下发了对奥凯航空的处理决定，依法对奥凯航空停止受理新引进航空器的申请，削减其飞行总量，并对该公司及其责任人处以罚款。

有关人士向媒体透露，在此次中国民航华北地区管理局开出的罚单中，包含对奥凯公司处以 50 万元罚款、10 多名飞行员的执照被暂停，同时在 3 个月内，将该公司飞行总小时砍掉 20% 等。

民用航空法专家张起淮在接受记者采访时表示："加班加点的后果是员工疲劳驾驶，这可能引发空难。"

七、航空人员的工作时限

作为特殊空间工作的航空人员，需要保持良好的工作状态保证航行安全，必须保证航空人员拥有充足的休息时间。合理的工作时间和休息时间不仅是航空人员的基本权利，也是航空企业持续发展的保证，我国在法律上给予充分的保障。

《中华人民共和国民用航空法》第七十七条第一款规定："民用航空器机组人员的飞行时间、执勤时间不得超过国务院民用航空主管部门规定的时限。"

《大型飞机公共航空运输承运人运行合格审定规则》就飞行时间、值勤时间，以及休息时间的概念给出了明确的定义。

（一）飞行时间

飞行时间指机组成员在飞机飞行期间的值勤时间，包括在座飞行时间（飞行经历时间）和不在座飞行时间；或者指从航空器为准备起飞而借自身动力自装载地点开始移动时起，直到飞行结束到达卸载地点停止移动时为止的时间。

1. 飞行时间限制

（1）非扩编飞行机组执行任务时，非扩编飞行机组运行最大飞行时间限制如表 4-1 所示。

表 4-1　非扩编飞行机组运行最大飞行时间限制

报到时间	最大飞行时间（小时）
00:00-04:59	8
05:00-19:59	9
20:00-23:59	8

（2）配备 3 名驾驶员的扩编飞行机组执行任务时，总飞行时间不超过 13 小时。

（3）配备 4 名驾驶员的扩编飞行机组执行任务时，总飞行时间不超过 17 小时。

2. 累积时间飞行限制和飞行值勤期限制

（1）驾驶员在任一日历月，不超过 100 小时的飞行时间；在任一日历年，不超过 900 小时的飞行时间。

（2）客舱乘务员在任一日历月，不超过 100 小时的飞行时间；在任一日历年，不超过

1100 小时的飞行时间。

（3）驾驶员在任何连续 7 个日历日，不超过 60 小时的飞行值勤期；在任一日历月，不超过 210 小时的飞行值勤期。

（4）客舱乘务员在任何连续 7 个日历日，不超过 70 小时的飞行值勤期；在任一日历月，不超过 230 小时的飞行值勤期。

（二）值勤时间

值勤时间指机组成员在接受合格证持有人安排的飞行任务后，从报到时刻开始，到解除任务为止的连续时间。

1. 值勤时间的组成

（1）飞行前准备时间。
（2）飞行时间。
（3）飞行后工作时间。
（4）中途经停站的过站时间。
（5）地面训练和其他工作时间。

2. 值勤时间限制

扩编飞行机组运行最大飞行值勤期限制（报到时间为 00：00—23：59）是指根据休息设施和飞行员数量确定的最大飞行值勤期（小时）。

（1）1 级休息设施、机上有 3 名飞行员，最大飞行值勤期不超过 18 小时。
（2）1 级休息设施、机上有 4 名飞行员，最大飞行值勤期不超过 20 小时。
（3）2 级休息设施、机上有 3 名飞行员，最大飞行值勤期不超过 17 小时。
（4）2 级休息设施、机上有 4 名飞行员，最大飞行值勤期不超过 19 小时。
（5）3 级休息设施、机上有 3 名飞行员，最大飞行值勤期不超过 16 小时。
（6）3 级休息设施、机上有 4 名飞行员，最大飞行值勤期不超过 18 小时。

（三）休息时间

休息时间指从机组成员到达休息地点起，到为执行下一个任务离开休息地点为止的连续时间。

《大型飞机公共航空运输承运人运行合格审定规则》就飞行时间、值勤时间及休息时间做了不同的限制。为保证驾驶员有充足的休息时间，该规则第 121.495 条规定如下。

"（a）合格证持有人不得在机组成员规定的休息期内为其安排任何工作，该机组成员也不得接受合格证持有人的任何工作。

"（b）任一机组成员在实施按本规则运行的飞行任务或者主备份前的 144 小时内，合格证持有人应当为其安排一个至少连续 48 小时的休息期。

"（c）如果飞行值勤期的终止地点所在时区与机组成员的基地所在时区之间有 6 个或者 6 小时以上的时差，则当机组成员回到基地以后，合格证持有人必须为其安排一个至少连续 48 个小时的休息期。这一休息期应当在机组成员进入下一值勤期之前安排。

"(d)除非机组成员在前一个飞行值勤期结束后至下一个飞行值勤期开始前,获得了至少连续 10 个小时的休息期,任何合格证持有人不得安排,且任何机组成员也不得接受任何飞行值勤任务。

"(e)当合格证持有人为机组成员安排了其他值勤任务时,该任务时间可以计入飞行值勤期。当不计入飞行值勤期时,在飞行值勤期开始前应当为其安排至少 10 个小时的休息期。"

第二节 航空机组成员与机长的权力

机组成员,泛指飞行期间在航空器上执行任务的航空人员。

民用航空器机组人员由机长和其他空勤人员组成,机组的组成和人员数额应当符合国务院民用航空主管部门的规定。

航空器在执行飞行任务期间,其成员又可分为两组,即飞行组与乘务组。其中,乘务组可分为客舱乘务员及航空安全员,飞行组可分为飞机驾驶员与飞行通信员。

一、机长的资格

民用航空运输机长(以下简称机长)是航空机组负责人,如图 4-1 所示。《中华人民共和国民用航空法》第四十三条第一款规定:"机长应当由具有独立驾驶该型号民用航空器的技术和经验的驾驶员担任。"

图 4-1 机长

航空器在飞行中机长责任重大。《中华人民共和国飞行基本规则》第九条规定:"遇到特殊情况,民用航空器的机长,为保证民用航空器及其所载人员的安全,有权对民用航空器作出处置。"

《中华人民共和国民用航空法》第五十一条规定:"飞行中,机长因故不能履行职务的,由仅次于机长职务的驾驶员代理机长;在下一个经停地起飞前,民用航空器所有人或者承租人应当指派新机长接任。"

现行的有关国际公约中就机长资格问题做了较为详细的规定。例如,规定机长只能由驾驶员担任,机长是"在飞行时间内,负责航空器的飞行和安全的驾驶员";"每次飞行,(航空器)经营人应指定一名驾驶员担任机长"。年满 60 岁的驾驶员不得担任定期和不定期国际航空运输飞行的航空器的机长。

担任机长的驾驶员应符合某些条件，如下所述。

（1）在90天内在某型飞机上至少做过3次起降，才能担任该型飞机的机长。

（2）担任航路和航站飞行机长的驾驶员必须满足下列各项要求。

① 熟悉所飞航路和所用机场，包括地形和最低安全高度；季节性气象情况；气象、通信和空中交通服务、设备和程序；搜寻和救援程序；沿航路有关导航设备。

② 熟悉飞越人口稠密地区和飞行量密集地区上空的飞行航径、障碍物、机场布局、灯光、进近助航设备，进场、离场、等待和仪表进近程序，以及有关飞行的最低标准。

（3）在复杂情况下，机长应在有一名取得某一机场飞行资格的驾驶员为飞行组成员，或者作为机舱观察员的陪同下，在该航路上各降落机场做过一次实际进近。

（4）应在将要执行任务的航线或航段上作为机组的飞行组成员做过一次实际飞行。

二、机长的职责

在大海行船中，船长是船上最高指挥官，在航空活动中，机长也有绝对的权威，因为机长对航空器和旅客的安全负有直接的也是最终的责任。

1.《中华人民共和国民用航空法》中关于机长的职责做了重要的规定

第四十四条第一款规定："民用航空器的操作由机长负责，机长应当严格履行职责，保护民用航空器及其所载人员和财产的安全。"

第四十五条第一款规定："飞行前，机长应当对民用航空器实施必要的检查；未经检查，不得起飞。"

第四十八条规定："民用航空器遇险时，机长有权采取一切必要措施，并指挥机组人员和航空器上其他人员采取抢救措施。在必须撤离遇险民用航空器的紧急情况下，机长必须采取措施，首先组织旅客安全离开民用航空器；未经机长允许，机组人员不得擅自离开民用航空器；机长应当最后离开民用航空器。"

第五十条规定："机长收到船舶或其他航空器的遇险信号，或者发现遇险的船舶、航空器及其人员，应当将遇险情况及时报告就近的空中交通管制单位并给予可能的合理的援助。"

2.《一般运行和飞行规则》第91.103条对民用航空器机长的职责和权限做了清晰的规定

"（a）民用航空器的机长对民用航空器的运行直接负责，并具有最终决定权。

"（1）飞机上的机长：机长在舱门关闭后必须对机上所有机组成员、旅客和货物的安全负责。机长还必须在从飞机为起飞目的准备移动时起到飞行结束最终停止移动和作为主要推进部件的发动机停车时止的时间内，对飞机的运行和安全负责，并具有最终决定权。

"（2）直升机上的机长：从发动机起动时起，直至直升机结束飞行最终停止移动并且发动机关闭，旋翼叶片停止转动时为止，机长必须对直升机的运行和安全及机上所有机组成员、乘客和货物的安全负责。

"（b）机长必须保证使乘客熟悉下列各项设备的位置及其使用方法：
"（1）安全带；
"（2）紧急出口；
"（3）救生衣（如规定携带救生衣）；
"（4）供氧设备（如果预计使用氧气）；
"（5）供个人使用的其他应急设备，包括乘客应急简介卡；
"（6）机上携带的供集体使用的主要应急设备的位置和一般使用方法。
"（c）机长必须保证在起飞、着陆以及由于颠簸或者飞行中发生任何紧急情况而需要加以预防时，机上全体乘客都要在各自座位上系好安全带或者肩带。
"（d）在飞行中遇有紧急情况时：
"（1）机长必须保证在飞行中遇有紧急情况时，指示所有机上人员采取适合当时情况的应急措施；
"（2）在飞行中遇到需要立即处置的紧急情况时，机长可以在保证航空器和人员安全所需要的范围内偏离本规则的任何规定。
"（e）依据本条（d）款做出偏离行为的机长，在局方要求时，应当向局方递交书面报告。
"（f）如果在危及航空器或者人员安全的紧急情况下必须采取违反当地规章或者程序的措施，机长必须立即通知有关地方当局。如果违章事件发生地所在国提出要求，机长必须向该国有关当局提交关于违章情况的报告；同时，机长也必须向航空器登记国提交这一报告的副本。此类报告必须尽早提交，通常应当在10天以内。
"（g）机长必须负责以可用的最迅速的方法将导致人员严重受伤或者死亡、航空器或者财产的重大损坏的任何航空器事故通知最近的有关当局。
"（h）本条（b）款和（c）款不适用于按 CCAR-121 部和 CCAR-135 部规章实施运行的运营人。"

3.《公共航空旅客运输飞行中安全保卫工作规则》第十一条对机长的安保工作职责做了具体的规定

"机长统一负责飞行中的安全保卫工作。航空安全员在机长领导下，承担飞行中安全保卫的具体工作。机组其他成员应当协助机长、航空安全员共同做好飞行中安全保卫工作。
"机组成员应当按照相关规定，履行下列职责：
"（一）按照分工对航空器驾驶舱和客舱实施安保检查；
"（二）根据安全保卫工作需要查验旅客及机组成员以外的工作人员的登机凭证；
"（三）制止未经授权的人员或物品进入驾驶舱或客舱；
"（四）对扰乱航空器内秩序或妨碍机组成员履行职责，且不听劝阻的，采取必要的管束措施，或在起飞前、降落后要求其离机；
"（五）对严重危害飞行安全的行为，采取必要的措施；
"（六）实施运输携带武器人员、押解犯罪嫌疑人、遣返人员等任务的飞行中安保措施；
"（七）法律、行政法规和规章规定的其他职责。"

【范例 4-2】

案例分享：

航程突发情况，机长果断返航

2019 年 12 月 8 日，海航从杭州飞往三亚的 HU7638 航班在飞机已经推出的情况下，有乘客表示家中出现意外情况，需要下机。机组征得多方同意后，飞机返回航站楼。航旅纵横显示，该航班晚点 46 分钟出发，实际飞行 1950 公里，飞行时间为 2 小时 44 分钟，晚点 15 分钟抵达目的地。

据机上乘客网上发文描述，在得知消息后，乘务员马上联系机长通知情况，安抚旅客的情绪，随后机长通过机上广播通知返回决定。

海航回应称，HU7638（杭州—三亚）航班在起飞前的滑行过程中，两名旅客因个人突发状况导致情绪激动，要求终止行程。当班机组根据公司运行手册的规定，在旅客存在情绪失控风险不适宜继续运输的情况下，出于安全及人性关怀考虑，决定迅速滑回，终止其行程。

三、机长的权力

机长在飞机上对飞机上一切活动有最终解释权，这是其履行职责、维护航空器内的正常秩序和良好纪律、保证航空器及其所载人员和财产安全必不可少的法律保障。在一国领空内飞行，机长的权力由该国的国内法赋予；进行国际飞行时，机长的权力还必须由国际法做出相应的规定，这样才能得到国际社会的承认。

首先，《中华人民共和国民用航空法》第四十四条第二款中提及："机长在其职权范围内发布的命令，民用航空器所载人员都应当执行。"机长具有下列权力。

（1）"机长发现民用航空器、机场、气象条件等不符合规定，不能保证飞行安全的，有权拒绝起飞。"（第四十五条第二款）

（2）"飞行中，对于任何破坏民用航空器、扰乱民用航空器内秩序、危害民用航空器所载人员或者财产安全以及其他危及飞行安全的行为，在保证安全的前提下，机长有权采取必要的适当措施。"（第四十六条第一款）

（3）"飞行中，遇到特殊情况时，为保证民用航空器及其所载人员的安全，机长有权对民用航空器作出处置。"（第四十六条第二款）

（4）"机长发现机组人员不适宜执行飞行任务的，为保证飞行安全，有权提出调整。"（第四十七条）

（5）"民用航空器遇险时，机长有权采取一切必要措施，并指挥机组人员和航空器上其他人员采取抢救措施。"（第四十八条）

其次，在国际法方面，关于机长的权力，目前有如下规定。

（1）《国际民用航空公约》附件九第 7.4.1 条规定："如果航空器显然将实际延误不能继续飞行时，机长在等待有关政府当局指示时，或者当他的机组无法与该政府当局取得联系时，机长有权采取他认为对旅客和机组的健康和安全以及为避免或最大限度减少对航空器本身及其载荷的损失或毁坏所需的紧急措施。"

（2）《国际民用航空公约》附件二第2.4条规定："航空器机长在其负责期间，对航空器的处置有最后决定权。"

（3）《东京公约》规定，在航空器内如果发生违反刑法的犯罪，或者发生危害航空器或所载人员或财产的安全，或者危害航空器内的良好秩序和纪律的行为，机长有下列权力。

① 机长在有理由认为某人在航空器上已犯或行将犯上述犯罪或行为时，可以对此人采取合理的措施，包括管束措施。

② 机长可以要求或授权机组其他成员给予协助，并可以请求或授权但不得强求旅客给予协助，来管束他有权管束的任何人。

③ 机长如果有正当的理由认为某人在航空器内已犯或行将犯危害航空器或其所载人员或财产的安全，或者危害航空器上良好秩序和纪律的行为，只要是为保护航空器或所载人员或财产的安全、为维护航空器内的正常秩序和纪律的目的所必需的，可以使该人在航空器降落的任何国家的领土内下机。

④ 机长如果有正当的理由认为某人在航空器内实施的行为，按照航空器登记国刑法已构成严重犯罪时，可以将该人移交给航空器降落地的任何（《东京公约》）缔约国的主管当局。

《东京公约》还明确规定，对于依据机长的权力采取的上述行动，无论是航空器机长、机组其他人员、旅客、航空器所有人或经营人，还是为其利益进行此次飞行的人，在因受到上述行动的人遭到损害而提起的诉讼中，都不能被宣布负有责任。这是对机长行使权力的法律保护，具有十分重要的意义。

但是，机长应当正确行使权力。

（1）只要"机长有正当理由认为"有采取措施的必要，就可以对某人"采取必要的合理措施，包括管束措施"。这里强调的是采取措施的主观标准，但同时应注意《东京公约》对采取措施规定了客观标准，即采取措施的必要性如下所述。

① 保护航空器、所载人员或财产的安全。

② 维护机上的良好秩序和纪律。

③ 使机长可以按照公约的规定将此人移交主管当局或使此人下机。

（2）"管束措施"应于航空器降落于任何地点终止执行，但遇下列情况时除外。

① 该降落地位于某非缔约国境内而该国当局不允许此人下机，或者为保证机长能够将此人移交主管当局，已对其采取了管束措施。

② 航空器强迫降落，而机长不能将此人移交给主管当局。

③ 此人同意在继续受管束下被运往更远的地方。

当载有被看管人的航空器在一国领土上降落前，机长应尽可能迅速将该航空器内有人受管束的事实和理由通知该国主管当局。

（3）《东京公约》第三章是有关航空器机长权力的内容，不适用于在登记国领空、公海上空或不属于任何国家领土的其他地区上空飞行的航空器，除非前一起飞地点或预定的下一降落地点不在登记国领土上，或该航空器随后在非登记国领空内飞行而罪犯仍在其内。

《东京公约》规定，下列3种情况一般不适用公约第三章有关航空器机长权力的内容。
① 航空器在登记国上空飞行。
② 航空器在公海上空飞行。
③ 航空器在不属于任何国家领土的其他地区上空飞行。

显然，在上述3种情况下，一般需要适用航空器登记国的国内法，而不是适用国际法。但是，《东京公约》所谓的"除非前一起飞地点或预定的下一降落地点不在登记国领土上，或该航空器随后在非登记国领空内飞行而该人仍在航空器内"，则是指国际飞行或由于罪犯的犯罪行为使飞行变成了事实上的国际飞行这两种情况。在这两种情况下，由于飞行涉及两个以上的国家，因此，必须适用国际上统一的规则，即适用《东京公约》的有关规定。严格地讲，只有当在登记国领土起飞的航空器飞入非登记国领空，或者在非登记国领土起飞的航空器仍在该非登记国或其他非登记国领空飞行时，该飞行才真正涉及两个以上国家的国际飞行，《东京公约》的有关规定才适用。

思考与练习

1．航空乘务人员包含哪几类人员？
2．航空人员资格取得需要哪些条件，在什么情况下丧失资格？
3．乘务人员的作息时间有什么规定？
4．我国民航法赋予了机长哪些权利？试分析我国民航法与《东京公约》中赋予机长的权利的区别。

第五章
民用机场管理的法律规定

本章学习目标

- 了解民用机场的概念、分类;
- 了解民用机场的规划与建设;
- 熟悉民用机场的管理机构及其职责;
- 熟悉民用机场安全保卫制度和安全检查制度。

伴随着国民生活水平的逐年提升,人们的出行方式有了明显的改变。从最早的长途巴士,到火车、轮渡,以及现在的高铁与飞机。人们出行方式的改变,也促使民用航空业进入高速发展的新时期。

机场是保障航空活动得以顺利进行的重要设施。随着民用航空业进入高速发展的新时期,机场也越来越先进、完善。

第一节 民用机场概述

一、机场沿革

飞机在天空运行,总需要地坪起落。正如海轮虽然搏风斗浪四海航行,但它总需要一个港湾靠泊。飞机运输也需要停机场,供飞机起飞、降落。机场是民用航空业的一个重要的不可或缺的有机组成部分。

最早的飞机起降落地点是草地,一般为圆形草坪,飞机可以在任何角度,顺着有利的风向来进行起降,周围会有一个风向仪及机库(因为当时的飞机一般由木料及帆布制成,不能风吹雨打、日晒雨淋)。1909年,飞机开始装设马达和螺旋桨,亚利桑那州成为首架动力飞机飞行的停降区域。1910年,在德国也出现了真正意义上的第一个机场,用于起降"齐柏林飞船"。这个机场其实只是一片划定的草地,安排几个人来管理飞机的起飞、降落,设有简易的帐篷来存放飞机。被划定的草地并不像一个机场,反而更像当时的公园或高尔夫球场。初期的机场，既没有用于与飞行员通话的无线电设备，也没有导航系统帮助飞行员在恶劣的天气情况下起降。空中交通管制仅由一个人挥动红旗来传达起飞的信号，在这种条件下，机场只是"飞行人员的机场"，飞机只能在白天飞行。

1919年之后，飞行技术得到迅速应用，欧洲的一些国家率先开始对机场设计进行初步的改进，当年修建完成的巴黎机场和伦敦机场保证了巴黎至伦敦的定期旅客航班的开通。随着航空运输业的发展，民用航线逐渐增加，机场大量建设起来，特别是在1920—1939年，欧美国家的航线大量开通，各殖民国家和殖民地之间开通了跨洲的国际航线。为满足这些要求出现了塔台、混凝土跑道和候机楼，现代机场的雏形已经出现。这时的机场主要是为飞机服务，是"飞机的机场"。

飞机在第二次世界大战中发挥的重要作用，促使航空业得到快速发展，也进一步刺激了全世界范围内的机场发展。成熟的航空技术及飞行技术，以及世界经济复苏发展的推动，国际交往逐渐增加，航空客货运输量也加速增长，开始出现大型中心机场，也称航空港。

20世纪50年代末，大型喷气运输飞机投入使用，飞机变成真正的大众交通运输工具，航空运输成为地方经济的一个重要的、不可缺少的组成部分。而这种发展也给机场带来了巨大的压力，它要求全世界范围内的机场设施提高等级。机场因此进一步得到了技术改进和提升，不仅保证了航空运输业日益发展的需求，还带动了机场所在地的商业、交通、旅游、就业等，它为所在地区的经济发展提供了巨大的动力。但是机场的发展也为城市带来了许多矛盾和问题。例如，随着飞机起降速度的增加，跑道、滑行道和停机坪都要加固和延长；候机楼、停车场、进出机场的道路都要改建和扩建；航班数量的增加使噪声对居民区的干扰成了突出问题等。机场成为整个社会的一个部分，因而这个时期的机场是社会的机场，这种情况要求机场的建设与管理要和城市的发展有协调的、统一的、长期的规划。

二、中国机场的发展概况

我国航空业的发展，几乎与世界航空业的发展同步。

我国最早的机场是于1910年修建的北京南苑机场。南苑在元朝时开始被皇家占用，因地势低洼、水草丰盛、小动物和鸟类繁多，其附近一带成为元、明、清三朝皇家猎园，后来成为清朝军队的演练校阅场。1904年，法国为向中国推销刚刚起步的飞机，把两架小飞机运到北京进行表演，因南苑地势开阔平坦，便选择在南苑进行飞机起降和飞行表演。1910年，清朝军谘府从法国买进了1架"法曼"（Farman）双翼飞机，并在南苑"毅军"的操场上建立了中国最早的飞机修理厂，同时修建了简易跑道，刘佐成、李宝焌开始研制飞机。这是中国拥有的第一架飞机和第一个机场。

1920年，先后开通了京沪航线京津段及京济段，北京南苑、天津东局子、济南张庄、上海虹桥、上海龙华和沈阳东塔等地出现了民用机场。1929—1930年，中国航空公司和欧亚航空公司成立后，全国主要的大城市都建立了机场，开辟了航线。但是在1949年10月中华人民共和国成立之前，我国能用于航空运输的主要航线机场只有36个，且多为小型机场，大多设备简陋。

中华人民共和国成立后，原军委民航局立即着手进行机场建设工作，特别是在1957年，各省的省会、自治区的首府及其他重点城市掀起了修建机场的热潮，建起了一批机场。

20世纪60年代，为了开辟国际航线，并适应喷气式大型飞机的起降技术要求，我国又快速改建、扩建了上海虹桥机场、广州白云机场，使其成为国际机场。随后，我国又改建、扩建了太原武宿机场、杭州笕桥机场、天津张贵庄机场，新建了兰州中川机场、乌鲁木齐地窝铺机场、合肥骆岗机场、哈尔滨阎家岗机场等机场。由于这一时期的航空运输仍只为较少的人员提供服务，对机场的需求也仅处于第二阶段——"飞机的机场"阶段。

1984年后，我国各省省会及各大中城市也掀起了民航机场的建设热潮，其数量之多、范围之广，均为民航史上空前少见。我国国民经济的持续、快速发展和民航运输业务突飞猛进的增长，进一步要求更大规模的现代化机场的建设。自20世纪90代起，多个现代化机场相继投入使用，同时，一大批中小型机场也完成了改建和扩建。

从总体上看，经过"八五"、"九五"、"十五"和"十一五"期间的努力，我国机场建设在数量和质量上都得到了很大的发展，一大批重点机场建设项目相继建成投产，改变了我国民用机场设施较为落后的局面。

根据我国民用航空局的公开资料，"十一五"期间，全国机场建设项目达到140余个。根据2011年4月初我国民用航空局发布的《中国民用航空发展第十二个五年规划》，在2010年年底我国现有175个机场的基础上，运输机场数量将达到230个以上。2015年年底，我国共有颁证运输机场210个，比上年增加8个。国务院办公厅于2016年5月17日发布《关于促进通用航空业发展的指导意见》后，几乎全国所有省、自治区、直辖市都发布了详细的通用航空业发展规划。其中，机场建设数量是最能直观体现地方政府雄心发展的指标。

根据相关的统计数据显示，截至2020年年底，全国机场共计1167个，其中包括运输机场247个、直升机场302个、跑道型机场398个、水上机场1个，以及其他起降机场219个；其中取得通用机场使用许可证的有555个。核心城市的机场更密，北京市境内就有17个机场。机场最多的省份是黑龙江，拥有约97个机场，其中运输机场11个、通用机场86个。其主要原因是国有农垦事业发达，平原地带几乎每个农场都有自己的通用机场。

三、民用机场

民用机场，是指专供民用航空器起飞、降落、滑行、停放，以及进行其他活动使用的划定区域（包括附属的建筑物、装置和设施），不包括临时机场和专用机场。

截至2020年年底，全国颁证民用航空机场为241个。除直辖市外，我国的内蒙古自治区和贵州省实现了"机场市市通"，甚至有些城市拥有两个机场。当然，全国范围内有3座民用机场的城市也不少。例如，内蒙古的呼伦贝尔市和阿拉善盟、青海省的海西蒙古族藏族自治州、新疆的阿勒泰地区和巴音郭楞蒙古自治州，以及黑龙江的佳木斯市。

截至2020年年底，我国国际机场共有76个，涉及全国22个省、4个直辖市、5个自治区，以及31个省级行政区划。我国国际机场的主要分布状况如下：华北地区8个，东北地区10个，华东地区26个，中南地区14个，西南地区7个，西北地区5个，港澳台6个。另外，建设中的机场10个，正在设计、建设、施工、修复、扩建或改建中的机场9个，已弃用的机场 1 个，已经不再使用的国际机场是香港启德国际机场。

第二节 民用机场的概念、分类与主要设施

一、民用机场的概念

《中华人民共和国民用航空法》第五十三条对"民用机场"的定义是"民用机场，是指专供民用航空器起飞、降落、滑行、停放以及进行其他活动使用的划定区域，包括附属的建筑物、装置和设施。"

《国际民用航空公约》（附件十四）关于机场的定义是"在陆地上或水面上一块划定的区域（包括各种建筑物、装置和设备），其全部或部分意图供飞机降落、起飞和地面活动之用。"所谓划定区域，通常是指飞行区、净空障碍物限制面所要求的尺寸和坡度等形成的面积和空间，此外还包括旅客候机楼、目视助航系统、通信导航系统、气象设施、空中交通管理设施等各种设施和其他建筑物，这些设施、建筑物是机场正常运营及保证飞行安全的基础设施。

民用机场是进行民用航空运输生产的必要场所，其功能区和设施设备主要包括飞行区、旅客航站区、货运区、机务维修设施，此外还包括供油设施、空中交通管制设施、安全保卫设施、救援和消防设施、行政办公区、生活区、生活辅助设施、后勤保障设施、地面交通设施及机场空域等。

二、民用机场的分类

机场从使用性质上可以分为民用机场、军用机场和军民合用机场。民用机场又可以分为运输机场和通用机场。民用机场按不同的标准划分，有不同的类别。

（一）直升机场、短距起降机场、常规机场

按照可接纳的航空器类型分类，民用机场可分为直升机场、短距起降机场和常规机场。直升机场是专供直升机进行起降及其他活动的区域；短距起降机场则是供短距起降飞机进行表面活动的机场。短距起降飞机进行起降活动所需的行进路程减小了，大大降低了对机场的要求，更加容易适应环境的需要，因此，短距起降机场成为与常规机场区分开的一类机场。

（二）国际机场、国内机场

按照经营范围的大小，民用机场可分为国际机场和国内机场。国际机场是指向国际民用航空组织登记并对外开放，可以接受外国航空器起降或备降的机场。我国的国际机场又可分为国际定期航班机场（含国家门户机场）、国际定期航班备降机场、国际不定期飞行机场、国际不定期飞行备降机场和国际通用机场。国内机场是指我国国际机场以外的一切其他机场，包括香港特别行政区、澳门特别行政区及台湾地区航线机场，以及国内航空干线机场、国内航空支线机场、国内通用机场。

（三）轴心机场、地区机场、备降机场

按照机场在民用航空体系中的地位，民用机场可分为轴心机场、地区机场和备降机场。轴心机场是那些有众多进出港航班和高额比例衔接业务量的机场，这类机场是机场网络中的重要节点，往往在民用航空业务中起着主导作用；地区机场则是那些经营短程航线的中小城市机场，其业务量和重要程度都不及轴心机场；而备降机场是在由于技术等原因使原本预定的降落变得不可能或不可取的情况下，飞机不得已而前往的另一机场。

（四）大型枢纽机场、干线机场和支线机场

依据机场所服务的航线和规模，我国的民用机场习惯上可以分为以下3类。

第一类是连接国际、国内航线的密集的大型枢纽机场，如北京首都机场、上海浦东机场、广州白云机场、香港国际机场、澳门机场等，它们是中国最主要的国际门户机场。

第二类是以国内航线为主、空运吞吐量较为集中的国内干线机场，主要是指省、自治区首府、直辖市及重要工业、旅游、开放城市的机场，如合肥机场、张家界机场等。

第三类是地方航线或支线机场，大多分布在各省、自治区地面交通欠发达地区，规模较小，等级也较低，如西藏机场。

【范例 5-1】

案例分享：

香港空运及客运增长迅速，启德机场（见图5-1）在1990年的设计乘客量为每年2400万人，但它关闭前的实际客运量达到了2800万人，再加上150万公吨（在外贸中，重量单位有公吨、长吨、短吨3个，公吨就是我们通常所用的吨）货物，国际客运量位居全球第三，货运更达全球第一。但是启德机场只有一条跑道，平均每小时要升降班机达36次，繁忙时接近每分钟一班，这已是安全考虑下之极限。而且，跑道与滑行道距离过近，任何意外都可能令机场"瘫痪"；航道之下为人口密集的住宅区，遇上严重意外时后果堪虞。

早期的启德机场和住宅区相距还比较远，但随着住宅区和机场不断扩展，机场的位置和住宅区只有太子道一街之隔。到了20世纪80年代，启德机场四周已再无发展空间。启德机场用尽各种方法，在有限的土地上扩展至65个停机位，其中只有8个直接靠在客运大楼旁。启德机场无论是起降时间、停机位等都达到了使用的极限，航空公司要开设从香港到新目的地的航班也比较难。

20世纪80年代初期，中华人民共和国香港特别行政区政府已经就机场发展进行研究，考虑在香港各个地方兴建新机场的可能性。20世纪80年代末，商人胡应湘曾经建议在南丫岛及大屿山之间以人工岛方式兴建机场。基于当时香港的特殊情况，没有落实兴建方案，而改为尽量扩建启德以暂时满足容纳需求，直至1990年方才决定兴建新机场，选址大屿山西北面的赤鱲角。新机场于1998年7月6日启用，启德机场同时关闭。不少设备、器材等在午夜后搬迁至新机场。

图 5-1 启德机场

三、民用机场的主要设施

现代民用机场不仅提供民航飞机起飞降落的专用场地，还提供与客货运输相关的服务与设施。民用机场从完成运输任务、保障旅客安全的功能出发，可划分为不同的功能区，配备相应的设施。

1. 运输服务设施

运输服务设施主要包括候机楼和机场宾馆。候机楼划分为进港厅、出港厅、商场等区域。主要设备配置为候机楼旅客信息系统、公安监控系统、消防报警系统、旅客离港系统、安全检查设备，以及登机桥、手扶电梯、行李分拣设备等，候机楼前设有停车场。

2. 场区

场区分为供航空器起飞、滑行着陆用的飞行区；供航空器上下客货邮件的运输区；供航空器维护修理的机务维修区。

3. 供油系统

供油系统一般由储油库、站坪加油系统和输油管线等组成，为航空器提供加油服务。

4. 无线电通信和导航系统

无线电通信主要由中心发射台、高频台和地空通信设施构成；导航系统由仪表进近系统、全向信标台/测距台，以及着陆雷达、航管雷达等组成，其功能是保障航空器的通信和导航安全。

5. 气象保障系统

气象保障系统由气象雷达、气象卫星云图接收站、自动观测系统，以及常规气象设施组成。气象雷达能够对以机场为中心的一定范围内的强烈对流天气进行探测，可为塔台管制室和区域提供图像显示，供管制员使用。气象卫星云图接收站中的处理系统能将收到的信息进行数字化处理，可为有关管制室、气象台、飞行员提供大范围的云顶高度、强度、移动方向、速度及云层分布等信息，为保证飞行提供客观资料。自动观测系统可以对机场跑道方向的能见度、云高、风向、风速、温度、露点和气压等气象要素进行实时传感、观测、预报和显示。

6. 供电、供水系统

供电、供水系统提供机场用水用电，某些重要部门设有柴油发电机组。

7. 助航灯光

助航灯光由变电站、室外电缆、铁塔和灯光等部分组成。跑道主降方向、次降方向设有仪表进近灯光系统，跑道上设有中线灯、边灯。端口处分别设有入口灯、末端灯、坡度灯等。

8. 安全保卫和消防救援

机场一般设有公安局、安检站、警卫部队、消防大队的驻场机构、医疗救护中心等安全保卫和应急救援部门，备有应急救援方案，以保障旅客生命及财产安全。

第三节 民用机场的规划与建设

【范例 5-2】

案例分享：

2010 年，青岛市政府明确提出迁址建设青岛新机场的战略构想。

2011 年，青岛市开始筹划建设青岛新机场，将机场定位由原先的普通干线机场，提升为区域性门户枢纽机场。

2012 年 3 月，青岛地区军民用机场布局调整方案研究正式启动。

2013 年 2 月 10 日，中国人民解放军总参谋部批复青岛地区军民用机场建设布局方案，建议在胶州市大沽河以西区域建设民航新机场；9 月，青岛新机场选址报告获中国民用航空局批复，确定胶州市胶东街道办事处北作为新机场场址；10 月 1 日，青岛新机场航站楼三大方案进行社会公示。

2014 年 1 月 20 日，青岛新机场航站楼"海星"设计方案胜出；10 月 11 日，国务院、中央军事委员会批复青岛新机场项目；11 月 7 日，全面拉开了新机场建设序幕；12 月 30 日，青岛新机场可行性研究报告通过专家评审。

2015 年 5 月 15 日，原中华人民共和国环境保护部批复《青岛新机场工程环境影响报告书》；6 月 2 日，国家发展改革委批复《青岛新机场可行性研究报告》；6 月 26 日，青岛胶东国际机场奠基开工；11 月 30 日，《青岛新机场总体规划》获中国民用航空局和青岛市人民政府联合批复；12 月，《青岛新机场工程初步设计（第一批）》获民航华东管理局和青岛市人民政府联合批复。

2016 年 3 月 15 日，青岛胶东国际机场跑道工程开工；5 月 3 日，青岛市市政府通过

《青岛胶东国际机场临空经济区总体规划》；9月26日，《青岛新机场工程初步设计（第二批）》获民航华东管理局和青岛市人民政府联合批复。

2017年11月，青岛胶东国际机场空管工程正式开工；11月29日，青岛胶东国际机场中国东方航空基地正式开工。

2018年11月21日，青岛新机场命名为青岛胶东机场，待口岸竣工验收后正式命名为青岛胶东国际机场，英文名称为QINGDAO JIAODONG AIRPORT（见图5-2）；12月，青岛胶东国际机场空管塔台封顶。

图5-2 青岛胶东国际机场

2019年3月，青岛胶东国际机场主体工程完工；12月10日，青岛胶东国际机场山东航空基地（一期）货运区工程项目竣工。

2020年6月，青岛胶东国际机场工程建设全面竣工。

2021年1月27日，青岛胶东国际机场试飞成功，8月12日，青岛胶东国际机场正式通航，青岛流亭国际机场正式关闭废弃，该次转场是中国民航历史上规模最大的一次性整体转场，首条航线为山东航空使用波音B737-800执飞的北京首都国际机场航线；10月，青岛胶东国际机场海绵机场高标准通过中华人民共和国住房和城乡建设部验收。

一、民用机场规划布局的原则

根据《全国民用机场布局规划》的规定，我国民用机场的布局应遵循下列原则。

（1）机场总体布局应与国民经济社会总体发展战略和航空市场需求相适应，促进生产力合理布局、国土资源均衡开发和国民经济社会发展。

（2）机场区域布局应与区域经济地理和经济社会发展水平相适应，与城市总体规划相符合，促进区域内航空资源优化配置、社会经济协调发展和城市功能提升完善。

（3）机场布局应与其他运输方式布局相衔接，促进现代综合交通运输体系的建立和网络结构优化，并充分发挥航空运输的优势，提高综合交通运输整体效率和效益。

（4）机场布局应与航线网络结构优化、空管建设、机队发展、专业技术人员培养等民航系统内部各要素相协调，增强机场集群综合竞争力，进一步提高民用航空运输整体协调发展能力和国际竞争力。

（5）机场布局应与加强国防建设、促进民族团结及开发旅游等资源相结合。重视边境、少数民族地区，特别是新兴旅游地区机场的布局和建设，拓展航空运输服务范围，增强机场的国防功能。同时，考虑充分有效利用航空资源，条件许可时优先合用军用机场或新增布局军民合用机场。

（6）机场布局应与节约土地、能源等资源和保护生态环境相统一。充分利用和整合既有机场资源，合理确定新增布局数量与建设规模，注重功能科学划分，避免无序建设和资源浪费，提高可持续发展能力。

2021年底出台的《"十四五"民航绿色发展专项规划》，以及《绿色航站楼标准》《绿色机场规划导则》《民用机场绿色施工指南》《民用机场航站楼能效评价指南》等规范和标准，对机场建设规划提出了更高的要求。

二、民用机场的总体规划

机场建设是百年大计，所以一定要从长计议，要有规划。

（一）编制机场总体规划的要求

民用机场总体规划应与城市总体规划相协调，在满足机场安全正常运行、提高服务水平的前提下，遵循以功能分区为主、行政区划为辅的原则；功能分区及设施系统应当布局合理、容量平衡，满足航空业务量的发展需要。机场总体规划应统一，分期建设，满足近期和远期发展的要求。一般而言，机场总体规划目标年近期为10年，远期为30年。

在编制机场总体规划时，应当符合下列要求。

（1）适应机场定位，满足机场发展需要。

（2）飞行区设施和净空条件符合安全运行要求。飞行区构型、平面布局合理，航站区位置适中，具备分期建设的条件。

（3）空域规划及飞行程序方案合理可行，目视助航、通信、导航、监视和气象设施布局合理、配置适当，塔台位置合理，满足运行及通视要求。

（4）航空器维修、货运、供油等辅助生产设施及消防、救援、安全保卫设施布局合理，直接为航空器运行、客货服务的设施靠近飞行区或站坪。

（5）供水、供电、供气、排水、通信、道路等公用设施与城市公用设施相衔接，各系统规模及路由能够满足机场发展要求。

（6）机场与城市间的交通连接顺畅、便捷；机场内供旅客、货运、航空器维修、供油等不同使用要求的道路设置合理，避免相互干扰。

（7）对机场周边地区的噪声影响小，并应编制机场噪声相容性规划。机场噪声相容性规划应当包括：针对该运输机场起降航空器机型组合、跑道使用方式、起降架次、飞行程序等提出控制机场噪声影响的比较方案和噪声暴露地图；对机场周边受机场噪声影响的建筑物提出处置方案，并对机场周边土地利用提出建议。

（8）结合场地、地形条件进行规划、布局和竖向设计；统筹考虑公用设施管线，建筑群相对集中，充分考虑节能、环保；在满足机场运行和发展需要的前提下，节约集约用地。

(二) 机场总体规划的内容

（1）运输机场的规划与建设应当符合全国民用机场布局规划。运输机场及相关空管工程的建设应当执行国家和行业有关建设法规和技术标准，履行建设程序。

（2）运输机场工程建设程序一般包括：新建机场选址、预可行性研究、可行性研究（或项目核准）、总体规划、初步设计、施工图设计、建设实施、验收及竣工财务决算等。

（3）运输机场场址应当符合下列基本条件。

① 机场净空、空域及气象条件能够满足机场安全运行要求，与邻近机场无矛盾或能够协调解决，与城市距离适中，机场运行和发展与城乡规划发展相协调，飞机起落航线尽量避免穿越城市上空。

② 场地能够满足机场近期建设和远期发展的需要，工程地质、水文地质、电磁环境条件良好，地形、地貌较简单，土石方量相对较少，满足机场工程的建设要求和安全运行要求。

③ 具备建设机场导航、供油、供电、供水、供气、通信、道路、排水等设施、系统的条件。

④ 满足文物保护、环境保护及水土保持等要求。

⑤ 节约集约用地，拆迁量和工程量相对较小，工程投资经济合理。

> **知识小课堂**
>
> 机场总体规划是一个系统工程，包括基建和软件等方方面面。
>
> （1）飞行区规划：包括跑道、升降带、跑道端安全地区、滑行道系统、机坪、目视助航系统设施、机场围界及巡场路、净空障碍物限制等设施的规划。
>
> （2）空中交通管理系统规划：包括航管、通信、导航、气象等设施的规划。
>
> （3）航站区规划：包括航站楼构型及布局、站坪机位布置、航站楼前道路系统、停车场（楼）等设施的规划。
>
> （4）货运区规划：包括货运机坪、生产用房、业务仓库、集装箱库（场）、停车场等设施的规划。
>
> （5）航空器维修区规划：包括机库、维修机坪、航空器及发动机修理车间、发动机试车台、外场工作间、航材仓库等设施的规划。
>
> （6）工作区规划：包括机场管理机构、航空公司、各联检单位、公安、武警、安检等驻场机构的办公和业务设施，地面专用设备及特种车辆保障设施，机上供应及配餐设施，消防及安全保卫设施，应急救援及医疗中心，旅客过夜用房等设施的规划。
>
> （7）供油设施规划：包括油品接收、中转、储存、加油及管网等设施的规划。
>
> （8）公用设施及交通系统规划：包括供水、供电、供气、供暖、制冷、排水、防洪、通信等设施的规模，场内外道路及其他交通方式的规划。

（9）环境保护工程规划：包括噪声影响控制、鸟害防治、污水处理、航空垃圾及机场污物处理、环境监测、绿化等规划。

（10）土地使用规划：包括各期机场建设用地规划、本期占用土地范围及拆迁情况、机场周围地区的土地使用规划和建设控制原则。

（11）机场竖向设计及管（线）网综合规划。

（12）专业技术培训设施、公务航空飞行等通用航空设施的规划。

> **知识小课堂**
>
> **机场总体规划图的比例要求**
>
> （1）机场与周围城市及邻近机场关系图：其比例尺应采用1∶100 000或1∶2 000 000。
>
> （2）机场外部交通及公用设施系统规划总体布置图：其比例尺应采用1∶50 000或1∶100 000。
>
> （3）机场近期总平面规划图：其比例尺应采用1∶5000或1∶10 000，并在地形图上绘制。
>
> （4）机场远期总平面规划图：其比例尺应采用1∶5000或1∶10 000，并在地形图上绘制。
>
> （5）通信、导航、雷达台站布置图：其比例尺应采用1∶50 000或1∶100 000。
>
> （6）机场净空障碍物限制图：其比例尺应采用1∶50 000。
>
> （7）机场周围地区土地使用规划控制图：其比例尺应采用1∶10 000或1∶25 000。
>
> （8）机场竖向设计及管（线）网综合规划图：其比例尺应采用1∶5000或1∶10 000。

三、运输机场总体规划审批程序及其管理

（一）运输机场总体规划审批程序

（1）机场飞行区指标为4E（含）以上、4D（含）以下的运输机场总体规划由运输机场建设项目法人（或机场管理机构）分别向民航局、所在地民航地区管理局提出申请，同时提交机场总体规划一式10份，向地方人民政府提交机场总体规划一式5份。

（2）民航局或民航地区管理局（以下统称民航管理部门）会同地方人民政府组织对机场总体规划进行联合审查。

机场总体规划应当由具有相应资质的评审单位进行专家评审。申请人应当与评审单位依法签订技术服务合同，明确双方的权利义务。申请人应当根据各方意见对总体规划进行修改和完善。评审单位在完成评审工作后应当提出评审报告。专家评审期间不计入审查期限。

（3）民航管理部门在收到评审报告后20日内做出许可决定，符合条件的，由民航管理部门在机场总体规划文本及图纸上加盖印章予以批准；不符合条件的，民航管理部门应当做出不予许可决定，并将总体规划及审查意见退回申请人。

（4）申请人应当自机场总体规划批准后 10 日内分别向民航局、所在地民航地区管理局、所在地民用航空安全监督管理局提交加盖印章的机场总体规划及其电子版本（光盘）各 1 份，向地方人民政府有关部门提交加盖印章的机场总体规划及其电子版本（光盘）一式 5 份。

（二）运输机场总体规划的监督管理

（1）民航地区管理局负责所辖地区运输机场总体规划的监督管理。

（2）运输机场建设项目法人（或机场管理机构）应当依据批准的机场总体规划组织编制机场近期建设详细规划，并报送所在地民航地区管理局备案。

（3）运输机场内的建设项目应当符合运输机场总体规划。任何单位和个人不得在运输机场内擅自新建、改建、扩建建筑物或者构筑物。

运输机场建设项目法人（或机场管理机构）应当依据批准的机场总体规划对建设项目实施规划管理，并为各驻场单位提供公平服务。

（4）运输机场范围内的建设项目，包括建设位置、高度等内容的建设方案应在预可行性研究报告报批前报民航地区管理局备案。备案机关应当对备案材料进行审查。对于不符合机场总体规划的建设项目，应当在收到备案文件 15 日内责令改正。

四、运输机场专业工程建设质量和安全生产监督管理

（一）专业工程建设质量和安全生产监督管理

（1）从事运输机场专业工程（含军民合用机场民用部分，以下简称专业工程）新建、改建、扩建等活动及实施，按照《运输机场专业工程建设质量和安全生产监督管理规定》（2021.12）进行专业工程建设质量和安全生产监督管理。

专业工程范围按照国务院民用航空主管部门会同国务院建设主管部门公布的内容执行。

（2）中国民用航空局负责全国专业工程建设质量和安全生产监督管理工作。中国民用航空地区管理局负责辖区内专业工程建设质量和安全生产监督管理工作。

（3）民航行政机关可以委托民航专业工程质量监督机构（以下简称质量监督机构）具体实施专业工程建设质量监督管理和施工现场的安全监督检查。委托机关应当对受委托的质量监督机构加强监督。

（4）专业工程参建单位和从业人员应当依法严格执行专业工程建设质量和安全生产法律、法规、规章、工程建设强制性标准等相关规定，对专业工程建设质量和安全生产负责。

（5）建设、勘察、设计、监理、施工等单位的法定代表人应当指定项目负责人，签署授权委托书，明确项目负责人的职责权限。

（6）专业工程建设发生质量或者生产安全事故时，有关单位应当立即启动应急预案，按照规定报告，组织力量抢救，妥善保护好现场。

（7）鼓励和支持专业工程参建单位建立科学系统的工程质量和安全生产管理标准化体系。鼓励和支持专业工程建设质量和安全生产领域新理念、新技术、新方法的推广应用。民航行政机关对专业工程智能建造与建筑工业化给予政策支持。

（8）参建单位应当加强专业工程建设质量和安全生产日常精细化管理，积极打造实体质量、功能质量、外观质量俱佳的品质工程。

（9）民航行政机关应当加强对专业工程建设质量和安全生产的信用管理，建立专业工程参建单位信用评价机制。

（二）质量责任

1. 建设单位的质量责任

（1）建设单位应当落实项目法人责任制，完善项目质量管理制度，严格执行质量责任制。

（2）建设单位应当将工程发包给具有相应资质等级的勘察、设计、监理、施工、试验检测等单位。建设单位应当依法与勘察、设计、监理、施工、试验检测等单位在合同中明确质量目标、管理责任和要求，加强对涉及质量的关键人员、施工设备等方面的履约管理。

（3）建设单位应当科学确定并严格执行合理的工程建设周期，不得随意压缩。建设单位应当实施全过程的进度管控，督促有关参建单位严格执行施工工期。

（4）建设单位应当组织对有关参建单位质量管理工作的检查和工程质量的检测，责成有关参建单位及时整改，强化工程质量管理措施，实现工程质量目标。

（5）建设单位将施工图设计文件交付施工单位前，应当按照《运输机场建设管理规定》的要求完成对施工图设计文件的审查。

（6）开工前，建设单位应当组织勘察、设计单位对施工、监理、试验检测等参建单位进行勘察、设计交底。勘察、设计文件与现场实际情况不符的，建设单位必要时应当组织勘察、设计、监理和施工单位及有关专家进行技术、经济论证。专业工程的初步设计发生重大变更的，建设单位应当报原初步设计审批部门审查批准后实施。

（7）建设单位采购供应的工程材料、构配件和设备等，其质量应当符合国家规定、设计文件要求和合同约定。

（8）建设单位应当依法组织勘察、设计、监理、施工等有关单位进行工程竣工验收。竣工验收应当具备相关规定条件。

（9）专业工程未经竣工验收或者竣工验收不合格的，不得交付使用。

2. 勘察、设计单位的质量责任

（1）勘察、设计单位分别对专业工程建设项目勘察、设计工作质量负责。从事专业工程勘察、设计的单位应当在其资质等级许可的范围内承揽工程，不得转包或者违法分包工程。

（2）勘察、设计单位应当建立健全质量管理制度，严格落实勘察、设计质量责任，加强质量管理。应当按照工程建设强制性标准进行勘察、设计，保证勘察、设计工作深度和质量。

（3）勘察单位提供的勘察成果文件应当真实、准确、完整，满足工程建设需求。设计单位应当根据勘察成果文件进行初步设计，按照已批准的初步设计、国家和行业规定的编制内容及设计深度要求进行施工图设计。

（4）竣工验收前，勘察单位应当对工程建设内容是否符合勘察要求进行综合检查和分析评价，应当参加地基与基础的分部工程验收。

3. 监理单位的质量责任

（1）监理单位对专业工程建设项目质量负监理责任。

（2）监理单位应当按照合同约定派驻项目监理机构。项目监理人员资格、专业、数量等条件应当满足监理工作的需要。

（3）监理单位应当依照法律、法规以及有关技术标准、设计文件和合同约定，对施工质量、建设工期和建设资金使用等实施监理，并对其签署或者出具的审核结果负责。

（4）监理单位应当对工程进行严格质量控制，及时组织或者参加工程量测、质量检查和验收，定期进行工程质量情况分析，对发现的质量问题及时督促整改；对进场检验不合格的工程材料、构配件和设备，监理单位不得予以签字确认。

（5）监理单位应当组织竣工预验收，根据有关标准和规范要求对工程质量进行评定，编制监理工作总结和工程质量评估报告，提交建设单位；应当督促责任单位对竣工预验收发现的质量问题进行整改。

4. 施工单位的质量责任

（1）施工单位对专业工程建设项目的施工质量负责。

（2）专业工程实行总承包的，总承包单位应当对全部专业工程建设质量负责。总承包单位依法将专业工程分包给其他单位的，分包单位应当按照分包合同的约定对其分包工程质量向总承包单位负责，总承包单位与分包单位应当履行各方质量管理职责，并对分包工程质量承担连带责任。

（3）施工单位应当建立健全项目质量管理体系，设置项目质量管理机构，落实项目施工质量责任制，制定项目施工质量管理制度，配备与项目相匹配的工程技术人员和管理人员，加强施工质量管理。

（4）施工单位应当保证工程技术人员和管理人员在岗履职。项目负责人不得擅自变更；确需调整的，应当征得建设单位同意且不低于合同约定的资格和条件，并及时向民航行政机关委托的质量监督机构报送变更情况。

（5）施工单位应当按照施工技术标准、施工图设计文件和合同约定施工。应当对工程材料、构配件、设备等进行检验，出具的试验检测结果必须真实、客观和准确。应当按照施工技术标准、设计文件和合同约定开展试验检测，做好试验检测资料的签认和保存工作。

（6）施工单位采用新技术、新材料、新工艺、新设备的工程应当进行专项技术交底。应当强化工序管理、质量自控、质量自检。出现质量问题或者验收不合格的工程，施工单位应当负责返工处理，未经质量验收合格不得进入下道工序。

（7）竣工验收申请前，施工单位应当完成设计和合同约定内容、施工质量自评、施工资料整理等工作，向建设单位提交工程竣工报告和工程保修书。

5. 试验检测单位的质量责任

（1）试验检测单位应当在其资质范围内承担专业工程试验检测业务，不得转让试验检测业务，不得与被检测或者监测工程施工单位有隶属关系或者其他利害关系。

(2)试验检测单位应当依照有关法律、法规、规章、技术标准、设计文件和合同约定等开展专业工程试验检测活动,对试验检测结果的真实性、客观性、准确性负责。当数据出现异常时,试验检测单位应当及时向委托方报告。

(三)机场建设的法律责任

1. 建设单位的法律责任

(1)《运输机场专业工程建设质量和安全生产监督管理规定》第九十九条规定:"建设单位违反本规定第十一条,将专业工程发包给不具有相应资质等级的勘察、设计、施工单位或者委托给不具有相应资质等级的监理单位的,依照《建设工程质量管理条例》第五十四条规定,由民航行政机关责令改正,按照以下标准处以罚款:

"(一)尚未实质性开展工程建设活动的,处 50 万元以上 65 万元以下的罚款;

"(二)已实质性开展工程建设活动,但未造成严重危害后果的,处 65 万元以上 85 万元以下的罚款;

"(三)已实质性开展工程建设活动,且造成严重危害后果的,处 85 万元以上 100 万元以下的罚款。"

(2)《运输机场专业工程建设质量和安全生产监督管理规定》第一百条规定:"任意压缩合理工期的,依照《建设工程质量管理条例》第五十六条、《建设工程安全生产管理条例》第五十五条规定,由民航行政机关责令改正,未对工程质量和安全生产造成严重危害后果的,处 20 万元以上 30 万元以下的罚款;对工程质量和安全生产造成严重危害后果的,处 30 万元以上 50 万元以下的罚款。"

(3)《运输机场专业工程建设质量和安全生产监督管理规定》第一百零一条规定:"建设单位未组织竣工验收,擅自交付使用的;或者验收不合格,擅自交付使用的;或者对不合格的专业工程按照合格工程验收的,依照《建设工程质量管理条例》第五十八条规定,由民航行政机关责令改正,按照以下标准处以罚款:

"(一)未对机场运行安全造成影响的,处工程合同价款 2%的罚款;

"(二)影响机场运行安全的,处工程合同价款 2%以上 3%以下的罚款;

"(三)造成民用航空器事故的,处工程合同价款 3%以上 4%以下的罚款。"

2. 勘察、设计、监理、施工单位的法律责任

(1)《运输机场专业工程建设质量和安全生产监督管理规定》第一百零二条规定:"勘察、设计、监理、施工单位违反本规定第十九条、第二十六条、第三十四条,超越本单位资质等级承揽工程的,依照《建设工程质量管理条例》第六十条规定,由民航行政机关责令停止违法行为,按照以下标准处以罚款;有违法所得的,予以没收:

"(一)尚未实质性开展工程建设活动的,对勘察、设计单位或者监理单位处合同约定的勘察费、设计费或者监理酬金 1 倍的罚款,对施工单位处工程合同价款 2%的罚款;

"(二)已实质性开展工程建设活动,但未造成严重危害后果的,对勘察、设计单位或者监理单位处合同约定的勘察费、设计费或者监理酬金 1 倍以上 2 倍以下的罚款,对施工单位处工程合同价款 2%以上 4%以下的罚款;

第五章 民用机场管理的法律规定

"（三）已实质性开展工程建设活动，且造成严重危害后果的，对勘察、设计单位或者监理单位处合同约定的勘察费、设计费或者监理酬金2倍的罚款，对施工单位处工程合同价款4%的罚款。"

"未取得资质证书承揽工程的，依照前款规定处以罚款；有违法所得的，予以没收。"

"以欺骗手段取得资质证书承揽工程的，依照本条第一款规定处以罚款；有违法所得的，予以没收。"

（2）《运输机场专业工程建设质量和安全生产监督管理规定》第一百零三条规定："勘察、设计单位违反本规定第二十一条、第六十七条，有下列行为之一的，依照《建设工程质量管理条例》第六十三条、《建设工程安全生产管理条例》第五十六条规定，由民航行政机关责令改正，未对工程质量和安全生产造成严重危害后果的，处10万元以上15万元以下的罚款；对工程质量和安全生产造成严重危害后果的，处15万元以上30万元以下的罚款。

"（一）勘察单位未按照工程建设强制性标准进行勘察的。

"（二）设计单位未根据勘察成果文件进行工程设计的。

"（三）设计单位未按照工程建设强制性标准进行设计的。

"（四）采用新结构、新材料、新工艺的专业工程和特殊结构的专业工程，设计单位未在设计中提出保障施工作业人员安全和预防生产安全事故的措施建议的。"

（3）《运输机场专业工程建设质量和安全生产监督管理规定》第一百零四条规定："勘察、设计单位违反本规定第二十一条、第二十五条、第六十七条，有下列行为之一的，由民航行政机关责令限期改正；情节严重的，处1万元以上3万元以下的罚款：

"（一）设计单位未按照已批准的初步设计进行施工图设计的。

"（二）勘察、设计单位未参加地基与基础的分部工程验收的。

"（三）勘察单位未对可能引发工程施工安全问题的不良地质提出防治建议的。

"（四）设计单位未对危险性较大的专业工程提出保障安全生产的措施建议的。"

（4）《运输机场专业工程建设质量和安全生产监督管理规定》第一百零五条规定："监理单位违反本规定第二十七条，有下列行为之一的，由民航行政机关责令限期改正；情节严重的，处1万元以上3万元以下的罚款：

"（一）项目监理人员未在岗履职的。

"（二）擅自变更总监理工程师的。"

（5）《运输机场专业工程建设质量和安全生产监督管理规定》第一百零六条规定："监理单位违反本规定第三十条、第三十一条，有下列行为之一的，依照《建设工程质量管理条例》第六十七条规定，由民航行政机关责令改正，未对工程质量和安全生产造成严重危害后果的，处50万元以上85万元以下的罚款；对工程质量和安全生产造成严重危害后果的，处85万元以上100万元以下的罚款；有违法所得的，予以没收。

"（一）与建设单位或者施工单位串通，弄虚作假、降低工程质量的。

"（二）将不合格的专业工程、工程材料、构配件和设备按照合格签字的。"

3. 承包单位的法律责任

《运输机场专业工程建设质量和安全生产监督管理规定》第一百零七条规定："总承包单位或者总承包联合体的牵头单位违反本规定第三十五条，有下列行为之一的，由民航行政机关责令限期改正；情节严重的，处1万元以上3万元以下的罚款：

"（一）总承包项目经理未在岗履职的；

"（二）擅自变更总承包项目经理的。"

4. 试验检测单位的法律责任

《运输机场专业工程建设质量和安全生产监督管理规定》第一百零九条规定："试验检测单位违反本规定第四十二条、第四十三条，有下列行为之一的，由民航行政机关责令限期改正；情节严重的，处1万元以上3万元以下的罚款：

"（一）超出资质范围承担专业工程试验检测业务的；

"（二）转让试验检测业务的；

"（三）伪造检测数据，出具虚假检测报告或者鉴定结论的；

"（四）数据出现异常时，未及时向合同委托方报告的。"

另外，依照《建设工程质量管理条例》规定给予单位罚款处罚的，对单位直接负责的主管人员和其他直接责任人员处单位罚款数额5%以上10%以下的罚款。参建单位违反本规定，依法应当降低其资质等级或者吊销其资质证书的，由民航行政机关向颁发资质证书的机关通报。

知识小课堂

工程建设项目信息内容

工程建设项目信息应当包括以下内容。

（1）项目概况，包括：项目基本信息、项目审批情况、工程规模、主要建设内容和技术方案、资金来源、总体实施计划、建设单位基本信息、其他情况。

（2）当前动态，包括：形象进度、资金到位及投资完成情况、工程质量情况、招标工作情况、配套工程进展情况、其他情况。

（3）存在的主要问题。

第四节　民用机场的使用管理制度

民用机场实行机场许可制度。机场许可制度是加强对民用机场的管理，保障民用机场安全、正常运行的一项法律制度。按照《运输机场使用许可规定》的要求，民用机场开放使用应当按照《运输机场使用许可规定》取得运输机场（含军民合用机场民用部分）的使用许可证。所谓机场使用许可证，是指由机场管理机构提出申请，经国务院民用航空主管部门或其授权机构审查批准颁发的准许机场开放使用的法律文件。

机场管理机构取得机场使用许可证后，机场方可开放使用。

第五章　民用机场管理的法律规定

一、民用机场的管理机构和机场使用许可证

（一）民用机场的管理机构及其主要职责

中国民用航空局（以下简称民航局）负责对全国范围内的机场使用许可及其相关活动实施统一监督管理；负责飞行区指标为 4F 的机场使用许可审批工作。

民航地区管理局负责对所辖区域内的机场使用许可及其相关活动实施监督管理。其主要职责如下。

（1）受民航局委托实施辖区内飞行区指标为 4E（含）以下的机场使用许可审批工作。

（2）监督检查本辖区内机场使用许可的执行情况。

（3）组织对辖区内取得使用许可证的机场进行年度适用性检查和每 5 年一次的符合性评价。

（4）法律、行政法规规定的以及民航局授权的其他职责。

（二）民用机场使用许可证的申请条件

《中华人民共和国民用航空法》第六十二条规定："国务院民用航空主管部门规定的对公众开放的民用机场应当取得机场使用许可证，方可开放使用。"民用机场具备下列条件，并按照国家规定经验收合格后，方可申请机场使用许可证。

（1）有健全的安全运营管理体系、组织机构和管理制度。

（2）机场管理机构的主要负责人、分管运行安全的负责人，以及其他需要承担安全管理职责的高级管理人员具备与其运营业务相适应的资质和条件。

（3）有符合规定的与其运营业务相适应的飞行区、航站区、工作区，以及运营、服务设施、设备及人员。

（4）有符合规定的能够保障飞行安全的空中交通服务、航空情报、通信导航监视、航空气象等设施、设备及人员。

（5）使用空域已经批准。

（6）飞行程序和运行标准符合民航局的规定。

（7）有符合规定的安全保卫设施、设备、人员及民用航空安全保卫方案。

（8）有符合规定的机场突发事件应急救援预案、应急救援设施、设备及人员。

（9）机场名称已在民航局备案。

（三）民用机场使用许可证的申请、核发、变更和注销

《中华人民共和国民用航空法》第六十三条规定："民用机场使用许可证由机场管理机构向国务院民用航空主管部门申请，经国务院民用航空主管部门审查批准后颁发。"而且，取得民用机场使用许可证应当由机场管理机构按照有关规定的条件和程序提出申请。

《运输机场使用许可规定》就机场使用许可证的申请、核发、变更和注销等做出了明确规定。

1. 申请

申请机场使用许可证，应当报送下列文件资料。

(1)《运输机场使用许可证申请书》(附件1)。

(2)机场使用手册(以下简称手册)。

(3)机场管理机构的主要负责人、分管运行安全的负责人以及其他需要承担安全管理职责的高级管理人员的资质证明,与机场运行安全有关的人员情况一览表。

(4)机场建设的批准文件和行业验收的有关文件;机场产权和委托管理的证明文件。

(5)通信导航监视、气象等设施设备开放使用的批准或者备案文件。

(6)符合要求的机场使用细则、飞行程序、机场运行最低标准的材料。

(7)符合要求的民用航空安全保卫方案和人员配备、设施设备配备清单。

(8)机场突发事件应急救援预案。

(9)机场名称在民航局的备案文件。

(10)民航局、民航地区管理局要求报送的其他必要材料。

机场管理机构应当对申请机场使用许可证文件资料的真实性负责。申请材料不齐全或者不符合法定形式的,民航地区管理局应当当场或者在5个工作日内一次告知机场管理机构需要补正的全部内容,逾期不告知的,自收到申请材料之日起即为受理。

2. 核发

(1)民航局或者民航地区管理局收到符合要求的机场使用许可申请文件资料后,应当按照下列要求进行审查。

① 对文件资料的真实性、完整性进行审核。

② 对手册的格式以及内容与规章、标准的符合性进行审查。

③ 对机场设施、设备、人员及管理制度与所报文件材料的一致性进行现场检查复核。

负责前款事项的人员由民航局或者民航地区管理局指派或者监察员担任,但只有监察员有权在相应的文件上签字。

(2)民航局或者民航地区管理局经过审查,认为机场管理机构的申请符合要求的,应当在受理申请后的45个工作日内以民航局的名义做出批准决定,并自做出批准决定之日起10个工作日内将批准文件、机场使用许可证以及手册一并交与机场管理机构。

民航局或者民航地区管理局颁发机场使用许可证后,应当将许可申请、审查和批准等文件资料存档。

3. 其他

(1)变更。

机场使用许可证载明的下列事项发生变化的,机场管理机构应当按照本规定申请变更。

① 机场名称。

② 机场管理机构。

③ 机场管理机构法定代表人。

④ 机场飞行区指标。

⑤ 机场目视助航条件。

⑥ 跑道运行类别、模式。

⑦ 机场可使用最大机型。
⑧ 跑道道面等级号。
⑨ 机场消防救援等级。
⑩ 机场应急救护等级。

申请变更机场使用许可证的，机场管理机构可以仅报送机场使用许可证申请资料的变化部分。

（2）注销。

有下列情况之一的，民航局或者民航地区管理局应当依法办理机场使用许可证的注销手续。

① 机场关闭后，不再具备安全生产条件，被撤销机场使用许可的。
② 决定机场关闭不再运营的。
③ 机场管理机构依法终止的。
④ 因不可抗力导致机场使用许可无法实施的。
⑤ 法律、行政法规规定的应当注销行政许可的其他情形。

机场管理机构决定机场关闭不再运营的，应当于机场预期关闭前至少45日向民航局或者所在地民航地区管理局提出关闭申请，经民航局或者民航地区管理局批准后方可关闭，并向社会公告。民航局或者民航地区管理局应当自受理机场管理机构申请之日起20个工作日内予以答复，并在预期的机场关闭日期注销该机场使用许可证。机场管理机构应当在机场许可证注销后的5个工作日内，将原证交回颁证机关。

有下列情形之一的，机场管理机构应当于机场预期关闭前至少45日报民航局或者所在地民航地区管理局审批，民航局或者民航地区管理局应当在5个工作日内予以答复，但机场使用许可证不予注销。

① 机场因改扩建在1年以内暂不接受航空器起降的。
② 航空业务量不足，暂停机场运营1年以内的。

当前，中国民用机场管理体制正处于转换时期，对民用机场的行业管理职能正在调整之中，安全监管制度也需要改进和完善。我国民航通过学习和借鉴其他国家的先进经验，正进一步健全法规、规章和技术标准体系，完善机场安全监管制度，提高机场行业管理水平，逐步与国际接轨。

二、环境保护综合规定

《中华人民共和国民用航空法》第六十七条规定："民用机场管理机构应当依照环境保护法律、行政法规的规定，做好机场环境保护工作。"

根据国务院2019年4月修订及发布的《民用机场管理条例》第四章"民用机场安全环境保护"的相关条例，民用机场建设项目需要配套建设的环境保护设施，必须与主体工程同时设计、同时施工、同时投产使用；新建民用机场的选址报告中应当简要分析可能产生的水、气、噪声、生态等环境问题。民用机场所在地地区民用航空管理机构和有关地方人民政府，应当按照国家有关规定划定民用机场净空保护区域，并向社会公布。民用机场净空规定如下所述。

第一，按照《民用机场管理条例》第四十九条的规定，禁止在民用机场净空保护区域内从事下列活动。

（1）排放大量烟雾、粉尘、火焰、废气等影响飞行安全的物质。

（2）修建靶场、强烈爆炸物仓库等影响飞行安全的建筑物或者其他设施。

（3）设置影响民用机场目视助航设施使用或者飞行员视线的灯光、标志或者物体。

（4）种植影响飞行安全或者影响民用机场助航设施使用的植物。

（5）放飞影响飞行安全的鸟类，升放无人驾驶的自由气球、系留气球和其他升空物体。

（6）焚烧产生大量烟雾的农作物秸秆、垃圾等物质，或者燃放烟花、焰火。

（7）在民用机场围界外5米范围内，搭建建筑物、种植树木，或者从事挖掘、堆积物体等影响民用机场运营安全的活动。

（8）国务院民用航空主管部门规定的其他影响民用机场净空保护的行为。

第二，按照《中华人民共和国民用航空法》第五十九条的规定，民用机场新建、扩建的公告发布前，在依法划定的民用机场范围内和按照国家规定划定的机场净空保护区域内存在的可能影响飞行安全的建筑物、构筑物、树木、灯光和其他障碍物体，应当在规定的期限内清除；对由此造成的损失，应当给予补偿或者依法采取其他补救措施。

第三，按照《中华人民共和国民用航空法》第六十条的规定，民用机场新建、扩建的公告发布后，任何单位和个人违反本法和有关行政法规的规定，在依法划定的民用机场范围内和按照国家规定划定的机场净空保护区域内修建、种植或者设置影响飞行安全的建筑物、构筑物、树木、灯光和其他障碍物体的，由机场所在地县级以上地方人民政府责令清除；由此造成的损失，由修建、种植或者设置该障碍物体的人承担。

第四，按照《中华人民共和国民用航空法》第六十一条的规定，在民用机场及其按照国家规定划定的净空保护区域以外，对可能影响飞行安全的高大建筑物或者设施，应当按照国家有关规定设置飞行障碍灯和标志，并使其保持正常状态。

第五，按照《运输机场运行安全管理规定》（2022年2月修订）第八章第一百八十条的规定，机场管理机构应当采取综合措施，防止鸟类和其他动物对航空器运行安全产生危害，最大限度地避免鸟类和其他动物撞击航空器。

（1）机场管理机构应当指定部门和人员负责鸟类和其它动物的危害防范工作，并配置必要的驱鸟设备。（第一百八十一条）

（2）机场管理机构应当每年至少对机场鸟类危害进行一次评估。评估内容包括：机场鸟害防范管理机构设置及职责落实情况、机场生态环境调研情况、鸟害防范措施的效果，鸟情信息的收集、分析、利用及报告等。（第一百八十二条）

（3）机场管理机构应当根据机场鸟害评估结果和鸟害防范的实际状况，制定并不断完善机场鸟害防范方案。方案至少应当包括以下内容。

① 鸟害防范管理机构及其职责。

② 生态环境调研制度和治理方案。

③ 鸟情巡视和驱鸟制度。

④ 驱鸟设备的配备和使用管理制度。

⑤ 重点防治的鸟种。

⑥ 鸟情信息的收集和分析。

⑦ 鸟情通报及鸟击报告制度。(第一百八十三条)

(4) 机场管理机构应当不定期向机场周边居民宣传放养鸽子对飞行安全的危害,并配合当地政府发布限制放养鸽子的规定,积极协调当地政府有关行政主管部门,控制和减少机场附近区域内垃圾场、养殖场、农作物(植物)晾晒场、鱼塘、养鸽户的数量和吸引鸟类的农作物、树木等。(第一百八十四条)

(5) 机场飞行区、围界、通道口和排水沟出口应当能防止动物侵入机场飞行区。在机场围界外5米范围内禁止搭建任何建筑和种植树木。(第一百八十五条)

第五节 民用机场的安全制度

【范例 5-3】

案例分享:

"6·29"新疆和田劫机事件

2012年6月29日,从新疆和田地区飞往乌鲁木齐的GS7554航班于12时25分起飞。12时35分,飞机上有6名歹徒暴力劫持飞机,随后被机组人员和乘客制服,飞机随即返航和田机场并安全着陆,6名歹徒被公安机关抓获。2012年12月11日,新疆和田地区中级人民法院一审公开开庭审理木沙·玉素甫等4名被告人暴力恐怖劫机案并当庭宣判,判处被告人木沙·玉素甫、艾热西地卡力·依明、吾麦尔·依明死刑,剥夺政治权利终身;判处被告人何里木·木沙无期徒刑,剥夺政治权利终身。

自"9·11"事件发生以来,世界各国民航均有恐怖分子和犯罪分子使用爆炸物、武器等劫持或破坏飞机的事件发生。因此,如何防止劫持飞机、破坏飞机的现象发生就成为各国政府保证民航安全飞行的重要工作。

一、民用机场安全保卫制度

根据《中华人民共和国民用航空安全保卫条例》(1996年7月颁布,2011年修订),民用机场应当有严密的安全保卫措施,并对机场实行封闭式的管理制度。

(一) 民用机场应具备的安全保卫资格

民用机场应当具备相应的安全保卫资格,否则不予开放。机场取得安全保卫资格,应当具备以下条件。

(1) 设有机场控制区并配备专职警卫人员。
(2) 设有符合标准的防护围栏和巡逻通道。
(3) 设有安全保卫机构并配备相应的人员和装备。
(4) 设有安全检查机构并配备与机场运输量相适应的人员和检查设备。
(5) 设有专职消防组织并按照机场消防等级配备人员和设备。
(6) 订有应急处置方案并配备必要的应急援救设备。

此外，民用机场的安全保卫还应当符合以下规定。

（1）《中华人民共和国民用航空安全保卫条例》第十一条规定："机场控制区应当根据安全保卫的需要，划定为候机隔离区、行李分检装卸区、航空器活动区和维修区、货物存放区等，并分别设置安全防护设施和明显标志。"

（2）《中华人民共和国民用航空安全保卫条例》第十二条规定："机场控制区应当有严密的安全保卫措施，实行封闭式分区管理。"

（3）《中华人民共和国民用航空安全保卫条例》第十三条规定："人员与车辆进入机场控制区，必须佩带机场控制区通行证并接受警卫人员的检查。"

（4）《中华人民共和国民用航空安全保卫条例》第十四条规定："在航空器活动区和维修区内的人员、车辆必须按照规定路线行进，车辆、设备必须在指定位置停放，一切人员、车辆必须避让航空器。"

（5）《中华人民共和国民用航空安全保卫条例》第十五条规定："停放在机场的民用航空器必须有专人警卫；各有关部门及其工作人员必须严格执行航空器警卫交接制度。"

（二）民用机场安全保卫管理组织体系

目前，我国航空保卫实行的是三级管理组织体系。

第一级是中国民用航空局公安局。中国民用航空局公安局作为中国民航保安主管部门，统领民航局的航空保卫工作，负责制定航空保卫政策和规章，并且监督其在全国的贯彻执行。

第二级是民航地区管理局公安局。民航地区管理局公安局负责航空保安政策和规章在本地区的贯彻执行，对辖区内的航空公司、机场等执行航空保安规章情况进行监督检查。

第三级是民航各地区管理局派驻各省的"航空安全监察管理办公室"内设的"航空保安处"。"航空保安处"负责航空保安工作的日常监管，具体工作由监察员执行。

二、民用机场安全检查制度

为了规范民用航空安全检查工作，防止对民用航空活动的非法干扰，维护民用航空运输安全，我国依据《中华人民共和国民用航空法》《中华人民共和国民用航空安全保卫条例》等有关法律、行政法规，制定了新版《民用航空安全检查规则》，2017年1月1日起正式实施。民用机场安全检查是指为了预防危害民用航空安全的非法行为的发生而采取的一种措施。我国的民用机场安全检查工作由民用航空安全检查机构依据国家有关规定实施。

（一）航空安全检查工作原则

民航安检工作坚持安全第一、严格检查、规范执勤的原则。

（二）航空安全检查的范围

进入民用运输机场控制区的旅客及其行李物品、航空货物、航空邮件应当接受安全检查。拒绝接受安全检查的，不得进入民用运输机场控制区，国务院规定免检的除外。旅客、航空货物托运人、航空货运销售代理人、航空邮件托运人应当配合民航安检机构开展工作。

（三）旅客及其行李物品的安全检查

旅客及其行李物品的安全检查包括证件检查、人身检查、随身行李物品检查、托运行李检查等。安全检查方式包括设备检查、手工检查及民航局规定的其他安全检查方式。

旅客不得携带或者在行李中夹带民航禁止运输物品，不得违规携带或者在行李中夹带民航限制运输物品。民航禁止运输物品、限制运输物品的具体内容由民航局制定并发布。

乘坐国内航班的旅客应当出示有效乘机身份证件和有效乘机凭证。对旅客、有效乘机身份证件、有效乘机凭证信息一致的，民航安检机构应当加注验讫标识。

人身检查一般由与旅客同性别的民航安全检查员实施；对女性旅客的手工人身检查，应当由女性民航安全检查员实施。

残疾旅客应当接受与其他旅客同样标准的安全检查。接受安全检查前，残疾旅客应当向公共航空运输企业确认具备乘机条件。残疾旅客的助残设备、服务犬等应当接受安全检查。

对要求在非公开场所进行安全检查的旅客，如携带贵重物品、植入心脏起搏器的旅客和残疾旅客等，民航安检机构可以对其实施非公开检查。检查一般由两名以上与旅客同性别的民航安全检查员实施。

旅客的随身行李物品应当经过民航行李安检设备检查。发现可疑物品时，民航安检机构应当实施开箱包检查等措施，排除疑点后方可放行。对没有疑点的随身行李物品可以实施开箱包抽查。实施开箱包检查时，旅客应当在场并确认箱包归属。

旅客的托运行李应当经过民航行李安检设备检查。发现可疑物品时，民航安检机构应当实施开箱包检查等措施，排除疑点后方可放行。对没有疑点的托运行李可以实施开箱包抽查。实施开箱包检查时旅客应当在场并确认箱包归属，但是公共航空运输企业与旅客有特殊约定的除外。

对于旅客提出需要暂存的物品，民用运输机场管理机构应当为其提供暂存服务。暂存物品的存放期限不超过30天。

经过安全检查的旅客进入候机隔离区以前，民航安检机构应当对候机隔离区实施清场，实施民用运输机场控制区24小时持续安保管制的机场除外。

（四）航空货物、航空邮件的安全检查

航空货物应当依照民航局规定，经过安全检查或者采取其他安全措施。

航空货物应当依照航空货物安检要求通过民航货物安检设备检查。检查无疑点的，民航安检机构应当加注验讫标识放行。

开箱包检查时，托运人或者其代理人应当在场。

航空邮件应当依照航空邮件安检要求通过民航货物安检设备检查。检查无疑点的，民航安检机构应当加注验讫标识放行。

航空邮件通过民航货物安检设备检查有疑点、图像不清或者图像显示与申报不符的，民航安检机构应当会同邮政企业采取开箱包检查等措施，排除疑点后加注验讫标识放行。无法开箱包检查或无法排除疑点的，应当加注退运标识退回邮政企业。

（五）其他人员、物品及车辆的安全检查

进入民用运输机场控制区的其他人员、物品及车辆，应当接受安全检查。拒绝接受安全检查的，不得进入民用运输机场控制区。

对进入民用运输机场控制区的工作人员，民航安检机构应当核查民用运输机场控制区通行证件，并对其人身及携带物品进行安全检查。

对进入民用运输机场控制区的车辆，民航安检机构应当核查民用运输机场控制区车辆通行证件，并对其车身、车底及车上所载物品进行安全检查。

对进入民用运输机场控制区的工具、物料或者器材，民航安检机构应当根据相关单位提交的工具、物料或者器材清单进行安全检查、核对和登记，带出时予以核销。工具、物料和器材含有民航禁止运输物品或限制运输物品的，民航安检机构应当要求相关单位同时提供民用运输机场管理机构同意证明。

执行飞行任务的机组人员进入民用运输机场控制区的，民航安检机构应当核查其民航空勤通行证件和民航局规定的其他文件，并对其人身及物品进行安全检查。

对进入民用运输机场控制区的民用航空监察员，民航安检机构应当核查其民航行政机关颁发的通行证并对其人身及物品进行安全检查。

对进入民用运输机场控制区的航空配餐和机上供应品，民航安检机构应当核查车厢是否锁闭、签封是否完好、签封编号与运输台账的记录是否一致。必要时可以进行随机抽查。

三、民用机场治安管理

民用机场属于公共场所。为了维护社会治安秩序，保障公共安全，同时确保航空运输活动顺利有序地进行，必须做好民用机场的治安管理工作。根据《中华人民共和国民用航空安全保卫条例》第十六条的规定，机场内禁止以下行为。

（1）攀（钻）越、损毁机场防护围栏及其他安全防护设施。
（2）在机场控制区内狩猎、放牧、晾晒谷物、教练驾驶车辆。
（3）无机场控制区通行证进入机场控制区。
（4）随意穿越航空器跑道、滑行道。
（5）强行登、占航空器。
（6）谎报险情，制造混乱。
（7）扰乱机场秩序的其他行为。

对于违反上述规定的行为，应当依照《中华人民共和国治安管理处罚法》的相关规定对其实施相应的处罚。除了《中华人民共和国民用航空安全保卫条例》中规定的禁止行为，在机场发生的《中华人民共和国治安管理处罚法》规定的禁止行为（见图5-3），也应当在处罚之列。

图5-3 机场安检（图表形式）

知识小课堂

禁止登机物品种类很多，如下所述。

1．禁止旅客随身携带或者托运的物品

（1）枪支、军用或者警用械具类（含主要零部件），包括：

军用枪、公务用枪——手枪、冲锋枪、机枪、防暴枪等；

民用枪——手枪、猎枪、运动枪、麻醉注射枪、发令枪等；

其他枪支——样品枪、道具枪等；

军械、警械——警棍、军用或警用匕首、刺刀；

国家禁止的枪支、械具——钢珠枪、催泪枪、电击枪、电击器、防卫器等；

上述物品的仿制品。

（2）爆炸物品种类包括：

弹药——炸弹、手榴弹、照明弹、燃烧弹、烟幕弹、信号弹、催泪弹、毒气弹和子弹（空包弹、战斗弹、检验弹、教练弹）等；

爆破器材——炸药、雷管、导火索、导爆索、非电导爆系统、爆破剂等；

烟火制品——礼花弹、烟火、爆竹等；

上述物品的仿制品。

（3）管制刀具：指1983年经国务院批准由公安部颁布实施的《对部分刀具实行管制的暂行规定》中所列出的刀具，如匕首、三棱刀（包括机械加工用的三棱刮刀）、带有自锁装置的刀具和形似匕首但长度超过匕首的单刀、双刀、三棱尖刀等；少数民族由于生活习惯要佩带、使用的藏刀、腰刀、靴刀等，属于管制刀具，只准在民族自治地方（自治区、自治州、自治县）销售、使用。

（4）易燃、易爆物品包括：氢气、氧气、丁烷等瓶装压缩气体；黄磷、白磷、硝化纤维（含胶片）、油纸及其制品等自然物质；金属钾、钠、锂、碳化钙（电石）、镁铝粉等遇水燃烧物品；汽油、煤油、柴油、苯、乙醇（酒精）、油漆、稀料、松香油等易燃液体；闪光粉，固体酒精，赛璐珞等易燃固体；过氧化钠、过氧化钾、过氧化铅、过氧乙酸等各种无机、有机氧化剂。

（5）毒害品包括氟化物、剧毒农药等有毒物品。

（6）腐蚀性物品包括硫酸、盐酸、硝酸、有液蓄电池、氢氧化钠、氢氧化钾等。

（7）放射性物品包括放射性同位素等放射性物品。

（8）其他危害飞行安全的物品，如可能干扰飞机上各种仪表正常工作的强磁化物、有强烈刺激性气味的物品等。

（9）国家法律法规规定的其他禁止携带、运输的物品。

2．禁止旅客随身携带但可作为行李托运的物品

禁止乘机旅客随身携带但可作为行李托运的物品包括除"禁止旅客随身携带或者托运的物品"外，其他可以危害航空安全的菜刀、大钢刀、大水果刀、剃刀等生活用刀、手术刀、屠宰刀、雕刻刀等专业刀具；文艺单位表演用的刀、矛、剑、戟等，以及斧、

凿、锤、加重或有尖钉的手杖、铁头登山杖和其他可以危害航空安全的锐器、钝器；白酒（包装完好）。

3．旅客限量随身携带的生活用品及数量

（1）饮品类。

茶水、矿泉水、牛奶等饮料，规定过安检的时候要喝完或者丢弃。

酒水类的液体不能随身携带，但是可以办理托运。酒精度数不超过24度的情况下不受限制，酒精度数高于24度但是不超过70度的情况下，则可以携带5L。

（2）化妆品类。

像护肤水、乳液之类的化妆品，虽然可以携带，但是对容量是有严格要求的。每一样都不能超过100毫升，这些化妆品加起来总量不能超过1升。

而且在携带液体化妆品的时候，需要将这些液体分装到小瓶子里，并放在透明的包装袋里面。

（3）药品类。

像个人需要的药品、隐形眼镜药水、防蚊液这些东西，每一样都是不可以超过100毫升的。

（4）打火机、火柴的规定。

2008年4月7日，中国民用航空局发布公告，禁止旅客随身携带打火机、火柴乘坐民航班机（含国际/地区航班、国内航班），也不可以放在托运行李中托运。贵重或品牌打火机如来不及托运，可寄存安检部门。

（5）锂电池、充电宝携带规定。

按照中国民用航空局的规定，携带乘机的锂电池必须符合相关的安全要求，建议旅客从正规渠道购买正规厂家生产的锂电池，以免给自己或他人造成伤害。

严禁携带额定能量超过160Wh的充电宝；严禁携带未标明额定能量同时也未能通过标注的其他参数计算得出额定能量的充电宝。

不得在飞行过程中使用充电宝给电子设备充电。对于有启动开关的充电宝，在飞行过程中应始终关闭充电宝。

4．旅客乘机的有效身份证件种类

居民身份证件：国内大陆地区的居民身份证和临时居民身份证。

军人类证件：军官证、武警警官证、士兵证、军队文职干部证、军队离（退）休干部证、军队职工证、学员证。

护照类证件：护照、港澳同胞回乡证、港澳居民来往内地通行证、中华人民共和国往来港澳通行证、我国台湾居民来往大陆通行证、大陆居民往来台湾通行证、外国人居留证、外国人出入境证、外交官证、领事官证、海员证。

其他可以乘机的有效证件：本届全国人大代表证、全国政协委员证；出席全国或省、自治区、直辖市的党代会、人代会、政协会，以及工、青、妇代表会和劳模会的代表，凭所属县、团级（含）以上党政军主管部门出具的临时身份证明；旅客的居民身份证在户籍所在地以外被盗或丢失的,凭发案、报失地公安机关出具的临时身份证明;十六岁以下未成年人凭学生证、户口簿或者户口所在地公安机关出具的身份证明等。

中国护照:外交护照、公务护照、因公普通护照、因私普通护照。

外国护照:外交护照、公务护照、普通护照。

思考与练习

1. 熟悉民用机场的历史沿革。
2. 民用机场如何分类?
3. 民用机场包括哪些主要设施?
4. 新建一个机场包括哪些程序?
5. 请介绍民用机场管理制度和安全制度的概况。
6. 机场安检哪些物品不得携带?

第六章
民用航空运输的法律制度

本章学习目标

- 了解民用航空运输的主要形式;
- 知晓民用航空运输及企业的概念和特点;
- 熟悉公共航空企业的设立条件和程序;
- 掌握航空运输合同的形式与内容,航空承运人的责任等知识。

第一节 民用航空运输概述

民用航空运输是物流的一个重要环节,而且民用航空运输业是面向社会的服务性行业,在我国经济、政治及军事上占有重要地位。民用航空运输包括公共航空运输和通用航空运输(第七章介绍通用航空有关内容)。公共航空运输作为民用航空运输中的一种主要类型,不仅为公众提供出行的公共产品,而且是一种特殊的商业活动,关系国家的主权和尊严,国家必须在宏观上对其实施统一管理,特别需要通过法律来规范经营主体行为,以保护广大消费者的合法权益。

现代科技的发展,使人们上天、入地、下海的梦想成为现实,航空事业跨越式的发展就是一个明显的标志。以前乘坐飞机需要开证明,且需要有一定的级别、身份,而今普通百姓也能随意乘上飞机,去办事、去旅行,享受快捷、便利的交通工具。

与航空业发展水平排名全球第一的美国相比,我国民用航空运输起步较晚,但发展很快,改革开放以来,特别是加入世贸体系后,我国民用航空运输业的发展势头更加迅猛。近几年,我国航空运输客座率的提升显著加速,让世界瞩目。无论是飞机数量还是服务质量,我国与美国的差距进一步缩小。

有数据显示,"十三五"期间,我国公共航空和通用航空发展实现"两翼齐飞",民用航空在速度、质量、效益等诸多方面稳步、快速提升,在国家综合交通运输体系中的比重逐年增加,航空运输总周转量继续保持自2005年以来世界排名第二的位置,并逐年缩小与第一的差距。"十三五"期间，虽然国内经济下行压力加大，但是我国民用航空业仍然保持了较快的增长速度。截至 2019 年年底，全行业完成运输总周转量 1293 亿吨公里、旅客运输量 6.6 亿人次、货邮运输量 753 万吨，年均分别增长 11%、10.7%和 4.6%；民航旅客运输周转量在国家综合交通体系中的比重由"十二五"末的 24.2%提升至 33.1%。

2019 年民航行业发展统计公报公布，截至 2019 年年底，我国共有定期航班航线 5521 条，国内航线 4568 条（包括港澳台航线 111 条），国际航线 953 条。按重复距离计算的航线里程为 1362.96 万公里，按不重复距离计算的航线里程为 948.22 万公里。截至 2019 年年底，定期航班国内通航城市 234 个（不包含我国香港、澳门、台湾地区）。我国航空公司国际定期航班通航 65 个国家的 167 个城市，内地航空公司定期航班从 30 个内地城市通航香港，从 19 个内地城市通航澳门，大陆航空公司从 49 个大陆城市通航台湾地区。

民航局局长冯正霖日前在《人民论坛》杂志上发表《开启新时代民航强国建设新征程》一文表示：到 2035 年，将重点发展国际航空、支线航空、低成本航空、货运航空，大力促进通用航空发展，全方位地满足人民日益增长的美好生活需要中的航空服务需求。届时，我国航空人均年出行次数超过 1 次，运输规模全球第一；形成一批具有引领国际航空市场的航空公司和航空枢纽；基础设施体系相对完善，运输机场数量达 400 个左右，地面 100 公里覆盖所有县级行政区；机场群与城市群深度融合发展，建成京津冀、长三角、粤港澳大湾区等一批具有较强辐射力的世界级机场群。

若按照现有的人口总量计算，到 2035 年，我国航空旅客运输量将达到 14 亿人次左右，超越美国成为世界第一；运输机场数量也将比现在增加 170 个左右，与美国的机场数量差距大幅缩小。

现代民用航空业已成为社会主义现代化强国重要标志之一，为我国成为综合国力和国际影响力领先国家提供全球化航空服务支撑。民用航空业的发展离不开民用航空法律的保驾护航，民航人员学法、懂法、守法，可以为我国民用航空业的健康发展提供可靠保障。

一、民用航空运输及民用航空运输企业的概念和特点

（一）民用航空运输的概念和特点

1. 民用航空运输的概念

民用航空运输是使用航空器运送人员、货物、邮件的一种运输方式。现代航空运输使用的航空器主要是飞机，可以用于运输的其他航空器有载人气球、飞艇、直升机等。

民用航空运输是一种特殊的商业活动，民用航空运输业既是物质生产部门，又是面向社会的服务性行业。因此，民用航空运输不仅在经济上具有重要意义，而且在政治上、军事上具有重要意义。正因为其在国民经济建设中占据主要地位，所以我们必须在宏观上对民用航空运输实施统一管理，同时在坚持中国特色社会主义市场经济的前提下，坚持根据市场经济规律进行资源配置。

对此，我国《公共航空运输企业经营许可规定》（CCAR-201-R1）中做了详细规定。该规定第四条规定："实施公共航空运输企业经营许可，应当遵循以下基本原则：

"（一）建立和完善统一、开放、竞争、有序的航空运输市场；

"（二）符合国家航空运输发展和宏观调控政策；

"（三）保障航空运输安全、提高运输服务质量和维护消费者合法权益；

"（四）坚持公开、公平、公正的原则。

该规定第五条规定："公共航空运输企业必须遵守国家法律、行政法规和涉及民航管理的规章的规定，依法开展经营活动。"

2．民用航空运输的特点

（1）快速、机动。

飞机的飞行速度快。早期的活塞式飞机所达到的最大飞行速度约为600千米/小时，进入喷气飞机时代以后，客机的飞行速度已提高到1000千米/小时以上。

由于飞行器在空域运行，民用航空运输的机动性强，受地理条件的限制小，原则上飞机可以沟通任何距离上的两个地理点；即使是远距离的国际、洲际旅客，也可以不用换乘进行直达运输。

（2）资源利用充分、经济效益高。

修建机场比修建铁路、公路占用的土地更少，投资也更小。此外，航空运输平时为国计民生服务，战时，航空器不需要进行任何改装，即可迅速转而为战争服务。平时为民，战时军用，航空器是军民结合的交通工具。

（3）具有航空运输的服务特性。

民用航空运输的产品特性是服务型，其秉承"旅客第一""用户至上"宗旨，为客户提供安全、正常、快速、舒适、方便的物流、客运服务。优质服务是民用航空运输企业的追求。

（4）民用航空运输业是高成本、高风险的行业。

（5）民用航空运输与国民经济息息相关。

民用航空运输业虽是先导产业，但它的发展状况又取决于整个国民经济的发展水平，有很强的社会性。因其服务特性和社会性，发展民用航空运输业务不仅要看企业自身的经济效益，同时要评估社会效益。

（二）民用航空运输企业的概念和特点

1．民用航空运输企业的概念

民用航空运输是现代运输方式，民用航空运输企业属于第三产业中的交通运输业。民用航空运输与铁路、公路、水上和管道运输组成五大运输方式，构成了整个运输业。民用航空运输业属于服务性行业，其服务质量的高低直接影响到消费者的体验。

《中华人民共和国民用航空法》第九十一条规定："公共航空运输企业，是指以营利为目的，使用民用航空器运送旅客、行李、邮件或者货物的企业法人。"此条对公共航空运输企业（公共航空运输企业属于民用航空运输企业）的概念做了清晰的表述。

2. 民用航空运输企业的特点

民用航空运输企业的特点是既有服务性行业的特点，也有社会公益性企业的特点，还有一切商业企业的共性。

（1）服务对象的广泛性和社会性。民用航空运输企业是为公众提供服务的，一切中外旅客、货主都可以享受到民用航空运输企业提供的运输服务。它与为特定对象服务的私人航空器和有专门用途的国家航空器不同，民用航空运输企业以自己的航空器为所有的旅客、货主提供服务，具有服务对象的广泛性。

（2）民用航空运输企业的商业性。这是由民用航空运输的特点所决定的。民用航空运输业是一个高投入的产业，无论是运输工具还是其他运输设备都很昂贵、成本巨大。另外，机场设施、导航设备、空中交通管制设备的成本投入和使用费用也十分巨大。因此，航空公司的经营成本非常高，为了生存与发展就必须营利。任何一个国家的政府都没有相应的财力，像补贴城市公共交通（公共汽车、电车、地铁）一样去补贴本国的航空运输企业。在这一点上，民用航空的商业性与我们通常所说的"城市公共交通"的公益性不同。

（3）民用航空运输企业的经营手段的特殊性。民用航空运输企业经营手段是以航空器在空域运送旅客、行李、邮件或货物，这是其主要特点。

（4）民用航空运输企业具有一般企业共性。民用航空运输企业必须是企业法人，符合《中华人民共和国公司法》规定的企业法人条件，可以独立承担法律责任。

二、民用航空运输的主要形式

（一）国内航空运输和国际航空运输

我们通常根据运输性质及管理上适用的法律的不同，将民用航空运输分为国内航空运输和国际航空运输。国内航空运输由于飞行的空域在国内，其管理完全适用国内法的规定。国际航空运输除适用国内法的有关规定外，还应符合国际法的有关规定。在我国，当国际法与国内法有不同规定时，可以适用我国缔结或参加的国际条约的规定；国内法和国际条约没有规定的，可以适用国际惯例。

《中华人民共和国民用航空法》参照《海牙议定书》的规定对国际航空运输和国内航空运输有明确的界定："本法所称国内航空运输，是指根据当事人订立的航空运输合同，运输的出发地点、约定的经停地点和目的地点均在中华人民共和国境内的运输。本法所称国际航空运输，是指根据当事人订立的航空运输合同，无论运输有无间断或者有无转运，运输的出发地点、目的地点或者约定的经停地点之一不在中华人民共和国境内的运输。"（第一百零七条）

一般说来，国内航空运输含义比较好理解：完全在一国领土之内进行的航空运输，即国内航空运输。但由于国际航空运输因公法和私法上划分的标准不一致，因此对国际航空运输的意义的理解也就有所不同。在公法上，按照《国际民用航空公约》的规定，"经过一个以上国家领土之上的空气空间的航班"所进行的运输就是国际航空运输。这种划分标准有利于维护各国的领空主权，即使航空器过境而不落地也需要取得过境国的许可。而在私法上，划分国内航空运输和国际航空运输的标准依照修正1929年《华沙公约》的《海牙议定书》的规定："本公约所称的'国际运输'，系指根据各当事人所订的合同约定，不论运输中有无间断或转运，始发地点和目的地点是在两个缔约国的领土内，或者在一个缔约国领土内而在另一个缔约国甚至非缔约国的领土内有一个约定的经停地点的任何运输。"（第一条第二款）《海牙议定书》是从有利于普通旅客办理出入境业务的角度出发，对国际运输进行划分认定的。

《中华人民共和国民用航空法》第一百零八条规定："航空运输合同各方认为几个连续的航空运输承运人办理的运输是一项单一业务活动的，无论其形式是以一个合同订立还是数个合同订立，应当视为一项不可分割的运输。"

判断其运输的"出发地点""目的地点""约定的经停地点"是否均在一国境内，如果是，则为国内航空运输；如果上述3点中任意一点在一国境外，则为国际运输。

确定"出发地点""目的地点""约定的经停地点"的依据是当事人双方订立的航空运输合同，即双方当事人的事先约定，在实际履行该运输合同过程中是否因故而实际地改变航路一般不予考虑。

在判断航空运输的性质时，不考虑运输有无间断或有无转运。运输间断是指乘客及货物因故中断运输，转运是指履行航空运输合同过程中承运人发生变换。

（二）定期航空运输和不定期航空运输

按照管理方式及法律规定的不同，航空运输可分为定期航空运输和不定期航空运输。定期航空运输一般被称为"定期航班"，又称"定期飞行"，主要特点为对公众开放的收费航班是按照公布的时刻在预定的飞行时间实施的；不定期航空运输又称"不定期航班""不定期飞行"，其特点是公众可以乘坐的收费航班，飞行时间不固定、时刻不予公布。

定期航空运输和不定期航空运输的划分，来源于1944年芝加哥国际民用航空会议。《国际民用航空公约》第五条规定："缔约各国同意其他缔约国的一切不从事定期国际航班飞行的航空器，在遵守本公约规定的条件下，不需要事先获准，有权飞入或飞经其领土而不降停，或作非商业性降停，但飞经国有权令其降落。"《国际民用航空公约》第六条规定："除非经一缔约国特准或其他许可并遵照此项特准或许可的条件，任何定期国际航班不得在该国领土上空飞行或进入该国领土。"

这两条规定明确地将航空运输划分为定期航班运输和不定期航班运输并实行不同的管理办法，但《国际民用航空公约》中没有对此下定义，这两种运输的性质仍没有明确划分标准。因此，国际民用航空组织理事会于1952年3月25日通过了"定期国际航班"的定义，供各缔约国在适用《国际民用航空公约》第五条和第六条规定时参照。该定义于1980年经国际民用航空组织第二届航空运输会议修订，并于同年9月经国际民用航空组织大会第二十三届会议批准。

第二节　公共航空运输企业介绍及民用航空业的投资规定

一、公共航空运输企业的概念及设立条件、程序

由于各国的经济发展程度不一，社会制度各异，各国设立公共航空运输企业所必须具

备的条件也各不相同；即使同一个国家，在不同历史发展阶段，设立公共航空运输企业的条件也不完全相同。

关于公共航空运输企业的概念，我国《公共航空运输企业经营许可规定》第二条第二款说得很清晰："本规定所称公共航空运输企业，是指以营利为目的使用民用航空器从事旅客、行李、货物、邮件运输的企业法人。"那么，成为一家公共航空运输企业应该具备哪些条件呢？

（一）公共航空运输企业应该具备条件

《中华人民共和国民用航空法》第九十三条规定："取得公共航空运输经营许可，应当具备下列条件：

"（一）有符合国家规定的适应保证飞行安全要求的民用航空器；

"（二）有必需的依法取得执照的航空人员；

"（三）有不少于国务院规定的最低限额的注册资本；

"（四）法律、行政法规规定的其他条件。"

《中华人民共和国民用航空法》第九十二条规定："企业从事公共航空运输，应当向国务院民用航空主管部门申请领取经营许可证。"

2004年12月颁布，2005年1月15日施行，2018年修订的《公共航空运输企业经营许可规定》对公共航空运输企业的设立条件提出更具体的规定。《公共航空运输企业经营许可规定》第六条规定："设立公共航空运输企业应当具备下列条件：

"（一）不少于3架购买或者租赁并且符合相关要求的民用航空器；

"（二）负责企业全面经营管理的主要负责人应当具备公共航空运输企业管理能力，主管飞行、航空器维修和其他专业技术工作的负责人应当符合涉及民航管理的规章的相应要求，企业法定代表人为中国籍公民；

"（三）具有符合涉及民航管理的规章要求的专业技术人员；

"（四）不少于国务院规定的注册资本的最低限额；

"（五）具有运营所需要的主运营基地机场和其他固定经营场所及设备；

"（六）民航局规定的其他必要条件。"

《中华人民共和国民用航空法》和《公共航空运输企业经营许可规定》虽然都未直接规定最低限额注册资本的具体数额，但事实上8000万元注册资本是我国投资公共航空运输业的最低门槛。

《公共航空运输企业经营许可规定》也对设立公共航空运输企业做了一定限制。《公共航空运输企业经营许可规定》第八条指出："有下列情形之一的，民航局不受理设立公共航空运输企业的申请：

"（一）不符合本规定第四条第（一）、（二）、（三）项的规定；

"（二）湿租我国现有公共航空运输企业或者外国公共航空运输企业的民用航空器用以筹建公共航空运输企业；

"（三）民用机场、空中交通管理、航空器制造、航油供应、民航计算机信息等与公共航空运输企业有直接关联关系、可能影响航空运输市场公平竞争的企业或单位，单独设立或者违反规定参股设立公共航空运输企业。

"（四）不符合民航局规定的其他条件。"

（二）公共航空运输企业的设立程序

申请设立公共航空运输企业，应当按照《中华人民共和国民用航空法》及有关行政法规的规定，由申请设立公共航空运输企业的申请人（以下简称申请人）按下列程序办理。

1. 提出申请

在申请前，申请人应通过国务院民用航空主管部门或地区管理机构了解国家关于开办公共航空运输企业的法律和政策规定、航空运输企业的发展现状，以及开办经营公共航空运输企业的条件和要求等有关情况。经调查和论证，申请人如确认必要和可能，应向国务院民用航空主管部门提出书面申请。

《公共航空运输企业经营许可规定》第九条规定："申请人申请筹建公共航空运输企业，应当提交下列文件、资料一式三份：

"（一）筹建申请报告；

"（二）投资人的资信能力证明；

"（三）投资各方签订的协议（合同）以及企业法人营业执照（或者注册登记证明）复印件或者自然人身份证明复印件；

"（四）筹建负责人的任职批件、履历表；

"（五）企业法人营业执照；

"（六）民航局规定的其他文件、资料。"

《公共航空运输企业经营许可规定》第十条规定："筹建公共航空运输企业的申请报告应当包括以下内容：

"（一）拟经营航线的市场分析；

"（二）拟选用的民用航空器型号、来源和拟使用的主运营基地机场条件；

"（三）专业技术人员的来源和培训渠道；

"（四）拟申请的经营范围。"

2. 批准筹建

国务院民用航空主管部门是公共航空运输企业设立的受理、审查和批准机关。

《公共航空运输企业经营许可规定》第十一条规定："申请人申请筹建公共航空运输企业，应当将申请材料提交所在地民航地区管理局初审。民航地区管理局收到申请人的申请材料后，将其置于民航局网站（WWW.CAAC.GOV.CN），供申请人、利害关系人及社会公众查阅和提出意见。利害关系人和社会公众如有意见，应当自上网公布之日起10个工作日内提出意见。

"民航地区管理局应当自收到申请人的申请材料之日起20个工作日内提出初审意见并连同申报材料一起报民航局。"

《公共航空运输企业经营许可规定》第十二条规定："对申请人申请筹建公共航空运输企业没有重大异议的，民航局应当自受理其申请之日起10个工作日内作出准予筹建的初步决定,并将其置于民航局网站,供申请人、利害关系人及社会公众查阅和提出意见。民航局应自受理申请之日起 20 个工作日内作出是否准予筹建的决定。

"对申请人的筹建申请有重大异议的,申请人、利害关系人如果要求听证,民航局按规定组织听证。民航局根据听证的结果作出是否准予筹建的初步决定并置于民航局网站予以公布,供申请人、利害关系人及社会公众查阅和提出意见。申请人、利害关系人及社会公众如有意见,应当自上网公布之日起 10 个工作日内提出意见。民航局根据征求意见的情况作出是否准予筹建的决定。"

3. 公告

《公共航空运输企业经营许可规定》第十三条规定:"民航局对准予筹建的公共航空运输企业,应当自作出决定之日起 10 个工作日内送达筹建认可决定,予以公告。

"对不予筹建的,应当自作出决定之日起 10 个工作日内书面通知申请人、说明理由,并告知申请人享有依法申请行政复议或者提起行政诉讼的权利。"

《公共航空运输企业经营许可规定》第十五条规定:"经民航局认可的筹建公共航空运输企业的有效期限为 2 年。

"申请人自民航局准予其筹建之日起 2 年内未能按规定条件取得经营许可证的,确有充足的事由,经申请人申请、所在地民航地区管理局初审,民航局可准予其延长 1 年筹建期。在延长筹建期内仍未取得经营许可证的,丧失筹建资格。

"丧失筹建资格的申请人,民航局 2 年内不再受理其筹建申请。"

4. 企业筹建

国务院民用航空主管部门对申请人批准筹建的文件是申请人依法开展设立公共航空运输企业各项筹建工作的依据,也是申请人取得经营许可证的必要前提条件。需要注意的是,公共航空运输企业有区别于其他企业的特殊性,它的筹建也不同于其他一般企业。《公共航空运输企业经营许可规定》第十七条规定:"经准予筹建的公共航空运输企业,应当按照国家有关法律、行政法规及涉及民航管理的规章的规定和认可条件,在筹建有效期内开展筹建工作。"

5. 申请经营许可证

《公共航空运输企业经营许可规定》第十八条规定:"申请人申请公共航空运输企业经营许可,应当提交下列文件、资料一式三份:

"(一)公共航空运输企业经营许可申请书。

"(二)企业法人营业执照。

"(三)企业章程。

"(四)购买或者租赁民用航空器的证明文件。

"(五)客票、货运单格式样本及批准文件。

"(六)与拟使用的主运营基地机场签订的机坪租赁协议和机场场道保障协议。

"(七)法定代表人、负责企业全面经营管理的主要负责人的任职文件、履历表、身份证复印件。

"(八)投保地面第三人责任险的证明文件。

"（九）企业董事、监事的姓名、住所及委派、选举或者聘任的证明。
"（十）民航局规定的其他文件、资料。"

中国民用航空局对收到的申请材料进行初审、公示、批准的法律程序与筹建申请程序类似。

《公共航空运输企业经营许可规定》第二十一条规定："民航局对准予经营许可的，应当自作出决定之日起10个工作日内，向申请人颁发公共航空运输企业经营许可证。"经营许可证是申请人从事航空运输经营活动的资格凭证，应当载明企业名称、主运营基地机场和经营范围。

《公共航空运输企业经营许可规定》第二十三条规定："公共航空运输企业正式投入航线运营前，应当按规定完成运行合格审定，审定合格后方可正式投入运营。"

6．企业设立程序的改革

修订前的《公共航空运输企业经营许可规定》对企业的申请采取"先证后照"政策，即申请人经批准并获得经营许可证后，按规定向企业所在地工商行政管理机关申请办理登记注册手续，经工商管理机关核发企业法人营业执照后，企业方可正式投入运营。在这种体制下，公共航空运输企业的进入门槛十分高，而且对公共航空运输企业准入后的持续监管内容则较为笼统，存在重准入、轻监管的问题。

为降低准入门槛、激发人们的创业积极性，2013年全国两会通过的《国务院机构改革和职能转变方案》提出，对工商登记制度实施改革，将注册资本实缴登记制改为注册资本认缴登记制，并放宽工商登记其他条件。工商登记制度改革后，中国民用航空局也对《公共航空运输企业经营许可规定》进行了修订，对企业申请经营许可证的材料要求进行了调整，将企业名称预先核准通知书调整为企业法人营业执照；取消经营许可证上与企业法人营业执照重复的内容，仅保留企业名称、主运营基地机场和经营范围等有关内容，减轻企业变更经营许可证的负担；并借鉴上市公司年报制度，取消了经营许可证的3年有效期限，改为长期有效，通过年度报告加强监管。

二、外商投资民用航空业的相关规定

（一）民用航空业开放的背景

为进一步扩大我国民用航空业的对外开放，促进民用航空业的改革和发展，保护投资者的合法权益，根据《中华人民共和国中外合资经营企业法》、《中华人民共和国中外合作经营企业法》、《指导外商投资方向规定》和《外商投资产业指导目录》及有关民用航空业的法律、法规制定的《外商投资民用航空业规定》于2002年8月1日起正式施行。

自改革开放以来，为了加快商品经济发展，各行各业都在招商投资，民用航空业也不例外。1994年，中国民用航空总局和对外贸易经济合作部联合颁布了《关于外商投资民用航空业有关政策的通知》及解释文件。为适应中国加入世贸组织和民航深化体制改革的新形势，1994年颁布的《关于外商投资民用航空业有关政策的通知》中有些内容已不适应新形势的要求。《外商投资民用航空业规定》允许外资进入我国民用航空业，外商投资中国民用航空业的范围、方式、比例、管理权等方面的条件被放宽，这意味着外商投资我国民用航空业进入了一个新的阶段。

（二）《外商投资民用航空业规定》的主要内容

1．投资范围

《外商投资民用航空业规定》第三条规定："外商投资民航业的范围包括民用机场、公共航空运输企业、通用航空企业和航空运输相关项目，禁止外商投资和管理空中交通管制系统。

"（一）鼓励外商投资建设民用机场。'民用机场'不包括军民合用机场。外商投资民用机场分二类项目：

"1．民用机场飞行区，包括跑道、滑行道、联络道、停机坪、助航灯光；

"2．航站楼。

"（二）鼓励外商投资现有的公共航空运输企业。

"鼓励外商投资从事农、林、渔业作业的通用航空企业。

"允许外商投资从事公务飞行、空中游览或为工业服务的通用航空企业，但不得从事涉及国家机密的作业项目。

"（三）'航空运输相关项目'包括航空油料、飞机维修、货运仓储、地面服务、航空食品、停车场和其他经批准的项目。"

2．外商投资方式

《外商投资民用航空业规定》第四条规定："外商投资方式包括：

"（一）合资、合作经营（简称'合营'）；

"（二）购买民航企业的股份，包括民航企业在境外发行的股票以及在境内发行的上市外资股；

"（三）其他经批准的投资方式。

"外商以合作经营方式投资公共航空运输和从事公务飞行、空中游览的通用航空企业，必须取得中国法人资格。"

3．外商投资的投资比例和投资期限

《外商投资民用航空业规定》第六条规定："外商投资民用机场，应当由中方相对控股。

"外商投资公共航空运输企业，应当由中方控股，一家外商（包括其关联企业）投资比例不得超过25%。

"外商投资从事公务飞行、空中游览、为工业服务的通用航空企业，由中方控股。从事农、林、渔业作业的通用航空企业，外商投资比例由中外双方商定。

"外商投资飞机维修（有承揽国际维修市场业务的义务）和航空油料项目，由中方控股；货运仓储、地面服务、航空食品、停车场等项目，外商投资比例由中外双方商定。"

《外商投资民用航空业规定》第七条规定："外商投资的合营企业经营期限一般不超过三十年。"

（三）《外商投资民用航空业规定》的特点

1．投资范围有所扩大

由原来规定外商投资公共航空运输企业试点两家，即东航、南航的试点范围，改为取

消试点的数量限制，允许外商投资现有的任何一家公共航空运输企业；外商投资通用航空领域，由只允许外商投资农、林业通用航空，改成除涉及国家机密的项目外，其他通用航空领域，外商均可投资。另外，对于公务飞行、空中游览和工业服务项目，过去是不允许外商投资的，此次我国放宽了投资领域，可以投资，但需由中方控股。从事农、林、渔业作业项目，由中外双方商定；对于航空运输相关项目的外商投资比例，原来没有明确规定，《外商投资民用航空业规定》对不同经营项目做了不同规定，航空油料供销、飞机维修项目由中方控股，货运仓储、地面服务、航空食品、停车场等项目由中外双方商定。

2. 外商投资的方式有所增加

原来外商只能以合资、合作方式投资民用航空业，《外商投资民用航空规定》新增了通过购买股票和"其他经批准的投资方式"投资的外商投资方式。

3. 外商投资比例有所放宽

过去投资民用机场规定外商投资比例不得超过 49%，中方必须控股，现在改为外商投资民用机场，应当由中方相对控股；原来规定公共航空运输企业的外资股比例不得超过 35%、有表决权比例不得超过 25%，现在改为外商投资公共航空运输企业，应当由中方控股，一家外商（包括其关联企业）投资比例不得超过 25%。

4. 外商管理权力有所拓宽

原来规定外商投资民用机场、航空运输企业，董事长和总经理必须由中方担任，现在对外商投资的民航企业董事长、总经理是由中方还是外方人选担任没有限制条件，也就是说，董事长、总经理可由外方担任。

5. 对外商投资的导向政策更加明确和完善

近年来，随着我国对外开放程度的不断加深，国家外资准入管理模式也发生了重大变化。2019 年 3 月 15 日，《中华人民共和国外商投资法》经表决通过，自 2020 年 1 月 1 日起施行，《中华人民共和国中外合资经营企业法》《中华人民共和国外资企业法》《中华人民共和国中外合作经营企业法》同时废止。《中华人民共和国外商投资法》明确对外商投资实行准入前国民待遇加负面清单管理制度，清单之外不得对外资设置准入限制。鉴于 110 号令以"正面清单"方式规定了外商投资民用航空业的准入限制，这在管理模式和开放水平上与国家外资管理规定已不一致，根据有关清理要求，按程序予以废止。2020 年 12 月 30 日，中国民用航空局发布《关于废止〈外商投资民用航空业规定〉及其 6 个补充规定的决定》。

110 号令及其 6 个补充规定废止后，我国民用航空领域外商投资准入政策将按照《外商投资准入特别管理措施（负面清单）》(2020 版)（以下简称 2020 版《外资准入负面清单》）规定及其后续修订执行。根据 2020 版《外资准入负面清单》，我国民用航空领域主要保留了公共航空运输、通用航空、民用机场等 3 个领域外资准入限制。

《中华人民共和国外商投资法》的实施，标志我国民用航空领域外商投资步入一个新的阶段。

三、国内投资民用航空业的有关规定

（一）允许民间资本进入民用航空业

进入21世纪，企业改革进一步深入，我国民用航空业也处于转型的新时期。为了发展我国民用航空业，在20世纪末，我国允许外资进入该领域，借用国外的资金和经验来推动我国民用航空业的发展。既然允许外资进入，也应当允许国内非公有资本进入。放宽国内投资民用航空业的政策，有利于同时利用国内、国外的资源。于是，《国内投资民用航空业规定（试行）》于2005年8月15日起施行。该规定既放宽了民用航空业的投资准入及投资范围，又保证了国有经济占据主导地位。同时，为保证公平竞争，防止垄断和区域封锁，该规定还对业内航空公司、民用运输机场及民航其他企业相互投资参股做出明确的限制，维护了公共安全和公共利益，加强了行业政府监管。

2005年，民用航空业发展出现第一轮高潮，我国民营航空公司如雨后春笋般诞生，如吉祥航空、春秋航空、东星航空等。其中，成立于20世纪90年代初的深圳航空在2005年进行一系列股权转让后也成为民营资本控股的航空公司。一时间，民用航空业成为当时民间资本的"新宠儿"。

众所周知，航空业属于高资产、高负债行业，引进飞机的成本动辄百万、千万，甚至上亿元，这些资金大多需要通过直接或间接的融资渠道获取。相对于国有航企而言，民营航企的注册资本低、机队规模小、股权结构分散、抗风险能力弱。在2008年那场影响深远的全球经济金融危机的冲击下，航油成本剧增，大部分民营航企出现巨额亏损和债务。在内外交困的情况下，大部分民营航企要么被国有航空公司并购重组，要么破产清算。例如，2006年获得经营许可的东星航空，已被裁定破产。我国民用航空业似乎又重新回到了国有垄断时代，如今仅存的也就是春秋航空、吉祥航空等企业。

从2013年开始，中国民用航空局逐渐加大民航经营权的开放力度，在客运方面先后批准瑞丽航空、青岛航空、浙江长龙航空、九元航空、龙江航空、云南红土等航空公司的筹建，这标志着继2005年第一轮民用航空开放潮后，中国民航市场的第二波民用航空发展高潮的到来。其中，九元航空是第一轮成立的民营航空企业之一——吉祥企业旗下的低成本航企，而在货运方面，圆通、龙浩等民营企业也相继成立航空货运公司，开始全面进军航空物流产业。另外，不得不提的是2009年筹建成立的顺丰航空在历经数年的发展后，如今在湖北鄂州自建货运机场，以期打造中国的"孟菲斯货运机场"，这也将是我国首个专门的货运机场。尽管此时距离第一轮民用航空开放潮已经过去了十多年，但民营企业进入民用航空领域仍困难重重，挑战不少。

（二）进一步放宽民用航空业投资政策

1.《国内投资民用航空业规定》出台的背景

为了贯彻落实《国务院关于鼓励支持和引导个体私营等非公有制经济发展的若干意见》，2017年交通运输部以2017年第34号令形式颁布了《国内投资民用航空业规定》，并于2018年1月19日起正式实施，同时废止2005年颁行的《国内投资民用航空业规定（试行）》。《国内投资民用航空业规定》进一步放宽国有和非国有主体投资民用航空业的准入标

准，鼓励、支持国内投资主体投资民用航空业，并规范民航企业之间的投资行为。

2.《国内投资民用航空业规定》的主要内容

（1）明确宗旨。国内投资主体投资民用航空业，应当有利于巩固和发展公有制经济，有利于鼓励、支持和引导非公有制经济发展，有利于坚持和完善公有制经济为主体、多种所有制经济共同发展的基本经济制度。

（2）放宽投资主体，放宽投资范围。允许各种所有制主体投资民用航空业，包括非公有制投资主体。把原规定中的"中国国际航空股份有限公司、中国东方航空股份有限公司、中国南方航空股份有限公司应当保持国有或者国有控股"，修改为"对国内投资需要特别管理的公共航空运输企业应当保持国有控股或者国有相对控股"。鼓励社会资本投资运营民用机场的有关政策，包括进一步放宽主要机场的国有或国有控股要求，允许国有相对控股，对其他民用机场在投资准入方面没有限制，以更多引入社会资本投资建设民用机场；全面放开通用机场建设，对投资主体不做限制；允许社会资本通过政府与社会资本合作等方式参与民用机场的建设和运营等。

（3）保证公平竞争，防止垄断。机场是自然垄断部门。机场控股航空公司、航空公司控股机场都可能造成市场不公平竞争。民用航空燃油销售储运企业、信息服务企业与航空公司、机场相互关联，它们对航空公司、机场的控股、参股容易造成市场不公平竞争。因此，在鼓励各类投资主体投资民用航空业的同时，对可能造成市场不公平竞争的投资行为做出不能投资或不可控股的限制：限制民用机场、航空燃油销售储运企业、民航信息服务企业投资公共航空运输企业；限制公共航空运输企业投资民用运输机场。

空域资源是国家的重要资源，空中交通管理部门是关系国家安全的部门，所以空中交通管理部门主要由中央政府投资，而且空中交通管理部门不得投资空中交通管理系统之外的其他领域。

（4）维护公共安全和公共利益，加强行业政府监管。民用航空业所有企业、机场的行为都与公共安全、公共利益有直接关系，为了维护国家利益、公民利益，《国内投资民用航空业规定》做了若干规定，加强监管，以保证公共安全和公共利益不受侵犯。

① 非国有投资主体作为主要投资方投资民用运输机场，应当与机场所在地方政府签订合同，就经营期限和经营期满后如何处置等进行约定，并报中国民用航空局。

② 在放开国内各投资主体进入民用航空业的同时，不允许有犯罪记录等情况的人员担任民航企业的董事、监事、经理等高级经营管理职务。

③ 加强对垄断行为、不公平竞争行为的监管。监管方式包括对民航企/事业单位以多种方式进行的联合和合作进行审批，对不公平竞争行为实施调查，以及对违规行为进行行政处罚等。

四、公共航空运输企业的管理

公共航空运输关系到国家领空安全，关系到国计民生大事，因此对公共航空运输企业的管理十分重要。对公共航空运输企业依法进行管理的部门是国务院民用航空主管部门。其管理内容也十分广泛，主要包括航线管理、航空运价管理、航空运力管理、航空安全管理和航空服务质量监督管理。

（一）航线经营企业资质管理

国际航空运输企业需要具备一定条件，才有资格进行航线运输。2017年修订版的《定期国际航空运输管理规定》第三条规定："申请国际航线经营许可证的空运企业，应当具备以下条件：

"（一）已按照《公共航空运输企业经营许可规定》申请增加了国际航班经营范围；

"（二）具备与经营该国际航线相适应的民用航空器、人员和保险；

"（三）具备符合规定的航班计划；

"（四）近两年公司责任原因运输航空事故征候率年平均值未连续超过同期行业水平；

"（五）守法信用信息记录中没有严重违法行为记录；

"（六）符合航班正常、服务质量管理的有关规定；

"（七）符合法律、行政法规和规章规定的其他条件。

"初次申请国际航线经营许可的，还应具有与经营国际航班相适应的专业技术人员和主要管理人员、相应的经营国际航班的管理制度等。"

（二）航线管理

空中航线指航空运输的航班走向，通常由始发地点、经停地点、目的地点和延伸地点相连接的航迹构成。空中航线根据空中交通管制的需要，规定了航线的宽度和飞行高度，以维护空中交通秩序，保证飞行安全。

航班运输航线的开辟、暂停、终止经营，均需要得到有关部门的批准。《中华人民共和国民用航空法》第九十六条规定："公共航空运输企业申请经营定期航班运输（以下简称航班运输）的航线，暂停、终止经营航线，应当报经国务院民用航空主管部门批准。公共航空运输企业经营航班运输，应当公布班期时刻。"

《中国民用航空国内航线经营许可规定》第五条规定："中国民用航空局（以下简称民航局）和民航地区管理局根据空运企业经营国内客、货航线的申请，分别采取核准和登记方式进行管理。"

《中国民用航空国内航线经营许可规定》第六条规定："民航局负责对区际航线实施经营许可的核准、登记管理，并对全国国内航线经营进行监督和管理。"

（三）航空运价管理

运价又称费率。航空运价分为客运价和货运价，分别指旅客、行李和货物运输的价格。客运价是指一位旅客自始发地机场至目的地机场的航空费用；货物运费是在货物运输过程中产生的承运人应当向托运人或者收货人收取的费用，指一定单位重量的货物自始发地机场至目的地机场的航空费用，它只包括机场与机场之间的航空运输费用，其运价是承运人为运输货物对规定的重量单位或货物的价值所收取的费用。

1．运价的货币结算

运输始发地销售的航空货运单的任何运价、运费均应为运输始发地货币，即当地货币。

航空货物运价一般以运输始发地的本国货币公布,有的国家以美元代替其本国货币公布。

2. 货物运价的有效期

销售航空货运单所使用的运价应为填制货运单之日的有效运价,即在航空货物运价有效期内适用的运价或应付的款额,及适用这些运价(或应付的款额)的条件,包括代理服务和其他辅助服务的价格(或应付的款额)及条件,邮件运输的报酬和条件除外。

《中华人民共和国民用航空法》第九十七条第一款规定:"公共航空运输企业的营业收费项目由国务院民用航空主管部门确定。"公共航空运输企业的营业收费项目,是指公共航空运输企业在经营活动中可以对旅客、货主收取的费用种类,如客票票款、货运费、超重行李费、仓储费等。公共航空运输企业的营业收费项目,直接关系着旅客、货主的权益,关系着航空运输的市场秩序。

《中华人民共和国民用航空法》第九十七条第二款、第三款规定:"国内航空运输的运价管理办法,由国务院民用航空主管部门会同物价主管部门制定,报国务院批准后执行。国际航空运输运价的制定按照我国与外国政府签订的协定、协议的规定执行;没有协定、协议的,参照国际航空运输市场价格制定运价,但也要报国务院民用航空主管部门批准后执行。"

(四)航空运力管理

航空运力是指在一定航线上所提供的运输能力,涉及所使用的航空器大小(运载能力)和飞行的次数(航班次数)。

根据《中华人民共和国民用航空法》第九十六条、第九十八条的规定,公共航空运输企业申请经营定期航班运输的航线,应当报经国务院民用航空主管部门批准;从事不定期航班运输,应当经国务院民用航空主管部门批准,并不得影响航班运输的正常经营。

【范例 6-1】

案例分享:

2020年3月,新冠肺炎疫情仍在持续,各国逐步升级防控措施。在全球航空业停飞潮的影响下,我国民用航空业也迎来了"最严"运力调控政策:每一家航空企业经营至任一国家航线只能保留1条,即"一司一国一线",仅维持每条航线的最低航班量。目前,已有东航等航空公司发布调整后的国际航班信息。

另据中国民用航空局的最新消息,将根据实际需求,对一些需求集中、飞行目的地有接收能力的城市,视情况启动针对海外华人的重大航空运输保障机制,开行临时班机或包机。

受调控政策的影响,2020年3月27日,A股航空板块整体下跌,7家上市航空公司的跌幅均为1%~2%。

中国民用航空局决定进一步调减国际客运航班运行数量。根据中国民用航空局于2020年3月26日晚间的通知,以中国民用航空局此前发布的"国际航班信息发布(第5期)"为基准,国内每家航空公司经营至任何一个国家的航线只能保留1条,且每条航线每周运营班次不得超过1班;外国每家航空公司经营至我国的航线只能保留1条,且每周运营班次不得超过1班。这一政策自2020年3月29日起执行。

该通知还指出,抵离中国的航班上采取严格的防控措施,确保客座率不高于75%。根据疫情防控的需要,中国民用航空局可能出台进一步收紧国际客运航班总量的政策。

证券时报·e公司记者注意到,根据"国际航班信息发布(第5期)",目前国内航空公司中执行客货混运航线较多的主要有三大航(国航、东航、南航)及春秋航空等。

东航已于2020年3月27日发布调整后的国际航班信息。2020年3月29日—5月2日,东航将保留包括美国纽约、加拿大多伦多在内的19个执飞国际站点,合计每周执飞40班国际航班,其余国际航班均取消。春秋航空于2020年3月26日发布了"因公共卫生原因,临时取消部分进出港航班"的通知,涉及包括浦东济州、浦东曼谷、浦东成田等站点在内的多条国际航线。

对于进一步收紧国际航线,业内并不感到意外,航空业实际上经历了一个逐步收窄航班的过程。"这次最严格的国际航班调控政策,是中国民用航空局为了应对近期海外输入病例日渐增长而推出的有力应对措施。事实上,我们可以看到,在这个最新的调控政策出台之前,受疫情影响,出行人数下降,国内和国外航司从2月份开始已经主动地不断缩减国际航班的数量。在3月中旬,国际航班的执行率已经降到了20%以下。"罗兰贝格企业管理(上海)有限公司执行总监李雷向证券时报·e公司记者表示。

"在新措施的影响下,我国每周航班量将下降到130班左右。经测算,每天通过航空入境的旅客人数将由目前的2.5万人降到5000人左右。"(环球网)

注:这是作为航空运输管理部门,为了国家安全,为了特殊时期的防疫需要,非常时期采取的非常管理手段。

(五)航空安全管理

航空安全管理,是一个十分宽泛的管理概念。由于实际涉及的地域、人群面非常广,航空安全管理需要综合运用复杂系统理论,内容包含安全科学、人素科学、灾害学等学科领域理论和成果,以预警管理理论为指导,对航空安全影响因素和航空灾害的可控制诱因进行监测、识别、诊断及预先控制,将航空事故和事件诱发因素消灭在萌芽阶段,预防和减少航空运输灾害,保证民航运营处于有序的安全状态。

航空安全管理的目标在于,了解航空环境和飞机故障异常变化的成因和过程,分析它们与人为失误之间的联系,解决航空行为人的内在局限性或失误的可能性;统计出飞机在不同因素和条件下发生事故和灾害的概率;避免民航安全管理在一定条件作用下可能出现的管理失误;识别和诊断航空事故征候或灾害征兆,运用有效的预控方法,控制其发展趋势。

对公共航空运输企业而言,航空安全管理包括营业安全管理、飞行安全管理、航空保安管理和航空安全运输管理。

(六)航空服务质量监督管理

航空运输的本质是服务,服务质量的好坏关系着企业的生存与发展。要提升航空运输的服务质量，需要建设一套民航服务质量体系，包括航班正常管理体系、客票销售和退改签规范、运输服务信息告知、行李运输保障、民航餐食服务、特殊旅客运输、新技术应用、质量管理体系建设、投诉处理效率和质量等多方面的管理制度。只有全面提升航空服务质量监督管理水平，航空服务质量方能得到提升。

随着参与航空运输的企业的增加，业内间竞争也越发激烈，不少航空公司在管理提升上下功夫，以图从软实力方面提高企业的竞争力。

首先，提高航班正常管理水平，在运营上占据优势。民航各单位不断优化航空公司运行管理体系，持续完善机场保障管理体系，着力优化空管运行服务管理体系。

其次，立足民生着眼客户，改善基础服务工作。民航各单位采取了多种服务项目质量提升措施，如完善旅客出行信息告知、提升行李运输服务水平、规范客票销售和退改签，以及实现机场餐饮同城、同质、同价等。

最后，围绕旅客体验不断创新服务手段。航空公司和航空饮食供应企业纷纷开辟航线特色餐饮、推广高空移动终端接入局域网或互联网服务，以及推行安检新技术等，用以方便旅客、吸引客户。2021年7月2日，中国民航信息集团公司推出的"航信通"产品提供全流程"无纸化"便捷通关服务，已在国内200多家机场完成全通道部署，累计服务旅客近5亿人次，为旅客出行平均节约7分钟的等候时间。

另外，各航空运输公司还推出了特色服务，如实现残疾军人（警察）网络优惠购票，提升残疾人、老年人、孕妇、儿童等特殊旅客航空运输服务能力，使得旅客投诉集中受理平台成效显著。

思考与学习：

1．我国成立航空运输企业应具备哪些条件？
2．外资进入我国航空业须具备哪些条件，可以投资哪些领域？

第三节　航空运输合同及凭证

【范例 6-2】

案例分享：

2004年12月29日，ABDUL WAHEED（阿卜杜勒·瓦希德，以下简称阿卜杜勒）购买了几张由香港国泰航空公司（以下简称国泰航空公司）作为出票人的机票。机票列明的航程安排如下：2004年12月31日11时，从上海飞至香港，同日16时，从中国香港飞至卡拉奇；2005年1月31日，从卡拉奇飞至中国香港，同年2月1日，从香港飞至上海。其中，上海与香港间的航程由东航实际承运，中国香港与卡拉奇间的航程由国泰航空公司实际承运。机票背面条款注明，该合同应遵守《华沙公约》所指定的有关责任的规则和限制。该机票为打折票，机票上注明"不得退票、不得转签"。

自2004年12月30日15时起，上海浦东机场下中雪，导致该机场于该日22时至23

时被迫关闭 1 小时,该日 104 个航班延误。31 日,因飞机除冰、补班调配等原因,导致该日航班取消 43 架次、延误 142 架次,飞机出港正常率只有 24.1%。东航的 MU703 航班也因为天气原因延误了 3 小时 22 分钟,导致阿卜杜勒及其家属到达香港机场后未能赶上国泰航空公司飞往卡拉奇的衔接航班。东航的工作人员告知阿卜杜勒只有两种处理方案可供选择:其一是阿卜杜勒等人在机场里等候 3 天,然后搭乘国泰航空公司的下一航班,这 3 天中的相关费用自理;其二是阿卜杜勒等人出资,另行购买其他航空公司的机票飞至卡拉奇,费用为 25 000 港元。阿卜杜勒当即表示无法接受这两种方案,其妻子杜琳打电话给东航,但该公司称有关工作人员已下班。杜琳对东航的处理方式无法接受,且因携带婴儿而产生焦虑,情绪变得激动。最终经过香港机场工作人员的交涉,阿卜杜勒及家属共支付 17 000 港元,购买了阿联酋航空公司的机票及行李票,搭乘该公司航班绕道迪拜,然后到达卡拉奇。为此,阿卜杜勒支出机票款 4721 港元、行李票款 759 港元,共计 5480 港元。

阿卜杜勒认为,东航的航班延误,又拒绝重新安排航程,给自己造成了经济损失,遂提出诉讼,要求判令东航赔偿机票款和行李票款,并定期对外公布航班的正常率、旅客投诉率。

东航辩称,航班延误的原因系天气条件恶劣,属不可抗力;其已将此事通知了阿卜杜勒,阿卜杜勒亦明知将错过香港的衔接航班,其无权要求东航改变航程。阿卜杜勒称,其之所以明知会错过衔接航班仍选择登上飞往香港的航班,是因为东航对其承诺会予以妥善解决。

裁判结果

上海市浦东新区人民法院于 2005 年 12 月 21 日做出(2005)浦民-(民)初字第 12164 号民事判决:一、东航应在判决生效之日起 10 日内赔偿阿卜杜勒的损失共计人民币 5863.60 元;二、驳回阿卜杜勒的其他诉讼请求。宣判后,东航提出上诉。上海市第一中级人民法院于 2006 年 2 月 24 日做出(2006)沪-中民-(民)终字第 609 号民事判决:驳回上诉,维持原判。

裁判理由

法院生效裁判认为:原告阿卜杜勒是巴基斯坦国公民,其购买的机票,出发地为我国上海,目的地为巴基斯坦卡拉奇。《中华人民共和国民法通则》第一百四十二条第一款规定:"涉外民事关系的法律适用,依照本章的规定确定。"第二款规定:"中华人民共和国缔结或者参加的国际条约同中华人民共和国的民事法律有不同规定的,适用国际条约的规定,但中华人民共和国声明保留的条款除外。"我国和巴基斯坦都是《海牙议定书》《瓜达拉哈拉公约》的缔约国,故这两个国际公约对本案适用。

《1955 年在海牙修改的华沙公约》第二十八条(1)款规定:"有关赔偿的诉讼,应该按原告的意愿,在一个缔约国的领土内,向承运人住所地或其总管理处所在地或签订契约的机构所在地法院提出,或向目的地法院提出。"第三十二条规定:"运输合同的任何条款和在损失发生以前的任何特别协议,如果运输合同各方借以违背本公约的规则,无论是选择所适用的法律或变更管辖权的规定,都不产生效力。"据此,在阿卜杜勒持机票起诉的情形下,中华人民共和国上海市浦东新区人民法院有权对这起国际航空旅客运输合同纠纷进行管辖。

《瓜达拉哈拉公约》第一条第二款规定:"'缔约承运人'指与旅客或托运人,或与旅客或托运人的代理人订立一项适用《华沙公约》的运输合同的当事人。"第一条第三款规定:"'实际承运人'指缔约承运人以外,根据缔约承运人的授权办理第二款所指的全部或部分运输的人,但对该部分运输此人并非华沙公约所指的连续承运人。在没有相反的证据时,上述授权被推定成立。"第七条规定:"对实际承运人所办运输的责任诉讼,可以由原告选择,对实际承运人或缔约承运人提起,或者同时或分别向他们提起。如果只对其中的一个承运人提起诉讼,则该承运人应有权要求另一承运人参加诉讼。这种参加诉讼的效力以及所适用的程序,根据受理案件的法院的法律决定。"阿卜杜勒所持机票由国泰航空公司出票,故国际航空旅客运输合同关系是在阿卜杜勒与国泰航空公司之间设立的,国泰航空公司是缔约承运人。东航与阿卜杜勒之间不存在直接的国际航空旅客运输合同关系,也不是连续承运人,只是推定其为根据国泰航空公司的授权,完成该机票确定的上海至香港间运输任务的实际承运人。阿卜杜勒有权选择国泰航空公司或东航或两者同时为被告提起诉讼;在阿卜杜勒只选择东航为被告提起的诉讼中,东航虽然有权要求国泰航空公司参加诉讼,但由于阿卜杜勒追究的航班延误责任发生在东航承运的上海至香港段航程中,与国泰航空公司无关,根据本案案情,衡量诉讼成本,无须追加国泰航空公司为本案的当事人共同参加诉讼。故东航虽然有权申请国泰航空公司参加诉讼,但这种申请能否被允许,应由受理案件的法院决定。一审法院认为国泰航空公司与阿卜杜勒要追究的航班延误责任无关,根据本案旅客维权的便捷性、担责可能性、诉讼的成本等情况,决定不追加国泰航空公司为本案的当事人,并无不当。

《1955 年在海牙修改的华沙公约》第十九条规定:"承运人对旅客、行李或货物在航空运输过程中因延误而造成的损失应负责任。"第二十条(1)款规定:"承运人如果证明自己和他的代理人为了避免损失的发生,已经采取一切必要的措施,或不可能采取这种措施时,就不负责任。"2004 年 12 月 31 日的 MU703 航班由于天气原因发生延误,对这种不可抗力造成的延误,东航不可能采取措施来避免发生,故其对延误本身无须承担责任。但东航还需要证明其已经采取了一切必要的措施来避免延误给旅客造成的损失发生,否则即应对旅客因延误而遭受的损失承担责任。阿卜杜勒在浦东机场时由于预见到 MU703 航班的延误会使其错过国泰航空公司的衔接航班,曾多次向东航的工作人员询问怎么办。东航应当知道国泰航空公司从中国香港飞往卡拉奇的衔接航班 3 天才有一次,更明知阿卜杜勒一行携带着婴儿,不便在中转机场长时间等候,有义务向阿卜杜勒一行提醒中转时可能发生的不利情形,劝告阿卜杜勒一行改日乘机。但东航的工作人员没有这样做,还让阿卜杜勒填写《续航情况登记表》,并告知会予以妥善解决,使阿卜杜勒对该公司产生合理信赖,从而放心登机飞赴香港。阿卜杜勒一行是得到东航的承诺后来到中国香港的,但是东航不考虑阿卜杜勒一行携带婴儿要尽快飞往卡拉奇的合理需要,向阿卜杜勒告知了要么等待 3 天乘坐下一航班且 3 天中相关费用自理,要么自费购买其他航空公司的机票的"帮助解决"方案。根据查明的事实,东航始终未能提供阿卜杜勒的妻子杜琳在登机前填写的《续航情况登记表》,无法证明阿卜杜勒系在明知飞往香港后会发生对己不利的情况下仍选择登机,故法院认定东航没有为避免损失的发生采取一切必要的措施是正确的。东航没有采取一切必要的措施来避免因航班延误给旅客造成的损失发生，不应免责。阿卜杜勒迫于无奈自费购买其他航空公司的机票，对于阿卜杜勒因购票而产生的5480港元的损失，东航应承担赔偿责任。

在延误的航班到达香港机场后，东航拒绝为阿卜杜勒签转机票，其主张阿卜杜勒的机票系打折票，已经注明了"不得退票，不得转签"，其无须另行提醒和告知。法院认为，即使航空公司在打折机票上注明"不得退票，不得转签"，也只能限制购买打折机票的旅客由于自身原因而不得退票和转签；旅客购买了打折机票，航空公司可以相应地取消一些服务，但是只要旅客支付了足额票款，航空公司就应为旅客提供完整的运输服务，并不能剥夺旅客在支付了票款后享有的乘坐航班按时抵达目的地的权利。本案中的航班延误并非由阿卜杜勒自身的原因造成的。阿卜杜勒乘坐延误的航班到达香港机场后肯定需要重新签转机票，东航既未能在始发机场告知阿卜杜勒在航班延误时机票仍不能签转的理由，在中转机场亦拒绝为其办理签转手续。因此，东航既未能提供证据证明损失的产生系阿卜杜勒自身原因所致，也未能证明其为了避免损失扩大采取了必要的方式和妥善的补救措施，故判令东航承担赔偿责任。

裁判要点

1. 对航空旅客运输实际承运人提起的诉讼，既可以选择对实际承运人或缔约承运人提起诉讼，也可以同时对实际承运人和缔约承运人提起诉讼。被诉承运人申请追加另一方承运人参加诉讼的，法院可以根据案件的实际情况决定是否准许。

2. 当不可抗力造成航班延误，致使航空公司不能将换乘其他航班的旅客按时运抵目的地时，航空公司有义务及时向换乘的旅客明确告知到达目的地后是否提供转签服务，以及在不能提供转签服务时旅客如何办理旅行手续。航空公司未履行该项义务，给换乘旅客造成损失的，应当承担赔偿责任。

3. 航空公司在打折机票上注明"不得退票，不得转签"，只是限制购买打折机票的旅客由于自身原因而不得退票和转签，不能据此剥夺旅客在支付票款后享有的乘坐航班按时抵达目的地的权利。

一、航空运输合同的概念

航空运输合同，指的是航空承运人与消费者（旅客、货物托运人，以及收货人、邮政机构）之间，依法就提供并完成以民用航空器运送服务达成的协议。

《民法典》第八百零九条规定："运输合同是承运人将旅客或者货物从起运地点运输到约定地点，旅客、托运人或者收货人支付票款或者运输费用的合同。"

在航空运输合同的概念中，有如下几点需要多加注意。

（1）合同双方当事人既是权利主体，又是义务主体，其权利、义务是对等的。航空运输合同的主体是航空承运人和旅客、托运人，他们是运输合同权利、义务的承担者，即合同当事人。在旅客运输合同中，旅客具有双重身份，既是运输合同的一方当事人，又是运输合同权利、义务所指向的对象。运输合同的客体是承运人运送行为，而不是货物和旅客。

（2）民航行李、货物运输合同中的托运人有时就是收货人，但是在多数情况下另有收货人，不过此时收货人不是运输合同的一方当事人。

（3）在航空运输合同中，航空承运人的义务是将旅客或者货物运输到约定地点，权利是收票款或者运费；而旅客、托运人的权利和义务与其对应，权利是要求航空承运人将其运输到约定地点，义务是向承运人支付票款或者运费。这里的票款是指在航空旅客运输合同中，旅客向承运人支付的机票价格、机场建设费及燃油附加费等；这里的运费是指在航空货物运输合同中，托运人向承运人支付的报酬。

二、航空运输合同的特征

（一）航空运输合同为有偿合同

有偿合同是指双方当事人均向对方做出给付并互有对价的合同。航空承运人、旅客或托运人的权利、义务呈对价关系。当事人一方在享有合同约定的权利的同时，须向对方当事人支付相应对价。有偿合同又称"有偿契约"，是"无偿合同"的对称。一般来说，双务合同都是有偿合同，但单务合同并非皆为无偿合同。有些单务合同是无偿的，如赠予合同；而有些单务合同是有偿的，如借款合同。

在民用航空运输活动中，承运人通过运输专业人员利用运输工具来为旅客和托运人提供运输服务而付出了成本，旅客和承运人为得到这些服务而支付费用，因此这类合同属有偿合同。鉴于航空运输合同的内容本质上是一种承运人与消费者之间的财产关系，一方当事人不履行或违反合同义务，势必直接给另一方当事人造成财产上的损害，所以双方当事人均应履行各自的合同义务，并应于不履行或违反合同义务时依法根据给对方当事人造成的财产损失程度承担相应的责任。

（二）航空运输合同为双务合同

双务合同是指双方当事人都享有权利且需要承担义务的合同。它区别于仅由一方当事人负担义务，而另一方当事人完全不负担义务的单务合同。在航空运输合同中，双方当事人的权利和义务对等。承运人的义务是将旅客或货物按照合同约定安全、及时地从一地运送到目的地，此义务恰是旅客或托运人的合同权利；旅客或托运人的义务则是向承运人支付机票费、行李费、运费和其他有关费用，此义务恰是承运人的合同权利。因此，航空运输合同是双务合同。在航班发生延误或旅客非自愿改变航程时，旅客之所以有权要求承运人退还票款、解除合同（退票）或请求赔偿，其根据在于合同约定，但其法理在于航空运输合同是一种双务合同。实践中承运人放弃自己获得对价的权利免费运输旅客或货物，其目的多为获得更大的经济利益，实质仍是商业性质，其作为个别现象，不影响双务有偿的判断。

（三）航空运输合同为诺成合同

诺成合同，是指以缔约当事人意思表示一致为充分成立条件的合同，即一旦缔约当事人的意思表示达成一致即告成立的合同，不需要具备其他形式和手续。与之相对应的是实践合同，是指除当事人意思表示一致外尚需交付标的物才能成立的合同。在这种合同中，仅有当事人的合意，合同尚不能成立，还必须有一方实际交付标的物的行为或其他给付，才能成立合同关系。

航空客运合同的成立一般只需承运人与旅客就提供并完成特定运送服务达成合意，其生效以旅客完成取得运输凭证的有关手续为标志。运输凭证仅仅是证明合同成立，以及随即产生的承运人与特定消费者之间相应的法律关系客观存在的一种证据。

航空货运合同是不是诺成合同在理论界存在争议。但其若为实践合同，则承运人在同意托运而未实际交付货物前，合同并不生效；即使其之后对托运人交付的货物不予接受和托运，也不承担违约责任，这样对托运人是极不公平的，会严重影响托运人和收货人的生产经营活动。同样，若托运人不交付货物，即使承运人已为托运做了准备，也不能追究托运人的违约责任，则会影响承运人的营业。另外，提单和客票并不是合同的标的物，而只是运输合同存在的证明，因此不能将提单和客票的交付视作运输合同生效的条件。

因此，将航空运输合同视作诺成合同更符合现代化社会中专业化的要求，这样可以保护托运方和承运方的共同利益。

（四）航空运输合同属于要式合同

要式合同是指应当或者必须根据法律规定的方式而成立的合同。《中华人民共和国民用航空法》第一百零九条、一百一十二条、一百一十三条、一百一十四条规定承运人应当向旅客出具客票、行李票，有权要求托运人填写航空货运单，明确了航空运输合同成立的形式要件。同时，《中华人民共和国民用航空法》亦规定旅客未能出示客票、行李票，托运人未能出示航空货运单，客票、行李票和航空货运单不符合规定或遗失，不影响运输合同的存在或有效。这说明客票、行李票和航空货运单不是航空运输合同生效的形式要件。航空运输合同绝大多数是法定书面形式合同，《中华人民共和国民用航空法》中对客票、行李票和航空货运单的内容做了专门规定，但是某些特殊类别的航空运输合同是约定书面形式合同，如包机（舱）运输合同。

（五）航空运输合同为格式合同

运输合同经常表现为标准合同，合同中存在大量的格式条款。格式合同指全部由格式条款组成的合同，只有部分是以格式条款的形式反映出来的则称为普通合同中的格式条款。《民法典》第四百九十六条规定："格式条款是当事人为了重复使用而预先拟定，并在订立合同时未与对方协商的条款。"采用格式条款的合同称为格式合同或制式合同。

航空运输合同对形式要件没有硬性要求。客票、行李票、货运单总称为运输凭证，在法律上只具备"初步证据"的性质，《华沙公约》早有明确规定，即客票、行李票或货运单缺如、不合规定或遗失，不影响运输合同的存在和有效。我国民用航空法中也有类似规定，运输凭证只是航空运输合同关系存在的证明，随着航空运输的发展，运输凭证已有所简化，并在今后将进一步简化，甚至有可能出现纸质票证消失和电子票证占主导地位的情况。

三、航空运输合同的分类

（一）按航空运输合同标的的不同分类

按航空运输合同标的的不同，航空运输合同可分为国际航空运输合同和国内航空运输合同两种。

国际航空运输合同是指标的为国际航空运输行为的运输合同。国内航空运输合同是指标的为国内航空运输行为的运输合同。判断一份航空运输合同是国际航空运输合同还是国内航空运输合同的标准是，在当事人订立的航空运输合同，运输的"出发地点"、"约定的经停地点"和"目的地点"中只要有一个位于我国境外，则该合同就是国际航空运输合同，这3个地点只有全部位于我国境内，该合同才是国内航空运输合同。而确定"出发地点"、"目的地点"和"约定的经停地点"的依据则是双方当事人订立的航空运输合同，即双方当事人的事先约定。一般不考虑在实际履行该运输合同过程中是否因故而实际地改变了航路，不考虑运输有无间断或有无转运。如果没有其他证明，则一般认为，在客票、行李票等运输凭证上注明的关于"出发地点"、"目的地点"和"约定的经停地点"的内容即确定该次航空运输的"出发地点"、"目的地点"和"约定的经停地点"的依据。航空运输合同各方认为几个连续的航空运输承运人办理的运输是一项单一业务活动的，无论其形式是以一个合同订立的还是以数个合同订立的，都应当视为一项不可分割的运输活动。

（二）按航空运输对象的不同分类

按航空运输对象的不同，航空运输合同可分为航空旅客运输合同、航空旅客行李运输合同和航空货物运输合同。需要注意的是，航空旅客行李运输合同既可以视为一种独立的合同形式，也可以视为航空旅客运输合同的附属合同，此时的合同便称作航空旅客和行李运输合同，如果没有其他特别说明，也可将航空旅客和行李运输合同约定俗成地称作航空旅客运输合同。一般我们所说的航空运输合同就是指航空旅客和行李运输合同及航空货物运输合同这两种合同形式。航空邮件运输合同属于航空货物运输合同的特殊形式，受《中华人民共和国邮政法》及相关行政法规、部门规章等调适，不受《中华人民共和国民用航空法》相关条文规范调适。

（三）按航空运输主体权利义务关系的种类分类

按航空运输主体权利义务关系的种类，可将航空运输合同分为标准型航空运输合同和约定型航空运输合同。

标准型航空运输合同，是指航空运输主体权利义务关系主要由法律规定的航空运输合同约定的，合同条款基本都是格式条款，一般常见的航空运输合同基本都是标准型的。合同条款除格式条款外，还有合同双方协商约定的条款，比较常见的有包机（舱）运输合同。

约定型航空运输合同，是指航空运输主体权利义务关系除法律规定外，还可由合同双方在合乎法律规定前提下进行新的约定。

总而言之，航空运输合同分为国内旅客运输合同、国内旅客行李运输合同、国内货物运输合同、国内邮件运输合同、国际旅客运输合同、国际旅客行李运输合同、国际货物运输合同、国际邮件运输合同。上述8类合同，又可细分为国内定期航班旅客运输合同、国内定期航班邮件运输合同、国内包机旅客运输合同、国内包机旅客行李运输合同、国内包机货物运输合同、国内包机邮件运输合同、国际定期航班旅客运输合同、国际定期航班旅客行李运输合同、国际定期航班货物运输合同、国际定期航班邮件运输合同、国际包机旅客运输合同、国际包机旅客行李运输合同、国际包机货物运输合同、国际包机邮件运输合同。此外，还有国内多式联运合同、国际多式联运合同等。

（四）航空运输合同应属于有名合同

合同可划分为有名合同（又称典型合同）与无名合同（又称非典型合同）。有名合同是指法律上或经济生活习惯上按其类型已确定一定名称的合同。它区别于法律未对合同的类型、内容及名称做出规定的无名合同。无名合同的双方当事人出于交易需要，可以自行决定合同内容，只要不违反法律、社会公共利益，法律便承认其合法效力。区分有名合同和无名合同的法律意义在于法律规则的选择，即有名合同直接适用相关合同规定，而无名合同是指《民法典》（自2021年1月1日起施行）合同编第二分编明文规定的15类合同之外的合同。

航空运输合同在本质上属于一种承揽合同。世界各国，或在民法与商法中于承揽合同或工作合同名下对它的有关问题做出一般规定，或在航空法或合同法中于航空运输合同或运送合同名下对它的基本要素做出特殊规定，如合同的基本内容与形式、赔偿责任等。上述诸部法律直接调整承运人与旅客和托运人之间债务的结构，即他们彼此间的权利义务关系。《民法典》规定的15类有名合同中就包括运输合同，因此，航空运输合同应属于有名合同。

四、航空运输合同的形式与内容

航空企业（即承运人）所开具的客票、行李票、货运单是订立合同和接受运输条件的凭证。航空运输合同的基本内容全部由承运人事先依法律、行业惯例、经营需要单方确定。

从要约与承诺的主体看，承运人永远是要约人，旅客和托运人永远是承诺人，旅客和托运人只有对合同表示接受或不予接受的权利，却没有对合同条件讨价还价的自由。

从要约与承诺的内容看，承运人一般不会对合同基本内容做出变更，而旅客和托运人也不能对合同的基本内容做出任何变更，不论对于合同内容知或不知、多知或少知，旅客和托运人均要受其约束。

从要约与承诺的方式看，如果承运人根据旅客和托运人请求按条件合法出具运输凭证，只要没有相反的证据表明旅客和托运人不接受要约，法律上就认定旅客和托运人已就合同成立与履行各自完成了受合同约束的承诺。当然，如果没有证据表明承运人已变更既定要约、没有履行要约，法律上也认定承运人已就合同成立与履行做出具有约束力的要约。

航空运输合同的一个显著特征是，合同承运人与旅客和托运人均无须按照传统的缔约方式对合同做出签署。在解释其中的格式条款时，按照《民法典》第四百九十六条至第四百九十八条有关格式合同的规定进行。

旅客及行李运输合同，根据国际公约及各国航空法的规定分为两个合同，即旅客运输合同和行李运输合同。

（一）客票与行李票

由于法律没有做出禁止性规定，在航空旅客运输过程中，旅客客票与该旅客的行李票通常合为一体。这样既简化了运输凭证及登机办理手续，省力、省时，方便旅客安全携带，又降低了承运人的经营成本。旅客一票在手，即手握国际通行的旅客及行李运输合同。

1. 客票

《中华人民共和国民用航空法》第一百一十一条规定："客票是航空旅客运输合同订立和运输合同条件的初步证据。旅客未能出示客票、客票不符合规定或者客票遗失，不影响运输合同的存在或者有效。"

《中华人民共和国民用航空法》第一百一十条规定："客票应当包括的内容由国务院民用航空主管部门规定。"

由于信息科技的发展，航空运输客票不再单纯由航空公司售票处售出，网上订购越来越普遍，对客票的规定也越来越细致。2021年9月1日实施的《公共航空运输旅客服务管理规定》第十五条第一款规定："承运人或者其航空销售代理人通过网络途径销售客票的，应当以显著方式告知购票人所选航班的主要服务信息，至少应当包括：

"（一）承运人名称，包括缔约承运人和实际承运人；

"（二）航班始发地、经停地、目的地的机场及其航站楼；

"（三）航班号、航班日期、舱位等级、计划出港和到港时间；

"（四）同时预订两个及以上航班时，应当明确是否为联程航班；

"（五）该航班适用的票价以及客票使用条件，包括客票变更规则和退票规则等；

"（六）该航班是否提供餐食；

"（七）按照国家规定收取的税、费；

"（八）该航班适用的行李运输规定，包括行李尺寸、重量、免费行李额等。

"承运人或者其航空销售代理人通过售票处或者电话等其他方式销售客票的，应当告知购票人前款信息或者获取前款信息的途径。"

《公共航空运输旅客服务管理规定》第二十条规定："承运人或者其航空销售代理人出票后，应当以电子或者纸质等书面方式告知旅客涉及行程的重要内容，至少应当包括：

"（一）本规定第十五条第一款所列信息；

"（二）旅客姓名；

"（三）票号或者合同号以及客票有效期；

"（四）出行提示信息，包括航班始发地停止办理乘机登记手续的时间要求、禁止或者限制携带的物品等；

"（五）免费获取所适用运输总条件的方式。"

2. 行李票

《中华人民共和国民用航空法》第一百一十二条规定："承运人载运托运行李时，行李票可以包含在客票之内或者与客票相结合。除本法第一百一十条的规定外，行李票还应当包括下列内容：

"（一）托运行李的件数和重量；

"（二）需要声明托运行李在目的地点交付时的利益的，注明声明金额；

"行李票是行李托运和运输合同条件的初步证据；

"旅客未能出示行李票、行李票不符合规定或者行李票遗失，不影响运输合同的存在或者有效。"

运输凭证由于具有初步证据的效力,对此《华沙公约》已有明确规定,即客票、行李票或货运单缺如、不合规定或遗失,不影响运输合同的存在和有效。《公共航空运输旅客服务管理规定》中对承运人、地面服务代理人、机场管理的行李托运管理及旅客托运行李的权利均做了详细规定。

(二)航空货运单

货物运输合同的形式,与旅客及行李运输合同类似,亦为分离的书面形式。作为证据,货物运单证实了货物运输合同的法律效力、客观存在。具体地说,航空货物运输合同在形式上一般由货运单、承运人货物运价规则的相关部分、承运人的货物运输条件、国际条约或国内法规定的合同条款、各承运人依法达成的特别协议,以及可以作为相反的证据取代货物运单部分内容的其他书面凭证等组成。

《中华人民共和国民用航空法》第一百一十八条规定:"航空货运单是航空货物运输合同订立和运输条件以及承运人接受货物的初步证据。航空货运单上关于货物的重量、尺寸、包装和包装件数的说明具有初步证据的效力。除经过承运人和托运人当面查对并在航空货运单上注明经过查对或者书写关于货物的外表情况的说明外,航空货运单上关于货物的数量、体积和情况的说明不能构成不利于承运人的证据。"

《中华人民共和国民用航空法》第一百一十五条规定:"航空货运单应当包括的内容由国务院民用航空主管部门规定,至少应当包括以下内容:

"(一)出发地点和目的地点;

"(二)出发地点和目的地点均在中华人民共和国境内,而在境外有一个或者数个约定的经停地点的,至少注明一个经停地点;

"(三)货物运输的最终目的地点、出发地点或者约定的经停地点之一不在中华人民共和国境内,依照所适用的国际航空运输公约的规定,应当在货运单上声明此项运输适用该公约的,货运单上应当载有该项声明。"

第四节 航空承运人的责任

【范例 6-3】

案例分享:

2010 年 8 月 24 日 21 时 38 分 08 秒,河南航空有限公司(以下简称河南航空)的机型为 E-190、注册编号为 3-3130 的飞机执行哈尔滨至伊春的 7138387 班次定期客运航班任务,在黑龙江省伊春市林都机场 30 号跑道进近时,距离跑道 690 米处坠毁。部分乘客在飞机坠毁时被甩出机舱。

伊春空难机上乘客共计 96 人,其中儿童 5 人。事故造成 44 人遇难、52 人受伤,直接经济损失达 30 891 万元。该事故属可控飞行撞地,事故原因为飞行员失误。根据失事现场情况判断和幸存者回忆,飞机在空中没有发生燃烧或爆炸,初步调查没有发现人为破坏迹象。

伊春空难机长齐全军"经验不足、素质不过硬"是中国民用航空局高层认为可能造成飞机失事的原因之一。齐全军违规操纵飞机低于最低运行标准实施进近，穿越最低下降高度实施着陆。在撞地前出现无线电高度语音提示且未看见机场跑道的情况下，齐全军仍未采取复飞措施，继续实施着陆，导致飞机撞地，他对事故的发生负有直接责任。飞机撞地后，齐全军作为机长没有组织指挥旅客撤离，没有救助受伤人员，而是擅自撤离飞机。

2014年12月19日，齐全军在黑龙江省伊春市伊春区人民法院接受宣判，以涉嫌重大飞行事故罪被起诉，这是中国首例飞行员被指控重大飞行事故罪的案件，最终法院判处齐全军有期徒刑3年。

河南航空在2010年8月30日公布了"8·24"飞机坠毁事故遇难旅客赔偿标准。依据2006年中国民用航空总局令第164号《国内航空运输承运人赔偿责任限额规定》，国内民用航空运输旅客伤亡赔偿最高限额为人民币40万元，每名旅客随身携带物品的最高赔偿限额为人民币3000元，旅客托运的行李的最高赔偿限额为人民币2000元，共计人民币40.5万元。同时，考虑到2006年以来全国城镇居民人均可支配收入的累计增长幅度，赔偿限额调增至人民币59.23万元，再加上为遇难旅客亲属做出的生活费补贴和抚慰金等赔偿，河南航空将对"8·24"飞机坠毁事故每位遇难旅客的赔偿标准定为共人民币96.2万元（不含保险赔偿）。河南航空还要求遇难旅客家属在"责任解除书"上签字，其中第一条是"本人代表遇难旅客所有近亲属保证在本责任解除书签署后不再以任何形式（包括诉讼或其他任何形式）向全部被免除责任人、被免除责任人之一等提出任何有关的权利主张"。这引致了家属们的强烈不满。

讨论与思考："8·24"飞机坠毁事故的遇难者中有38人购买了保险从而获得了保险公司的赔偿金，河南航空是否可以免除对这38人的赔偿责任？让遇难旅客的家属在"责任解除书"上签字合理吗？为什么？

一、航空承运人的具体责任

（一）承运人对旅客的责任

航空承运人对旅客人身伤亡及行李或者货物的毁灭、遗失、损坏采用严格责任制，承运人对旅客、行李或者货物延误造成损失的过失采用推定责任制。

《中华人民共和国民用航空法》第一百二十四条规定："因发生在民用航空器上或者在旅客上、下民用航空器过程中的事件，造成旅客人身伤亡的，承运人应当承担责任。"对此，有以下几点需要注意。

（1）承运人承担民事责任的对象是旅客，即与承运人签订了航空运输合同而被运送的人，而不是合同之外的其他人，如机组人员、保安人员、偷渡人员等。

（2）承运人承担民事责任的范围仅限于旅客的人身伤亡，即旅客的死亡或者肉体上的伤害，而不包括旅客精神上的痛苦，也不包括因旅客的死亡或受伤给他人造成的精神痛苦，即承运人对精神损失不承担责任。

（3）承运人承担民事责任的前提条件是，旅客的人身伤亡，是因发生在民用航空器上或者在旅客上、下民用航空器过程中的事件造成的，而不是在其他情况下造成的。

（4）旅客人身伤亡是"发生在民用航空器上或者在旅客上、下民用航空器过程中"的，承运人对发生在该期间以外的事件造成的旅客人身伤亡不承担责任。

旅客在民用航空器上期间为承运人责任期间的主要构成部分。承运人责任期间是以是否存在航空风险为标准来确定的。旅客登机后直至其下了飞机，即面临着各种各样的与航空活动有关的风险。

旅客的登机过程是承运人责任期间的组成部分。登机过程，即旅客"上民用航空器的过程"，是指旅客办理登机手续后至进入民用航空器之前因登机活动而处于承运人照管之下的期间。

旅客的下机过程，即"下民用航空器的过程"，也是承运人责任期间的组成部分。下机过程是指旅客走出民用航空器后到达民用机场建筑的安全地带前因下机活动而处于承运人照管之下的期间。

（二）承运人对行李的责任

承运人对行李的责任即发生在民用航空器上或者在旅客上、下民用航空器过程中的事件，造成行李毁灭、遗失或者损坏的责任。这里的行李，包括托运行李和旅客随身携带的物品。

《中华人民共和国民用航空法》第一百二十五条规定："因发生在民用航空器上或者在旅客上、下民用航空器过程中的事件，造成旅客随身携带物品毁灭、遗失或者损坏的，承运人应当承担责任。因发生在航空运输期间的事件，造成旅客的托运行李毁灭、遗失或者损坏的，承运人应当承担责任。"

（三）承运人对货物的责任

承运人对货物的责任即因发生在航空运输期间的事件，造成货物毁灭、遗失或者损坏的责任。《中华人民共和国民用航空法》第一百二十五条规定："本条所称航空运输期间，是指在机场内、民用航空器上或者机场外降落的任何地点，托运行李、货物处于承运人掌管之下的全部期间。航空运输期间，不包括机场外的任何陆路运输、海上运输、内河运输过程；但是，此种陆路运输、海上运输、内河运输如果是为了履行航空运输合同而装载、交付或者转运，在没有相反证据的情况下，所发生的损失视为在航空运输期间发生的损失。"

（四）延误责任

根据《中华人民共和国民用航空法》第一百二十六条的规定："旅客、行李或者货物在航空运输中因延误造成的损失，承运人应当承担责任。"

《中华人民共和国民用航空法》规定的"延误"，是指承运人未能按照运输合同约定的时间将旅客、行李或者货物运抵目的地点。运输合同约定的时间，一般指承运人的班机时刻表或者机票上载明的旅客抵达目的地的时间和航空货运单上载明的货物运达目的地的时间表。

此外，从国际航空司法实践看，航班的撤销也做延误处理。（有关航班延误的法律规定详见第六章第五节）

二、航空承运人的免责

《中华人民共和国民用航空法》第一百二十四条至第一百二十七条规定了承运人对旅

客、行李和货物的免责情形。

（1）"旅客的人身伤亡完全是由于旅客本人的健康状况造成的，承运人不承担责任。"（第一百二十四条）

（2）"承运人证明货物的毁灭、遗失或者损坏完全是由于下列原因之一造成的，不承担责任：（一）货物本身的自然属性、质量或者缺陷；（二）承运人或者其受雇人、代理人以外的人包装货物的，货物包装不良；（三）战争或者武装冲突；（四）政府有关部门实施的与货物入境、出境或者过境有关的行为。"（第一百二十五条）

（3）"旅客、行李或者货物在航空运输中因延误造成的损失，承运人应当承担责任；但是，承运人证明本人或者其受雇人、代理人为了避免损失的发生，已经采取一切必要措施或者不可能采取此种措施的，不承担责任。"（第一百二十六条）

（4）"在旅客、行李运输中，经承运人证明，损失是由索赔人的过错造成或者促成的，应当根据造成或者促成此种损失的过错的程度，相应免除或者减轻承运人的责任。旅客以外的其他人就旅客死亡或者受伤提出赔偿请求时，经承运人证明，死亡或者受伤是旅客本人的过错造成或者促成的，同样应当根据造成或者促成此种损失的过错的程度，相应免除或者减轻承运人的责任。在货物运输中，经承运人证明，损失是由索赔人或者代行权利人的过错造成或者促成的，应当根据造成或者促成此种损失的过错的程度，相应免除或者减轻承运人的责任。"（第一百二十七条）

三、航空承运人的责任限制和诉讼时效

发生重大航空事故时，作为责任人的承运人，航空公司可以根据法律的规定，将自己的赔偿责任限制在一定范围内，这一法律制度被称为承运人责任限制制度。这一制度是对民法中按实际损失赔偿原则做出的特殊规定。

《中华人民共和国民用航空法》第一百二十八条规定："国内航空运输承运人的赔偿责任限额由国务院民用航空主管部门制定，报国务院批准后公布执行。"

当航空运输过程中发生的旅客人身伤亡及行李货物的灭失、损坏的损失数额没有超出法定责任限额时，承运人应当按实际损失赔偿旅客或者托运人（或收货人）；当损失数额超过法定责任限额时，承运人仅仅在法定责任限额内承担赔偿责任，对法定限额以外的损失数额不予赔偿。

为了保护旅客和托运人的利益，最大限度地保障公平，《中华人民共和国民用航空法》第一百三十条规定："任何旨在免除本法规定的或者降低本法规定的赔偿责任限额的条款，均属无效；但是，此种条款的无效，不影响整个航空运输合同的效力。"

航空运输的诉讼时效期间为两年，自民用航空器到达目的地点、应当到达目的地点或者运输终止之日起计算。

四、航空承运人赔偿责任限额的具体规定

（一）国内航空运输承运人的赔偿责任限额

国内航空运输承运人的赔偿责任限额由国务院民用航空主管部门制定。

旅客或者托运人在交运托运行李或者货物时，特别声明在目的地点交付时的利益，并在必要时支付附加费的，除承运人证明旅客或者托运人声明的金额高于托运行李或者货物在目的地点交付时的实际利益外，承运人应当在声明金额范围内承担责任。

《中国民用航空货物国内运输规则》第四十五条规定："由于承运人的原因造成货物丢失、短缺、变质、污染、损坏，应按照下列规定赔偿：

"（一）货物没有办理声明价值的，承运人按照实际损失的价值进行赔偿，但赔偿最高限额为毛重每千克人民币20元。

"（二）已向承运人办理货物声明价值的货物，按声明的价值赔偿；如承运人证明托运人的声明价值高于货物的实际价值时，按实际损失赔偿。"

《中国民用航空旅客、行李国内运输规则》第五十一条对旅客的托运行李全部或部分损坏、丢失，对赔偿的金额、行李重量的认定，以及每位旅客的最高赔偿金额都做了详细规定。

2006年3月28日起施行的《国内航空运输承运人赔偿责任限额规定》对有关赔偿的规定做了修改。《国内航空运输承运人赔偿责任限额规定》第三条规定："国内航空运输承运人（以下简称承运人）应当在下列规定的赔偿责任限额内按照实际损害承担赔偿责任，但是《民用航空法》另有规定的除外：

"（一）对每名旅客的赔偿责任限额为人民币40万元；

"（二）对每名旅客随身携带物品的赔偿责任限额为人民币3000元；

"（三）对旅客托运的行李和对运输的货物的赔偿责任限额为每千克人民币100元。"

随着民用航空运输业的快速发展，民用航空已成为社会大众出行的主要交通方式之一，旅客对民用航空服务种类、服务范围、服务水平的要求越来越高。民航国际化进程的加快，新的业务形式和运营模式的推广应用，使得我国航空客运市场发生了重大变化。为顺应新时代、规范新现象、解决新问题，在总结近年来旅客运输服务和消费者权益保护工作经验的基础上，中国民用航空局对在1996年颁布的《中国民用航空旅客、行李国内运输规则》和在1997年颁布的《中国民用航空旅客、行李国际运输规则》进行统筹修订，推出《公共航空运输旅客服务管理规定》，该规定于2021年9月施行，进一步规范了国内、国际旅客运输秩序，保护旅客合法权益。《公共航空运输旅客服务管理规定》明确规定，不再对旅客乘机行李尺寸和重量等进行统一规定，承运人可根据企业经营特点自行制定相关标准并对外公布，并重点明确了行李延误、丢失、损坏等情形下的处置要求，充分保护旅客的财产权益。同时，《公共航空运输旅客服务管理规定》新增"旅客投诉"一章，强化了市场主体的投诉处理能力要求，规范了投诉处理流程，进一步健全了投诉反馈机制。

（二）国际航空运输承运人的赔偿责任限额

《中华人民共和国民用航空法》第一百二十九条规定："国际航空运输承运人的赔偿责任限额按照下列规定执行：

"（一）对每名旅客的赔偿责任限额为16 600计算单位[①]；但是，旅客可以同承运人书

---

① 《中华人民共和国民用航空法》第二百一十三条规定："本法所称计算单位，是指国际货币基金组织规定的特别提款权；其人民币数额为法院判决之日、仲裁机构裁决之日或者当事人协议之日，按照国家外汇主管机关规定的国际货币基金组织的特别提款权对人民币的换算办法计算得出的人民币数额。"

面约定高于本项规定的赔偿责任限额。

"(二)对托运行李或者货物的赔偿责任限额,每公斤为 17 计算单位。旅客或者托运人在交运托运行李或者货物时,特别声明在目的地点交付时的利益,并在必要时支付附加费的,除承运人证明旅客或者托运人声明的金额高于托运行李或者货物在目的地点交付时的实际利益外,承运人应当在声明金额范围内承担责任。

"托运行李或者货物的一部分或者托运行李、货物中的任何物件毁灭、遗失、损坏或者延误的,用以确定承运人赔偿责任限额的重量,仅为该一包件或者数包件的总重量;但是,因托运行李或者货物的一部分或者托运行李、货物中的任何物件的毁灭、遗失、损坏或者延误,影响同一份行李票或者同一份航空货运单所列其他包件的价值的,确定承运人的赔偿责任限额时,此种包件的总重量也应当考虑在内。

"(三)对每名旅客随身携带的物品的赔偿责任限额为 322 计算单位。"

自 2009 年 12 月 30 日起,《蒙特利尔公约》最新修改的责任限额开始生效。对于因旅客死亡或者身体伤害而产生的损失,对每名旅客第一梯度的赔偿责任限额由 100 000 特别提款权提高至 113 100 特别提款权;在人员运输中因延误造成损失的,对每名旅客的赔偿责任限额由 4150 特别提款权提高至 4694 特别提款权;在行李运输中造成毁灭、遗失、损坏或者延误的,对每名旅客的赔偿责任限额从 1000 特别提款权提高至 1131 特别提款权;在货运运输中造成毁灭、遗失、损坏或者延误的,对每千克货物的赔偿责任限额从 17 特别提款权提高至 19 特别提款权。

《蒙特利尔公约》自 2005 年 7 月 31 日起对我国生效。由于民用航空法具有国际性,按照国际法优于国内法的原则,在确定承运人赔偿责任限额时,应适用 2009 年《蒙特利尔公约》修改后的规定。

思考与学习:

分析讨论:飞机降落后,乘客在走下舷梯的过程中不慎踩空滚下,造成右臂骨折;后又发现随身携带的一些特产(主要是熟食)由于机舱内温度较高已经变质。请问,乘客向航空公司索赔医疗费用和熟食的赔偿费用,是否能得到支持?

通过对案例的讨论分析,加深对航空承运人法律责任的理解与运用。

第五节 航班延误的法律规定

【范例 6-4】

案例分享:

航班延误赔偿

2017 年 4 月 18 日,上海航空的 FM9386 航班因机械故障导致 7 个多小时的延误。该航班原计划于 12 时 45 分起飞,15 时 40 分抵达上海浦东。然而,旅客登机后不久,飞机却又滑回了机位,旅客被告知需要下机等待。直至 18 时多,旅客仍未得知飞机起飞的确切时间。机场有关工作人员回应：当天飞机经廊桥退出至滑行道，机组人员启动飞机后发现有故障灯报警，于是又滑回机位下客。经检查，为襟翼传感器故障，调取配件及维修等花费了较长时间。19时多，乘坐FM9386航班的乘客排队领到了每人200元的延误赔偿。随后，乘客们重新登机。20时18分，航班在延误7个多小时后起飞。

思考：发生航班延误，航空承运人是否一定要承担赔偿责任？

一、航班延误的界定

航班延误如何界定在理论界一直存在争议。《中华人民共和国民用航空法》第一百二十六条规定："旅客、行李或者货物在航空运输中因延误造成的损失，承运人应当承担责任；但是，承运人证明本人或者其受雇人、代理人为了避免损失的发生，已经采取一切必要措施或者不可能采取此种措施的，不承担责任。"

《民用航空法释义》对上述"延误"做了如下解释："本条规定的'延误'，是指承运人未能按照运输合同约定的时间将旅客、行李或者货物运抵目的地点。运输合同约定的时间，一般指承运人的班机时刻表或者机票上载明的旅客抵达目的地的时间和航空货运单上载明的货物运达目的地的时间。如果航空运输合同没有明确约定具体的运达时间，就应根据完成该运输所需要的合理时间来判断是否构成延误。也就是说，本条规定的延误是不合理延误或称不正常的延误，判断是否合理与是否正常，要看承运人完成该运输所花费的时间是否符合合同约定的时间要求；在无约定时间的情况下，要看其所花费的时间是否超过一般情况下完成该项运输所需要的合理时间。"

按照这样的解释，合同约定的时间，一般指承运人的班期时刻表上载明的时间。如果承运人未能按照运输合同约定的时间将旅客运达目的地，就是延误，就构成违约，则可能要承担损害赔偿责任。实际上，这样的解释是欠妥当的。因为承运人的班期时刻表上列明的时间，仅仅是一种预期的时间；况且在客票上也只是注明了离站时间，并未注明到站时间。按照《中国民用航空旅客、行李国内运输规则》的解释，离站时间指航班旅客登机后，关机门的时间。在通常情况下，飞机延误既可发生在始发地，也可发生在经停地。

《中华人民共和国民用航空法》第一百二十六条的规定主要参照了《华沙公约》第十九条和第二十条的规定。《华沙公约》第十九条规定："承运人对旅客、行李或货物在航空运输期间因延误而产生的损失应承担责任。"而《华沙公约》中所规定的"延误"是一个非常模糊的概念，在实践中引起的争论很多。

参照国际航空运输协会起草的、被各国航空公司普遍采纳的《旅客行李运输的一般条件》等文本，承运人承担的只是"尽最大努力合理地迅速运送旅客及行李"的义务，班期时刻表上或其他地方所显示的时间是不能被保证的，它们不构成航空运输合同的一部分，承运人未遵守注明的时间不构成违约。可以说，在大多数情况下，就航空旅客运输而言，承运人和旅客没有约定非常明确的时间，班期时刻表仅作为预期的运输时间。国际航空运输协会至今也没有把班期时刻表当作运输合同履行的组成部分。

为了提高航班正常率、有效处置航班延误、提升民航服务质量、维护消费者合法权益和航空运输秩序，交通运输部于2016年5月20日发布《航班正常管理规定》，自2017年

1月1日起施行。《航班正常管理规定》在第三条对航班延误的不同情况加以区别，并明确了界定标准，如下所述。

（1）"航班延误"是指航班实际到港挡轮时间晚于计划到港时间超过15分钟的情况。

（2）"航班出港延误"是指航班实际出港撤挡轮时间晚于计划出港时间超过15分钟的情况。

（3）"航班取消"是指因预计航班延误而停止飞行计划或者因延误而导致停止飞行计划的情况。

（4）"机上延误"是指航班飞机关舱门后至起飞前或者降落后至开舱门前，旅客在航空器内等待超过机场规定的地面滑行时间的情况。

（5）"大面积航班延误"是指机场在某一时段内一定数量的进、出港航班延误或者取消，导致大量旅客滞留的情况。某一机场的大面积航班延误由机场管理机构根据航班量、机场保障能力等因素确定。

《航班正常管理规定》首次统一了航班延误的标准，即以到港时间为主。需要说明的是，由于航线里程的不同，以及出港延误时间的长短不限，出港延误的航班并不代表"航班延误"。尤其是一些中长航线，出港延误15分钟左右的航班，并不一定会发生到港延误。航班取消在很大程度上是一种特殊的"延误"，只是这种延误的结果是"中断行程"。通常，这种"延误"的原因几乎都是"不可抗力"，如恶劣天气、机械故障等。

上述定义有效区分服务感知的"航班延误"与运行保障的"延误"（航班出港延误、航班取消与机上延误），但在实际运行过程中，由于航班出港延误、航班取消或机上延误的保障标准与服务内容与旅客的行程紧密相连，致使这种区分在服务现场仍然会存在混淆与模糊的可能性。

二、航班延误的法律责任

（一）承运人的责任

承运人只在因航班延误造成损失时才承担责任；如果航班延误没有造成任何损失，承运人就不承担责任。这就要求旅客负责对因航班延误给其造成的损失举证，如果旅客不能证明其损失是由航班延误造成的，就不能要求承运人承担责任；并且，因航班延误造成的损失必须是实际的经济损失，不包括因航班延误给旅客造成的精神损失，如给旅客造成的身体上的不便、不适等。

承运人承担法律责任的形式有以下3种。

1. 延误通知

《航班正常管理规定》明确规定，在出现航班大面积延误之前，航空公司接到延误信息要在30分钟以内通知购票旅客，并通过官网等多种渠道向社会公布延误信息。《航班正常管理规定》还指出，发生大面积延误时，机场管理机构应当协调海关、边防、检验检疫等联检单位。夜间大面积航班延误期间，机场管理机构应当协调相关单位延长机场巴士运营时间。

2. 提供服务

《航班正常管理规定》对不同类型的延误分类做出规定，主要采取向旅客提供改签、退票、餐食、饮水、住宿、机上卫生间等服务措施。

《航班正常管理规定》第二十七条规定："航班出港延误或者取消时，承运人应当根据运输总条件、客票使用条件，为旅客妥善办理退票或者改签手续。旅客要求出具航班延误或者取消书面证明的，承运人应当及时提供。"

《航班正常管理规定》第二十九条明确了航班延误的原因及各航空公司对应承担的责任。《航班正常管理》第二十九条规定："发生航班出港延误或者取消后，承运人或者地面服务代理人应当按照下列情形为旅客提供食宿服务：

"（一）由于机务维护、航班调配、机组等承运人自身原因，造成航班在始发地出港延误或者取消，承运人应当向旅客提供餐食或者住宿等服务。

"（二）由于天气、突发事件、空中交通管制、安检以及旅客等非承运人原因，造成航班在始发地出港延误或者取消，承运人应当协助旅客安排餐食和住宿，费用由旅客自理。

"（三）国内航班在经停地延误或者取消，无论何种原因，承运人均应当向经停旅客提供餐食或者住宿服务。

"（四）国内航班发生备降，无论何种原因，承运人均应当向备降旅客提供餐食或者住宿服务。"

实际上，如果航班延误 4 小时以上，一些航空公司会免费为旅客提供饮用水和餐食，如果需要过夜还会安排就近宾馆住宿。从市场营销的角度看，这些人性化的措施也是航空公司维护客源、提高社会声誉的手段。

3. 购票时告知航班延误服务内容

《航班正常管理规定》第十七条规定："承运人应当制定并公布运输总条件，航空公司应该明确航班出港延误及取消后的旅客服务内容，并在购票环节中明确告知旅客。航空公司的运输条件中应当包括是否对航班延误进行补偿；若给予补偿，应当明确补偿条件、标准和方式等相关内容。"

（二）承运人的免责条件

根据《中华人民共和国民用航空法》第一百二十六条的规定，承运人如果能够证明其本人或者其受雇人、代理人已经采取一切必要措施以避免损失的发生，或者不可能采取此种措施，则其可以不承担责任。具体地讲，承运人在两种情况下不承担责任，如下所述。

（1）承运人及其受雇人、代理人已经采取一切必要措施以避免损失的发生。例如，在航班因机械故障造成延误的情况下，承运人为旅客安排食宿、交通和通信等，或者给旅客改签其他航空公司的航班。

（2）延误是由承运人无法预料、无法控制的原因造成的，承运人不可能采取必要措施控制或阻止延误的发生。无法预料、无法控制的原因一般包括天气条件、航空器的机械故障、机组人员或机械人员的罢工等。

（三）承运人承担赔偿责任的范围

就航空运输赔偿的特征而言，《中华人民共和国民用航空法》根据我国参加的《华沙公约》体系规定了航空运输的赔偿责任限额制，即各种原因造成的航空赔偿分别适用不同的赔偿最高数额限制；超出限额的主张，除非双方有特别约定，否则法律不予支持。根据《中华人民共和国民用航空法》第一百二十八条的规定，国内航空运输承运人的赔偿责任限额由国务院民用航空主管部门制定，报国务院批准后公布执行。

《航班正常管理规定》未就航班延误时承运人应向旅客提供的经济补偿或赔偿制定统一的标准，对此，原中国民用航空总局及中国航空协会曾提出有关航班延误经济补偿的建设性意见。但由于延误原因复杂，各航空公司对延误赔偿的处理仍不尽相同。

【范例 6-5】

案例分享：

打折机票能否全额退票纠纷案一审国航败诉

中国青年报消息：2002 年 9 月 18 日，中国政法大学教师胡××在"蓝天白云"机票代理处购买了一张 4 天之后的国航 6 折机票，价值 910 元。第二天，胡××即因故要求退票，"蓝天白云"按照国航的内部规定扣除了全额票价的 50%（755 元）作为退票费。胡××对此提出异议，并与国航有关部门进行了交涉。双方未达成共识，胡××便将国航和"蓝天白云"机票代理处告到了法院。法院于同年 11 月 8 日正式立案，并于同年 11 月 11 日公开开庭审理了该案。之后，北京市海淀区法院第二次开庭审理该案，并当庭宣布了判决结果：国航败诉，退还原告胡××机票退票费 755 元，并承担 50 元的诉讼费。

胡××认为，两个被告违反了我国法律的公平原则，在未向原告告知退票要收取高额退票费的情况下扣款，违反合同约定；拒绝向原告出示有关文件，违反合同诚信原则。根据《民法典》的有关规定，要求国航承担连带责任，赔偿原告的实际经济损失。

被告则认为，国航在特价机票退票费问题上自始至终严格执行民用航空主管部门的规定，并无不当。关于折扣机票的有关通知也已在《中国民航报》上公布了，希望法院驳回原告的起诉，维护国航的合法权益。

法院认为，2001 年 5 月 14 日，中国民用航空总局向各地区管理局、运输航空公司发出的《关于下发北京—广州等 7 条联营航线特种票价的通知》，系针对民用航空运输企业的具体行政行为，并非对广大旅客的通告。中国国际航空公司未采取合理的方式引起合同相对人注意。《关于下发北京—广州等 7 条联营航线特种票价的通知》所载明的内容不能成为原、被告之间航空旅客运输合同的组成部分；即使能作为格式条款订入合同，因该条款与机票上旅客须知中载明的退票办法相矛盾，根据诚实信用原则和《民法典》的规定，应当认定《关于下发北京—广州等 7 条联营航线特种票价的通知》所载明的退票办法无效。因此判决国航败诉。因为"蓝天白云"机票代理处是国航的代理人，所以其责任应由国航承担。

思考与练习

分析讨论以下案例。

1. 本定于23时起飞的飞机,直到第二天中午才起飞,在成都市做生意的何静等10名乘客愤而将东方航空云南公司告到法院。延误之初,航空公司对乘客不闻不问,3个小时后,在乘客们的强烈要求下,航空公司才为这些乘客安排了酒店住下休息。最终,东航云南公司向每位乘客赔偿了人民币3000元。

2. 2004年7月30日,21名乘客购买了东航MU05195号航班机票,从上海飞往呼和浩特,全价票价为1350元。当日该航班从温州飞往虹桥机场,但因雷雨无法着陆,原定于13时50分到达,但直到18时才落地。15分钟后,谢某等人方才开始登机。由于华东空中交通管制部门实施空中流量控制,加上先前时段延误的大量航班排队等待离港,造成该机直到20时07分才起飞,晚点近6个小时。

随后,18名乘客将东航告到法院,要求东航给予精神赔偿500元并降低机票价格500元予以返还等。2005年1月,浦东新区法院做出一审判决,判令东航返还包括谢某在内的18名乘客票价款的10%,而赔礼道歉、赔偿精神损失等诉请未获法院支持。

通过对案例的讨论分析,加深对航空延误承运人的法律责任的理解与运用。

第七章 通用航空法律制度

本章学习目标

- 了解我国通用航空的发展沿革;
- 熟悉我国通用航空管理法律制度;
- 了解通用航空的概念,通用航空从业的法定条件;
- 掌握从事通用航空活动的法律责任等方面的知识。

第一节 通用航空概述

一、通用航空的概念及分类

（一）通用航空的概念

业界普遍认为，通用航空是指除干线和支线定期航班客货运输，以及飞机租赁公司经营的空运业务外的所有民用航空活动。对此，世界上还没有一个统一的严格的有关通用航空的定义。

美国联邦航空局（FAA）认为，除持有美国联邦航空局颁发的"方便和必须"合格证的航空公司及使用大型民用飞机的民航公司所经营的空运外的一切民用航空活动都属于通用航空范畴。

俄罗斯联邦的《航空法典》规定，通用航空是指非商业航空运输和航空活动的民用航空活动。

国际民用航空组织关于"通用航空"的定义如下：通用航空是指除定期航班和为取酬或者出租的不定期航空运输外的一切民用航空活动。简言之，通用航空飞行的首要任务不是将乘客或货物例行地以固定航班从点运送到点。广义而言，通用航空是指除公共航空运输外的一切民用航空活动。通用航空应用的范围十分广泛，一般来说，都在一国范围内活动，因此，通用航空主要由国内法调整。

中华人民共和国国务院、中华人民共和国中央军事委员会于 2003 年 1 月 10 日颁布并于 2003 年 5 月 1 日起施行《通用航空飞行管制条例》第三条对通用航空做出了明确定义："本例所称通用航空，是指除军事、警务、海关缉私飞行和公共航空运输飞行以外的航空活动，包括从事工业、农业、林业、渔业、矿业、建筑业的作业飞行和医疗卫生、抢险救灾、气象探测、海洋探测、科学实验、遥感测绘、教育训练、文化体育、旅游观光等方面的飞行活动。"

从以上法律、法规和国际组织的规定来看，各国通用航空的基本含义区别不大。但由于各国的经济发展水平存在差距，各国通用航空所包含的内容也就有一定的区别。因此也有人认为，我国关于"通用航空"的定义与国际民用航空组织的定义是有区别的，《中华人民共和国民用航空法》对于通用航空活动的定义较为笼统，规定的通用航空的范围比《国际民用航空公约》附件六的规定要宽，并建议修改《中华人民共和国民用航空法》第一百一十五条，将作业飞行从通用航空中划出来。

通用航空事业发达的美国，将通用航空放在民航系统的重要地位上。早在 1998 年珠海公务航空国际研讨会上，美国国家公务机协会主席就在演讲中表达了美国人对通用航空的理解。他认为：通用航空是美国民用航空系统的一大组成部分，通用航空是航空业的基础；美国通用航空领域的飞行器及驾驶员远多于公共运输与军用之和；在美国，航空公司和通用航空都是旅行工具，航空运输包括通用航空和公共航空运输，通用航空是一种十分普通的商务旅行选择；美国从通用航空中获益，通用航空涉及的经济价值约为 500 亿美元；军方几乎不培训飞行员，而是从航空公司招收飞行员；通用航空成为许多航空职业的教育基础，支持了工农业生产，未来的通用航空是美国所有航空业的基础。在该研讨会上，美国通用航空被定义为除民用航空器从事公共航空运输和军用航空外的所有飞行活动，其应用范围包括商务旅行、培训、农业飞行、消防、航展、个人及娱乐飞行等几个方面。我们从美国人对通用航空的理解及美国通用航空的发展状况可以看出，美国通用航空的发展水平和影响都是我国现阶段通用航空无法相比的。

从这个角度出发，我国通用航空的发展前景广阔。随着小康社会目标的实现，我国朝着繁荣富强的社会主义强国大步迈进，人们的需求也更加多元化，通用航空的应用十分广泛，因而通用航空得以快速发展。

（二）通用航空的分类

通用航空的应用范围十分广泛，通用航空经营项目可分为四大类，如图 7-1 所示。

其他需经许可的经营项目，由中国民用航空局确定。抢险救灾不受上述项目的划分限制，按照中国民用航空局的有关规定执行。

甲类	乙类
通用航空包机飞行、石油服务、直升机引航、医疗救护、商用驾驶员执照培训	空中游览、直升机机外载荷飞行、人工降水、航空探矿、航空摄影、海洋监测、渔业飞行、城市消防、空中巡查、电力作业、航空器代管、跳伞飞行服务
丙类	丁类
私用驾驶员执照培训、航空护林、航空喷洒（撒）、空中拍照、空中广告、科学实验、气象探测	使用具有标准适航证书的载人自由气球、飞艇开展空中游览；使用具有特殊适航证书的航空器开展航空表演飞行、个人娱乐飞行、运动驾驶员执照培训、电力作业等经营项目

图 7-1　通用航空经营项目分类

二、我国通用航空的发展沿革

（一）我国通用航空的发展

通用航空业作为我国航空业的一个重要组成部分，不仅弥补了公共航空运输的不足，也与人民的生活息息相关，直接服务于工农业生产、科学研究、资源勘探开发、抢险救灾、医疗救护等关系国民利益的工程，直接或间接地促进了其他行业的发展。

我国属于通用航空起步较早的国家。1903 年 12 月 17 日，美国莱特兄弟首次完成世界上重于空气的航空器动力飞行；1908 年，美国空军购买了第一架飞机；1911 年，美国又购买了 5 架飞机，用于训练飞行员、娱乐飞行、载客飞行。与之相比，我国自 1912 年开始出现飞行表演活动，较早涉足通用航空领域。1931 年 6 月 2 日，原浙江省水利局租用的德国汉莎航空公司的米赛什米特 M18-D 型飞机，在钱塘江支流浦阳江 36 公里河段进行航空摄影，这是我国首次进行的通用航空商业活动。

自 1949 年以后，我国通用航空事业得到了快速发展。1951 年 5 月 22 日，应广州市政府的要求，民航广州管理处派出一架 C-46 型飞机，连续两天在广州市上空执行了 41 架次的灭蚊蝇飞行任务，翻开了中华人民共和国通用航空发展历史的新篇章。1952 年，我国组建立了第一支通用航空队伍——军委民航局航空农林队，拥有捷克制爱罗 - 45 型飞机 10 架、职工 60 余人，当年飞行总量为 959 小时，专供通用航空生产作业的机场或起降点约为 40 个。此后，全国各地陆续成立了以农林业飞行为主要任务的 14 个飞行队，后来又成立了专为工业、农业、海上石油等服务的通用航空队伍。

"十一五"（2001—2005 年）期间，我国通用航空有了较大的发展，平均增长速度达到 11.8%。2005 年，我国已经拥有飞机 570 架，比 2002 年增长 200 多架。2005 年，通用航空飞行时间达 8.49 万小时，是 1978 年的 3 倍。但是，当时中国通用飞机数量加起来不到 1000 架，而美国大概有 23 万架，这是一个非常巨大的差距。通用航空在国际上已经发展得很成熟了，而中国才刚起步。因此，我国在通用航空领域的发展空间还很大。

汶川地震发生之后，国家对通用航空业的发展更加重视。中国民用航空局在蒲城设立通用航空试点园区，对低空领域放开、通用机场建设、行业管理等进行试点；工业和信息化部计划在 2010 年加快推进新支线客机、先进中型多用途直升机、大型灭火/水上救援水陆两栖飞机的研制进度，积极推进通用飞机等重点科研项目的立项，形成产业化能力；2009 年，中国民用航空局下发《关于加快通用航空发展的措施》，构建功能完善的通用航空体系，到 2020 年初具规模，预计到 2030 年使通用航空的发展环境发生根本改变。

"十一五"期间，我国通用航空得到了比较大的发展。在国家相关政策的推动下，"十二五"开局之年，原中国民用航空总局运输司和中国航空运输协会通航委员会联合发布的《2011 中国通用航空发展报告》显示，2011 年我国通用航空共完成作业飞行 50.27 万小时，同比增长 28.5%；共拥有通用机场及临时起降点 286 个，通用航空机队在册总数为 1154 架，比上年增长 14.3%。

截至 2015 年年底，我国通用机场超过 300 个、通用航空企业 281 家、在册通用航空器 1874 架，2015 年飞行量达 73.2 万小时。但从总体上看，我国通用航空业的规模仍然较小，基础设施建设相对滞后，低空空域管理改革进展缓慢，航空器自主研发制造能力不足，通用航空运营服务薄弱，与社会经济发展和新兴航空消费需求仍有较大差距。

（二）"十三五"的成就

2016 年 5 月 17 日，国务院办公厅印发《关于促进通用航空业发展的指导意见》，对进一步促进我国通用航空业发展做出部署。《关于促进通用航空业发展的指导意见》提出："到 2020 年，建成 500 个以上通用机场，基本实现地级以上城市拥有通用机场或兼顾通用航空服务的运输机场，覆盖农产品主产区、主要林区、50%以上的 5A 级旅游景区。通用航空器达到 5000 架以上，年飞行量达到 200 万小时以上，培育一批具有市场竞争力的通用航空企业。通用航空器研发制造水平和自主化率有较大提升，国产通用航空器在通用航空机队中的比例明显提高。通用航空业经济规模超过 1 万亿元，初步形成安全、有序、协调的发展格局。"

政策的大力扶持，使得我国通用航空业取得了飞速发展。首先，通用航空企业大量成立，航空器的数量及飞行量持续增加。根据 2019 年中国国际通用航空大会（西安航展）有关报告，截至 2019 年，我国现有注册的通用航空企业 471 家、通用航空器 3000 余架、年飞行量达 90 余万小时、实名登记无人机 37.5 万架，通航飞行爱好者、从业者逐年增加。其中，颁证通用运输机场由 206 个增至 239 个。

通用航空业的发展也带动了地方经济的发展，以及推动了市场经济转型。通用航空新兴业态正在不断崛起，通用航空短途运输、医疗救援、空中游览、无人机等成为潜力巨大的通用航空新兴业态。通用航空业转变了区域经济的发展方式，促进了产业结构的调整，据统计，已经有 20 余家地方政府在 2016 年的工作报告中明确提出了发展通用航空业的目标。通用航空在服务社会经济方面也有着突出的表现。通用航空为国民经济建设的各行各业提供了及时、准确、全面的服务信息，尤其是在突发事件，如森林灭火、抢险救灾、人工增雨、农作物大面积防病防虫等方面发挥着极其重要的作用，在航空测绘、沙漠绿化、资源勘探等方面也做出了重大贡献。

我国通用航空业的发展势头迅猛。"十三五"期间，中国民用航空局贯彻落实国务院办公厅颁布的《关于促进通用航空业发展的指导意见》，以"热起来、飞起来"为牵引，变革监管理念，创新发展路径，优化运营环境，激发市场活力，通用航空业迎来新的发展机遇期。截至目前，我国有传统通用航空企业509家、运营航空器2913架，分别较"十二五"末增长81.1%和30.3%。2019年，传统通用航空运行106.5万小时，比"十二五"末增长36.7%。"十三五"期间，无人机新业态迅猛发展，网上注册开展通航作业的无人机企业超过9700家，商用无人机超过12万架。2019年，云平台注册无人机运行125万小时，2020年1至8月达到141万小时。

"十三五"期间，我国通用航空的规模、布局和管理，均出现了崭新气象。2020年，全国颁证的民用运输机场为241个。截至2020年年底，全国颁证和备案的通用机场已达341个，比2016年的66个增加了275个，增长率为416%；全行业注册无人机52.36万架，商用无人机超过12万架，实名注册用户超38万个；全国无人机相关企业已达5.4万家；2020年无人机经营性飞行达到159.4万小时，比上年增长27.5%。

（三）开启通用航空高质量发展新征程的"十四五"规划

国务院办公厅颁布的《关于促进通用航空业发展的指导意见》，为新时期通用航空发展指明了方向。通用航空业被确定为国家战略性新兴产业，迎来了难得的发展机遇。

2021年颁布的《中华人民共和国国民经济和社会发展第十四个五年规划和2035年远景目标纲要》，对"十四五"时期我国的经济社会发展做出了系统谋划和战略部署。其中明确提出"积极发展通用航空"，在构建以国内大循环为主体、国内国际双循环相互促进的新发展格局的背景下，通用航空可以在服务国家战略、转变经济发展方式、满足人民需求、拓展新兴业态方面提供有力支持，发挥更大的作用，这极大振奋了人们发展好通用航空的信心和决心。

虽然近年来我国通用航空的发展局面令人鼓舞，但是对标民航强国战略的基本要求，通用航空发展面临的形势依然严峻，一些制约通用航空发展的关键问题亟待解决。例如，空域资源有待进一步释放，通用机场建设和飞行计划审批效率有待进一步提高，通用航空治理能力现代化水平有待进一步提升等。因此各方需要携手，共同破解发展难题。

在"十四五"开局之年，新时期通用航空业发展积极寻找战略支点，立足新发展阶段，贯彻新发展理念，构建新发展格局。

一是充分发挥新时期地方政府主体责任的支点作用。中国民用航空局已与广东、四川、湖南、湖北、上海等10个省市签订了协议，进一步加强与地方政府的通力合作，围绕通用航空服务地方经济社会发展的需求，支持、协调、配合地方政府发展通用航空业，培育市场主体，激发市场活力，提升发展水平；综合运用政策引导、项目支持、资金补贴、资源保障、能力建设、鼓励政府购买服务等多种措施，支持有积极性、有条件的地方政府优先发展通用航空业。对于开展全域低空空域管理改革试点的省份，国家应加大支持力度，促进形成通用航空产业链。

二是以智慧民航建设为引领，提升保障能力。智慧民航建设已成为行业高质量发展的主攻方向和主要抓手。"十四五"期间，是中国从单一航空运输强国向多领域民航强国迈进的重要阶段。这个阶段的重点是发展通用航空业，充分利用通用航空的性质、作用、特点和优势，在通用航空，尤其是在无人机领域等具备较强的竞争新优势领域，厚植智慧基因，在新技术、新工艺、新基建方面不断创新、突破，使通用航空业成为智慧民航建设的生力军。

三是在协同联动中推动产业转型升级。通用航空业具有产业链条长、服务领域广、带动作用强的优势。中国民用航空局在前期与有关地方政府、部门、军方和大型企业建立了很好的合作关系，未来将继续加强与通用航空制造业、服务业上下游的深度协同发展，坚持创新驱动，持续拓展通用航空应用场景和服务领域，充分发挥以无人机为引领的新业态发展优势；推动构建覆盖广泛的短途运输网络，探索发展便捷、通达的通用航空物流，引导航空医疗救护社会化发展，进一步优化通用航空消费环境，扩大通用航空新兴消费供给。

四是统筹安全与发展，有效提升通用航空企业的抗风险能力。安全始终是通用航空发展的生命线。通用航空企业要加强安全管理，严格遵守行业相关规章制度，加强对专业人员的资质培训和审核，提升自身的抗风险能力；要处理好安全与发展、安全与效益、安全与服务、安全与改革的关系，毫不动摇地坚持"安全第一"的原则，筑牢通航高质量。

中国民用航空局副局长董志毅在2021年3月1日表示，未来15年，将重点建设京津冀、长三角、粤港澳大湾区、成渝四大世界级机场群，推进郑州、天津、合肥、鄂州4个国际航空货运枢纽建设，将布局40个左右的区域航空枢纽，构建起四通八达、联通全球的空中运输网络。

三、通用航空的特点、地位和作用

（一）通用航空的特点

通用航空运输是民用航空运输的重要组成部分，因而通用航空也具备民用航空的特点，即高速性、机动性、安全性、公共性、舒适性、国际性等。另外，通用航空最大的优势就是其通用性，它适用于工农业生产、交通运输、人民的文化生活、科学研究等各个领域。对工农业生产来说，它直接参与工农业生产活动，是工农业生产活动的重要组成部分；对交通运输来说，它优于其他各种交通运输方式，不受地理、自然等条件的影响；对人民文化生活来说，它渗透于人民生活的各个领域，是其他任何交通运输方式无法替代的。通用航空除具有民用航空的特点外，和公共航空相比，一般还具有以下4个特点。

（1）通用航空的工作环境特殊。通用航空在野外进行作业，点多、线长、面广，流动性大，高度分散；易受到气候和地理条件的制约和影响，有很强的季节性和突击性；作业人员的工作条件和生活条件也相当艰苦。

（2）通用航空工作的技术质量要求高。通用航空专业技术性强，不同的作业项目有不同的技术要求和质量标准。没有熟练的飞行技术、丰富的专业知识和对各种特殊情况的处置能力，飞机的飞行安全和作业的质量是很难保证的。

（3）通用航空使用的设备复杂。通用航空一般使用小型飞机或活动翼飞机，大多进行低空或超低空飞行，而且在各种专业飞行过程中使用的仪器设备各不相同，因此需要通用航空人员对其实施的作业和使用的工具进行深入的了解和掌握。

（4）通用航空的发展与社会生产和人民生活休戚相关。通用航空的发展既受到社会经济发展水平的制约，也受到国家政策、措施的影响。通用航空不同于公共运输，它不仅是生产的前提、价值实现的手段和桥梁，而且直接参与了各项生产活动。对通用航空的需求，取决于工农业的生产水平和社会发展的需求程度。

（二）通用航空的地位

通用航空是民用航空的重要组成部分。通用航空的发展水平，是一个国家科学技术发展水平、经济发展水平和人民生活水平高低的重要标志，在社会和经济发展中具有重要的地位。

（1）通用航空的发展水平是测量一个国家科学技术发展水平的标志。在现代交通运输体系中，通用航空运输占有十分重要的地位。一个国家的科学技术水平越高，航空运输的水平就越高，航空运输的能力就越强。据资料统计，美国在通用航空发展鼎盛的 20 世纪 80 年代末，其通用飞机拥有量约为 22 万架，占整个航空机群的 98%；年飞行量达上千万小时，接近美国民航机群总飞行量的 84%。伴随着美国通用航空几十年的发展过程，通用飞机从以轻型活塞式飞机为主体，发展到了今天具有高性能的喷气公务机，各种先进航电系统设备和新材料也因通用航空的发展获得大量应用。

（2）通用航空的发展水平是体现一个国家经济发展水平的标志。发展研究表明，一个国家的经济发展水平与通用航空的发展存在着正比关系。美国强大的国民经济为美国通用航空的发展奠定了坚实的基础，而通用航空的发展又进一步促进了美国经济的发展。这种联系表现在，一方面，在经济发展水平高的国家中，可供人们支配的收入较多，有足够的经济实力去享受通用航空这种高消费的服务或娱乐项目；另一方面，国家也有足够的财力进行基础设施改善和基础技术研究投资。多年来，美国政府部门为一系列通用航空业的发展计划投入了大量资金。

（3）通用航空的发展水平是衡量一个国家人民生活水平高低的标志。一个国家的科学技术水平越高，经济水平越发达，人民的生活水平和生活质量就越高，这个国家的通用航空事业就越发达。通用航空不仅要满足人们的生产、生活需要，还要满足人民的精神生活需要。

（三）通用航空的作用

通用航空是民用航空的重要组成部分，在推动社会政治、经济、文化、教育、体育等事业发展方面发挥着越来越重要的作用。首先，它具有公共航空的作用，可以担负起重要的旅客和货物运输作用。其次，它的通用性是公共航空或其他交通运输方式无法替代的，这也是发展通用航空的重要意义所在。通用航空的作用具体表现在以下几个方面。

第七章 通用航空法律制度

1. 为国家经济发展和建设提供基础性、超前期性的服务

（1）运用航空摄影、遥感手段及其他遥感信息，为国民经济各有关部门进行勘探、设计、调查、科研等活动提供可靠、精确的原始数据和基础资料。通用航空所获取的航摄、遥感图像资料还能广泛应用于航空制图、国土资源调查、环境检测及宣传教育和军事侦察等方面。

（2）运用航空物探方法获取的图像资料，广泛应用于解决地质找矿问题。例如，将图像资料用于大地结构研究，以探索石油、天然气的分布规律，直接为油气资源普查服务；将图像资料用于大地深部结构研究，以期发现新的矿藏资源；将图像资料用于区域地质、工程地质和水文地质研究，为国家经济建设与发展服务。

2. 为发展农林牧副渔业生产提供空中作业服务

（1）可以利用通用航空进行航空种植。这主要是指在大面积的荒原、荒山，用飞机播种、造林、种草，以及用飞机直播农作物。另外，还可以利用通用航空进行施肥，达到增产的目的。

（2）可以利用通用航空进行管护。这里的管护主要是指对农作物、牧草和森林的管护。使用飞机进行管护，保护植物和自然环境，可以发挥良好的作用。其主要任务是喷洒化学药剂，一是对棉花、小麦、水稻等进行脱叶催熟；二是对烟草、马铃薯、向日葵等进行脱叶干化；三是进行防治病虫害、灭鼠、降雨、防雹和护林等。

（3）可以利用通用航空进行勘查。这主要是指对动物、植物和渔业资源，以及虫情、水情和火情等实施空中勘察和调查。

3. 为海洋和陆地石油资源开发提供后勤保障服务

在开发海洋和陆地石油资源的过程中，通用航空发挥了至关重要的作用，这是其他运输方式所无法替代的。在石油勘探和开采过程中，一般都使用通用航空的直升机为其提供后勤保障服务，不论是在浩瀚的海洋、无垠的沙漠，还是在险峻的高原，若没有通用航空的参与，石油工业的发展将是很难的。

（1）乘船上下班极为不便的在海上钻井船上工作的人员，通过通用航空可以免受海浪颠簸和晕船的折磨，快速又舒适地往返。

（2）在石油勘探和开采过程中，把发生严重的工伤事故和危急病人用直升机直接、迅速地送到医院，使他们及时得到治疗，减少不必要的伤亡。

（3）遇到台风来临或其他灾难性事故时，工作人员可以乘坐直升机迅速地撤离。

（4）石油勘探或开采所在地，一般交通不便，因技术原因或缺少某个重要的零部件和工具，钻探工作就无法开展，而使用飞机运输，既可以提高工作效率，又可以减少经济损失。

4. 发展通用航空，为旅游事业提供游览飞行服务

随着人民生活水平的不断提高，世界各国的旅游业都得到了快速的发展。利用通用航空来开发旅游业已经是一件很普通的事情了。1981年2月26日，我国云南省德宏州、临沧市的民族参观团，乘坐民航飞机游览了昆明市的滇池、西山风景区。1986年7—8月，中

国民航工业服务公司和中国民航西安管理局共同组织了在西安市上空游览 31 个飞行日的活动，乘坐飞机游览的中外游客达 6715 人。到目前为止，已有不少家航空公司开发了此项服务。

> **知识小课堂**
>
> 　　通用航空服务领域十分广阔，如尼泊尔的观山旅游。
> 　　与中国毗邻的尼泊尔，其最大的私人航空公司——考斯米克航空公司（CosmicAir），使用福克 100 飞机运载游客，对"世界屋脊"珠穆朗玛峰和另一座海拔达 8000 米以上的世界高峰——安纳布尔那峰进行了鸟瞰飞行。为了让游客能更好地从飞机窗口欣赏喜马拉雅山脉的壮美景观，公司在能搭载 108 人的客机上只安排了 72 个座位。据了解，观山旅游已经成为尼泊尔旅游业的一个重要组成部分，是其国民经济支柱产业。

5．公务航空的开展，促进了人们工作质量和工作水平的全方位提高

公务航空是通用航空的重要组成部分，由于其具有安全、省时、高效、灵活、舒适的优点，已逐步成为经济建设、商业贸易和行政管理等诸多领域中最理想的旅行方式。据不完全统计，1996 年，全世界有公务机 17 791 架，其中 60%在美国，境外来华的公务机约为 200 架次；到了 1997 年，在北京首都国际机场起飞的公务机已达 1000 多架次。2005 年，中国有 139 个外国驻华使馆和国际组织、185 家外国新闻机构、159 家列入世界 500 强的公司、10 000 多家外资企业、6000 多个外企办事处，如果其中的 10%使用公务机，那么我国公务航空的市场规模将扩大 4 倍。我国幅员辽阔，尚有大片面积是经济欠发达地区，现有的民航机场分布和航班密度远不能满足需求。但我国的公务航空才刚刚起步，企业自备公务机零的突破才刚由几个集团企业实现。

6．通用航空在处理危险和突发事件中发挥了重要的作用

由于通用航空飞行的快速性、灵活性和直达性，通用航空应用的领域非常广泛。我国通用航空的发展具有十分重要的战略价值，特别是在危险和突发事件的处理上，通用航空发挥了其他交通运输方式无法替代的作用。随着科学技术的发展，抢险救援工作在西方已成为继银行、邮电、保险之后的第四大产业。为了适应这一形势变化，将我国的抢险救援工作发展为科技产业，已经成为社会发展的必然趋势。因此，不论是抢险救灾，还是危险区域的勘探；不论是人们的日常生活，还是工农业生产，都离不开通用航空。

7．通用航空发展为民航发展的全新增长点

（1）加大通用机场建设。根据发展规划，相对美国拥有 15 096 个机场的状况而言，我国的机场数量已经成为制约中国民航国内客运市场进一步发展的关键因素。因此，我们应转变观念，加强通用机场建设；积极推进直升机起落平台的普及建设，为直升机在医疗救助、消防救援、商务飞行、警务巡逻、旅游观光等领域的应用创造必要的硬件条件。

（2）各大航空公司为扩大自己在黄金航线市场的份额，在支线航空运营成本较高、利润率偏低、客源量不足的情况下，通用航班像一支"轻骑"，在有航空出行需求的村镇、厂矿建设通用机场，特别是在内蒙古、新疆、西藏、青海、云南、贵州等地广人稀、地面交通不便但经济相对发达的煤田、矿山、油田等职工聚集区，可供其施展的空间潜力巨大。

（3）通过政策扶植和财政补贴的形式，使得民营资本参与到通用航空市场的开发领域，给民营航空的发展提供了广阔而又极具价值的"空运市场蓝海"。

（4）为了充分利用空域，中国民用航空局已在东北地区和中南地区试点低空空域开放，并进一步实施低空空域开放政策，这必将带来我国通用航空事业的爆发性增长。

（5）支持民用航空制造业的发展。大力发展通用航空是对民用航空制造业的极大支持和推动，有利于中国航空制造业的崛起。目前，国内航空公司多使用由波音、空客等外国制造商生产的机型，飞机及航材采购成本偏高。但是，通用航空需要的是小型螺旋桨式飞机和中小型直升机，以新舟60、运12、直11、直9为代表的国产机型拥有较强的稳定性，是通用航空公司的理想机型。发展通用航空对于我国由民航大国升级为民航强国有着重要的战略意义。

（四）深化体制机制改革

为了加快通用航空的发展，我国在法律保障方面也加快了建设步伐，主要体现在以下几方面。

1. 修订一系列法律

我国相继修订《中华人民共和国民用航空法》及《民用机场管理条例》中的通用航空部分，修订《国务院关于通用航空的暂行管理规定》，完善通用航空基本法律法规制度；修订《通用航空经营许可管理规定》，进一步降低经营许可门槛、通用航空器引进门槛，推动经营许可和运行许可的统一；修订《非经营性通用航空登记管理规定》，简化登记手续，支持单位或个人以自用、私用或专业飞机租赁等形式开展非经营性通用航空活动。

2. 加强通用航空标准体系建设

为完善通用机场建设标准、简化通用机场建设审批程序，近年来，我国在规范通用航空加注程序，以及航空油料运输、检测方法、油料监测人员资格等方面开展标准化建设，研究制定无人机的法规标准和监管体系，组织开展兼容"北斗"卫星导航系统的北斗机载设备适航审定标准规范研究和编制，促使适航、飞标、经济管理等部门规章标准保持一致。

3. 推进通用航空运营分类管理

近年来，我国一直在研究、制定通用航空运营管理办法，对载人飞行、作业飞行、个人或企业自用飞行等实施差异化管理，放宽对个人和企业自用等非经营性飞行活动的限制，促进普及型通用航空消费的发展。

通用机场专门承担除个人飞行、旅客运输和货物运输外的其他飞行任务。比如，开展飞行员培训、空中巡查、防林护林、喷洒农药等作业飞行，以及开发应急救援、商务包机、空中摄影、景点观光、空中表演等民生功能。

执行通用航空飞行任务的飞行器大多为小型飞机、轻型飞机、直升机等，所以通用机场的占地面积较小，其跑道、导航设施等相对民航机场会简单一些，净空环境要求也不高，因而一般不具备普通民航飞机起降的条件。

截至 2010 年年底,全国共有通用机场及通用航空临时起降场点 286 个,其中颁证机场及起降场点 43 个、未颁证机场及起降场点 243 个。而美国全国共有近 20 000 个通用机场,巴西有 2500 多个通用机场。我国通用机场和临时起降点的不足,严重限制了通用航空的发展。

近年来,我国通用航空业发展迅速。截至 2015 年年底,全国通用机场超过 300 个、通用航空企业 281 家、在册通用航空器 1874 架,2015 年飞行量达 73.2 万小时,2020 年全国通用航空共完成作业飞行小时为 98.39 万小时。

第二节　我国的通用航空管理法律制度

提起民用航空,人们往往容易想到公共航空,而对作为民用航空的重要组成部分的通用航空知之甚少。由于通用航空具有飞行作业项目多样化、航空器品种繁杂、空域使用随意性大、使用机型多、飞行时间不确定等基本特征,管理通用航空在很多方面与管理公共航空有较大的区别,因此需要用专门的通用航空法律法规和标准来规范通用航空活动。

由于我国通用航空业发展起步晚,与其他国家特别是美国成熟的通用航空业相比有很大差距。我国现行的通用航空法律,也是在通用航空发展的过程中逐步修正、完善的。

一、我国的通用航空法律体系构架

我国现行的通用航空法律、法规主要是由一部国家法律、两部行政法规、30 多部民航规章,以及十几部作业标准组成的。

(一)一部国家法律

一部国家法律是指《中华人民共和国民用航空法》,1995 年 10 月 30 日颁布,1996 年 3 月 1 日正式实施。《中华人民共和国民用航空法》第十章第一百四十五条至一百五十条对在我国从事通用航空活动须具备的法定条件做出了规定,设定了通用航空的定义及从事通用航空活动的条件,明确提出保障飞行安全,以及保护用户、地面第三人及从事通用航空活动的单位和个人的合法权益。《中华人民共和国民用航空法》不仅对于我国民用航空业来说是最重要的法律,也是制定、颁布有关通用航空法规、规章制度的依据和基石。

(二)两部行政法规

一部是国务院在 1986 年发布的《国务院关于通用航空管理的暂行规定》。该法规是我国政府第一次以立法的形式将"专业航空"更名为"通用航空",与国际接轨。该法规不仅明确规定了通用航空的管理机构,还明确了通用航空运营者从事相关活动的申报、审批程序和要求,通用航空相关活动由此开始规范化。

另一部为国务院和中央军事委员会于 2003 年 5 月 1 日颁布实施的《通用航空飞行管制条例》。该法规的出台在一定程度上规范了飞行管制,使得飞行管制在一定程度上有法可依。该法规是管理我国通用航空飞行活动的基本依据,规范了从事通用航空飞行活动的单位或个人向当地飞行管制部门提出飞行计划申请的程序、时限要求;明确了在我国进行的一些特殊飞行活动，所需履行的报批手续和文件要求；并对升放和系留气球做出了具体要求。该法规减少了相关部门的自由裁量权，也为相关管理部门对通用航空飞行活动的管理制定了飞行管制依据。

（三）30多部民航规章

目前，中国民用航空局颁布的涉及通用航空的民航规章共30多部，其中主要包括经济管理和安全运行管理的内容。例如，《一般运行和飞行规则》《通用航空企业经营许可审批管理程序》《通用机场建设规范》等涉及通用航空企业经营范围和要求、资质审定和审批程序、从业人员资质管理与认证、运行标准、飞行管理、安全保卫等领域。

1. 经济管理类规章

（1）《通用航空经营许可管理规定》（CCAR-290-R3）。该规章规范了行业管理部门的通用航空经营许可行为，规定了设立通用航空企业的条件、经营项目、申报文件要求、审批程序、时限等。该项通用航空经营许可由民航地区管理局负责实施。

（2）《非经营性通用航空备案管理办法》（民航规〔2022〕24号）。该规定规范了行政管理部门对非经营性通用航空活动的行政许可行为，规定了申请登记的条件、内容、文件要求、登记程序、时限等。该项行政许可由民航地区管理局负责实施。

2. 运行规章

运行规章包括《通用航空安全保卫规则》（CCAR-333）、《公共航空运输企业经营许可规定》（CCAR-201-R1）等。《公共航空运输企业经营许可规定》纳入了关于外商投资民用航空业的有关规章，进一步完善了对境外资本投资民用航空包括通用航空的具体条件、要求及审批程序等管理。

3. 通用航空运行审定类规章

通用航空运行审定类规章包括《一般运行和飞行规则》（CCAR-91R4）、《小型航空器商业运输运营人运行合格审定规则》（CCAR-135）。这些规章对通用航空所涉及的一般运行、小型航空器商业运行的合格审定标准进行了规范。

4. 专业机构审定类规章

专业机构审定类规章包括《民用航空器驾驶员学校合格审定规则》（CCAR-141R3）、《飞行训练中心合格审定规则》（CCAR-142）、《民用航空器维修单位合格审定规定》（CCAR-145R5）。这些规章明确了对飞行训练机构、飞行驾驶执照培训机构及维修单位的审定标准。

5. 专业人员执照、资质审定类规章

专业人员执照、资质审定类规章包括《民用航空器驾驶员合格审定规则》（CCAR-61-R5）、《民用航空器飞行机械员合格审定规则》（CCAR-63FS-R1）、《民用航空器维修人员执照管理规则》（CCAR-66-R3）、《民用航空飞行签派员执照管理规则》（CCAR-65FS-R2）、《民用航空航行情报人员岗位培训管理规定》（CCAR-65TM-IV-R1）、《民用航空航行情报员执照管理规则》（CCAR-65TM-III-R4）。这些规章明确了对申请专业人员执照、资质的具体条

件和要求。

(四) 十几部作业标准

为保证通用航空作业的质量，引导和规范通用航空企业开展作业项目，自1986年以来，我国先后发布了下列产业标准。这些都是有关通用航空作业的国家标准和行业标准，是实施通用航空监督、执法、处罚等的重要依据。

国家标准包括：《飞播造林技术规程》（GB/T 15162—2018）、《1∶5000　1∶10 000　1∶25 000　1∶50 000　1∶100 000地形图航空摄影规范》（GB/T 15661—2008）、《通用航空机场设备设施》（GB/T 17836—1999）、《航空摄影技术设计规范》（GB/T 19294—2003）、《1∶500　1∶1 000　1∶2 000地形图航空摄影测量内业规范》（GB/T 7930—2008）、《1∶500　1∶1 000　1∶2 000地形图航空摄影测量外业规范》（GB/T 7931—2008）等。

行业标准包括：《航空摄影技术术语》（MH/T 0009—1996）、《农业航空技术术语》（MH/T0017—1998）、《农业航空作业质量技术指标　第1部分：喷洒作业》（MH/T 1002.1—2006）、《农业航空作业质量技术指标　播撒作业》（MH/T 1002.2—1995）、《飞机喷施设备性能技术指标　第1部分：喷雾设备》（MH/T 1008.1—2001）、《飞机喷施设备性能技术指标　第1部分：播种设备》（MH/T 1008.2—2001）、《航空物探飞行技术规范》（MH/T 1010—2000）等。

综上所述，我国通用航空立法存在各种问题，主要有法律体系不完善、缺乏高层次的通用航空法、配套规章不健全、针对性需加强，等等。但是，经过近几年的努力，我国也取得了一些成绩。其中，《通用航空飞行管制条例》和《通用航空飞行任务审批与管理规定》的颁布对我国通用航空的发展和管理意义重大。

二、《通用航空飞行管制条例》颁布的背景，以及适用范围、内容及颁布的意义

(一)《通用航空飞行管制条例》颁布的背景

《通用航空飞行管制条例》的颁布是航空事业发展的必然结果。

1. 通用航空的发展需要法律的规范

近些年来，我国通用航空飞行活动已深入国家经济建设的各个领域，在工业、农业、林业、渔业、旅游业及医疗卫生等领域发挥着重要作用。随着我国社会主义市场经济的发展和人民生活水平的不断提高，通用航空还将保持较高的发展速度，原有的飞行管制和服务保障方式已经不能满足通用航空飞行的需要。因此，我国需要一部法律来规范通用航空飞行活动，为通用航空的发展提供根本保障。

2. 通用航空在空域需求和飞行保障等方面的特殊性需要法律提供保障

通用航空的飞行器类型多样，执行的任务也品类繁多，在其飞行管制工作客观上存在较大难度，有时通用航空飞行会出现混乱、无序的现象，飞行安全难以保障。为了维护通用航空活动的秩序、保障飞行安全，制定一部专门的法规十分必要，这有利于完善我国的

航空法规。《通用航空飞行管制条例》作为我国航空法规体系的有机组成部分，具有其他法规难以替代的地位和作用。由于我国通用航空事业起步较晚，之前并无专门法规来规范通用航空飞行活动，因此，在认真总结我国通用航空飞行管制经验的基础上，根据我国通用航空的发展现状，借鉴国外的有益做法，制定一部符合我国国情、具有中国特色的《通用航空飞行管制条例》是健全我国航空法治建设的重要工作。

（二）《通用航空飞行管制条例》的适用范围、主要内容及颁布的意义作用

1. 《通用航空飞行管制条例》的适用范围

《通用航空飞行管制条例》作为我国境内通用航空飞行活动的专门法规，凡是在中华人民共和国境内从事通用航空飞行活动的单位、个人，以及与该类活动有关的人员，都必须遵守该条例。此外，在中华人民共和国境内从事升放无人驾驶自由气球和系留气球的活动，也要遵守该条例的有关规定。

2. 《通用航空飞行管制条例》的主要内容

《中华人民共和国民用航空法》和《中华人民共和国飞行基本规则》对通用航空的管理都有一些相应的规定。《通用航空飞行管制条例》作为通用航空飞行管制的专门法规，在制定过程中，做到了以飞行基本规则为依据，并充分考虑到了其与民用航空法和飞行基本规则的衔接。

《通用航空飞行管制条例》包括"总则"，以及"飞行空域的划设与使用"、"飞行活动的管理"、"飞行保障"、"升放和系留气球的规定"、"法律责任"、"附则"7章，共45条。着重明确和规范了以下几个方面的问题。

（1）明确了规范的范畴。通用航空活动管理涉及的范畴较广，有关的程序环节也很多，营运管理、飞行标准、地面保障、航空器、航空人员、适航许可等都要进行规范和管理。升放无人驾驶自由气球的管理也十分复杂。《通用航空飞行管制条例》对通用航空的定义、适用范围，通用航空活动管理部门和相关单位的服务保障等做了要求及规定。

（2）调整了空域的管理办法。《通用航空飞行管制条例》打破了现行固定空域的管理模式，对通用航空空域的申请、划设、批准、使用等做出了新的规定；确定了"临时飞行空域"和一整套明确的、操作性很强的保障实施办法，较好地解决了通用航空空域使用管理上的滞后问题，满足了通用航空空域使用临时性、不确定性的需求，较好地处理了国土防空、空管监视和通用航空空域使用方便、快捷的关系。这一举措既注重与国际接轨，又立足于我国实际情况，是现阶段航空条件下空域管理方法的创新。

（3）改进了飞行申请的方法。《中华人民共和国飞行基本规则》第三十五条规定："所有飞行必须预先提出申请，经批准后方可实施。"《通用航空飞行管制条例》第三章"飞行活动的管理"依据这条原则对通用航空任务的审批，飞行计划申请的时间、内容、飞行计划的批准权限，临时空域内的短期飞行预报，紧急任务飞行的处理等做了规定。这些规定规范了任务审批环节，针对过去通用航空活动都要先报批任务、后报批计划的做法，做了较大调整。

（4）解决了飞行保障中的突出问题。通用航空飞行保障涉及的单位多、部门多、协调

复杂。《通用航空飞行管制条例》第四章"飞行保障"依据相关法规对有关保障部门和航空单位的飞行保障职责、任务，有关区域飞行的通信保障，机场使用保障等做了规定。

（5）规范了对升放无人驾驶自由气球和系留气球的管理。《通用航空飞行管制条例》参照其他法规的做法，将无人驾驶自由气球和系留气球的升放管理单列一章（第五章），就升放无人驾驶自由气球和系留气球的批准、升放的条件，以及升放的申请、动态的通报和禁放的区域等进行了规范。

3.《通用航空飞行管制条例》颁布的意义

《通用航空飞行管制条例》的颁布是我国航空管理发展史上的一件大事，它对于规范我国境内的通用航空飞行活动、保障通用航空飞行安全具有极其重要的意义，对于维护广大人民群众的生命财产安全也将发挥重要作用。

虽然《通用航空飞行管制条例》的颁布为我国通用航空今后的发展奠定了坚实的法律基础，但是从《通用航空飞行管制条例》的规定来看，我国通用航空管理水平与管理规定和世界先进水平还存在很大的差距。我国政府将会逐步放开对低空空域的管制，但低空不会"完全开放"或者"马上对私人开放"，而有可能根据现实的需要首先对一些部门，如农林、牧业、公安、消防等部门或在部分空域放开限制，一段时间后才可能对私人飞机完全放开。因此，我们可以认为，我国通用航空事业一方面发展潜力巨大，另一方面需要改进的地方还有很多。

三、《通用航空飞行任务审批与管理规定》的主要内容及其出台的意义

（一）《通用航空飞行任务审批与管理规定》的主要内容

由原中国人民解放军总参谋部、中国民用航空局联合发布的《通用航空飞行任务审批与管理规定》，于2013年12月1日开始执行，其中共包括19条细则。

《通用航空飞行任务审批与管理规定》第一条规定就将制定法规的目的说得明明白白，即"为了促进通用航空事业发展，维护国家安全，根据《通用航空飞行管制条例》，制定本规定"。可以认为，该规定是《通用航空飞行管制条例》的进一步细化，要求政府和军队等有关部门按照本规定和有关法律法规，做好通用航空飞行任务审批与管理工作。从该规定的具体内容来看，必将给通用航空的管理带来新气象。

《通用航空飞行任务审批与管理规定》主要包括以下几个方面。

1. 放宽通用航空飞行任务的审批范围

《通用航空飞行任务审批与管理规定》第五条规定："除以下九种情况外，通用航空飞行任务不需要办理任务申请和审批手续，但在飞行实施前，须按照国家飞行管制规定提出飞行计划申请，并说明任务性质：

"（一）航空器进出我国陆地国界线、边境争议地区我方实际控制线或者外籍航空器飞入我国领空的（不含民用航空器沿国际航路飞行），由民用航空局商总参谋部、外交部审批。

"（二）航空器越过台湾海峡两岸飞行情报区分界线的（不含民用航空器沿国际航路飞行），由民用航空局商总参谋部、国务院台湾事务办公室审批；飞入香港、澳门地区的，

须先通过相关渠道征得香港、澳门特别行政区政府有关部门同意。

"（三）航空器进入陆地国界线、边境争议地区实际控制线我方一侧10公里的（不含民用航空器沿国际航路飞行），由民航地区管理局商所在军区审批；越过我国海上飞行情报区的（不含台湾海峡地区和沿国际航路飞行），由民航地区管理局商所在军区空军审批，报相关军区备案。进入上述地区或越过海上飞行情报区执行森林灭火、紧急救援等突发性任务的，由所在飞行管制分区指挥机构（航管中心）审批并报军区空军备案。

"（四）航空器进入空中禁区执行通用航空飞行任务，由民用航空局商总参谋部审批；进入空中危险区、空中限制区执行通用航空飞行任务，由民航地区管理局商军区空军或者海军舰队审批。

"（五）凡在我国从事涉及军事设施的航空摄影或者遥感物探飞行，其作业范围由民航地区管理局商相关军区审批；从事涉及重要政治、经济目标和地理信息资源的航空摄影或者遥感物探飞行，其作业范围由民航地区管理局商相关省、自治区、直辖市政府主管部门审批。

"（六）我国与相邻国家联合组织跨越两国边境的航空摄影、遥感物探等通用航空飞行，由国土资源部商外交部、民用航空局、总参谋部提出意见，报国务院审批。

"（七）外籍航空器或者由外籍人员驾驶的我国航空器使用未对外开放的机场、空域、航线从事通用航空飞行，由民用航空局商总参谋部审批。

"（八）中央国家机关有关部门、地方人民政府和企业事业单位使用军用航空器进行航空摄影（测量）、遥感物探，以及使用总参谋部直属部队航空器或者使用军区所属航空器跨区从事通用航空飞行的，由总参谋部审批。使用军区所属航空器在辖区内进行其他通用航空飞行的，由相关军区审批；使用海军、空军所属航空器进行其他通用航空飞行的，由海军、空军或者海军舰队、军区空军审批。

"（九）国家组织重大活动等特殊情况下的通用航空飞行，按照国家和军队的有关规定要求审批。"

2. 军用机场资源得到进一步利用

通用机场和临时起降点少是制约我国通用航空发展的一个瓶颈。《通用航空飞行任务审批与管理规定》第十一条规定："从事通用航空飞行的民用航空器临时使用军用机场时间不超过一年的，由管理该机场的军级单位审批，超过一年的按现行有关规定办理审批手续，机场管理单位按照《通用航空民用机场收费标准》收取保障费用。"此规定意味着军用机场资源的进一步释放。

3. 进一步方便通用飞机起落

从事通用航空作业的小型固定翼飞机、直升机通常飞行距离比较短，在出发地与目的地间需要一些临时起降点经停。此前，临时起降点的选址、建设需要军方同意才能够进行。而现在，《通用航空飞行任务审批与管理规定》第十条规定："通用航空飞行需在野外（含水面）临时起降且不涉及永久设施建设的，临时起降场地由实施通用航空飞行的单位或者个人自行勘选，连同飞行计划一并报所在飞行管制分区。"这意味着临时性起降点可以由通用航空企业自己选、自己建，在建设临时起降点时，只需避开飞行繁忙地区、军事禁区、军事管理区,不得影响飞行安全和重要目标安全。这一规定对于让通用航空更好地"飞起来"具有积极作用。

4. 通用航空飞行空中管制进一步放松

《通用航空飞行任务审批与管理规定》第十四条规定:"凡需审批的通用航空飞行任务,其航空器应当配有二次雷达应答机,或者备有能够保证操作人员与军民航空管部门沟通联络、及时掌握航空器位置的设备。"这意味着,除第五条规定的 9 种情况外(前文已有介绍),不需要审批的通用航空飞行任务就有可能不再需要配备二次雷达应答机,更预示着军方对民航通用航空器坚持的"看得到、叫得住、管得住"的原则有所松动。

《通用航空飞行任务审批与管理规定》的出台让许多过去不明确的规则更加明确,也简化了许多审批手续,将使更多通用航空企业从中受益,有力促进了我国通用航空的发展。

(二)《通用航空飞行任务审批与管理规定》出台的意义

《通用航空飞行任务审批与管理规定》出台的主要意义在于,在确保国土安全的情况下促进通用航空的发展。它更加明确了通航任务的审批细则,保证了抢险救灾等通用航空作业能够获得及时批准,为我国通用航空的发展提供了明确的政策导向。尤其是目前,我国通用航空企业湿租国外飞机、直升机的情况越来越多,《通用航空飞行任务审批与管理规定》的出台可以进一步规范外籍飞行员及航空器从事通用航空飞行。

《通用航空飞行任务审批与管理规定》第十三条明确:"通用航空飞行所需航空情报资料,由飞行活动主体向民用航空局航空情报服务机构申请订购。通用航空企业需使用军用机场、军用航图等信息资料时,由民用航空局航空情报服务机构统一向军队主管部门申领,经军队主管部门审核同意后提供。涉密资料按照保密要求提供、管理和使用。"也就是说,通用航空企业可以获得航空情报资料和军用信息资料,这也是通用航空发展的基本要求。运输飞行有固定的航线航路,而通用飞机在低空空域飞行时也应当有固定的低空航线航路。但目前,我国尚无完善的低空航图,几乎所有低空航线都需要临时申请。因此,出版公开的低空航图有助于进一步确保通用航空飞行安全,使通用航空企业的飞行活动更加便利。

四、通用航空法律需要注意的条款

(一)通用航空从业的法定条件

《中华人民共和国民用航空法》第一百四十六条规定:"从事通用航空活动,应当具备下列条件:

"(一)有与所从事的通用航空活动相适应,符合保证飞行安全要求的民用航空器;

"(二)有必需的依法取得执照的航空人员;

"(三)符合法律、行政法规规定的其他条件。

"从事经营性通用航空,限于企业法人。"

从上述规定可以看出,从管理角度划分,通用航空活动可以分为经营性和非经营性两大类,实行两种不同的管理制度。凡符合法定条件的均可从事通用航空活动,但只有企业法人才能从事经营性通用航空活动。

此外，从事通用航空活动，还应遵守下列规定。

（1）《中华人民共和国民用航空法》第一百四十九条规定："组织实施作业飞行时，应当采取有效措施，保证飞行安全，保护环境和生态平衡，防止对环境、居民、作物或者牲畜等造成损害。"

（2）《中华人民共和国民用航空法》第一百五十条规定："从事通用航空活动的，应当投保地面第三人责任险。"保险金额应与所承担的责任相一致。

（3）《中华人民共和国民用航空法》第一百四十八条规定："通用航空企业从事经营性通用航空活动，应当与用户订立书面合同，但是紧急情况下的救护或者救灾飞行除外。"

（二）通用航空的准则和审批

按照非经营性和经营性的划分，对通用航空实行"准则制"和"审批制"两种不同的管理制度。所谓"准则制"，即符合法定条件的均可从事非经营性通用航空活动，只需向主管机关办理登记手续。所谓"审批制"，即具备法定条件从事经营性通用航空活动，有关企业法人必须向主管机关提出申请，经审查批准，取得主管机关颁发的经营许可证并持经营许可证办理工商登记之后，方可从事经营性通用航空活动。

《中华人民共和国民用航空法》第一百四十七条明确规定："从事非经营性通用航空的，应当向国务院民用航空主管部门办理登记。从事经营性通用航空的，应当向国务院民用航空主管部门申请领取通用航空经营许可证。"

法律未对"非经营性"做明确规定，一般理解为是为自身需要而进行的，不对外营业、不收取报酬。凡符合法定条件的，均可从事通用航空活动，但只有企业法人才能从事经营性通用航空活动。

（三）通用航空划设临时飞行空域的申请

通用航空和一般的公共航空运输有很大的不同。例如，在通用航空中，根据飞行需要有时要申请划设临时飞行空域。

《通用航空飞行管制条例》第七条规定："从事通用航空飞行活动的单位、个人，根据飞行活动要求，需要划设临时飞行空域的，应当向有关飞行管制部门提出划设临时飞行空域的申请。

"划设临时飞行空域的申请当包括如下内容：

"（一）临时飞行空域的水平范围、高度；

"（二）飞入和飞出临时飞行空域的方法；

"（三）使用临时飞行空域的时间；

"（四）飞行活动性质；

"（五）其他有关事项。"

《通用航空飞行管制条例》第八条规定："划设临时飞行空域，按照下列规定的权限批准：

"（一）在机场区域内划设的，由负责该机场飞行管制的部门批准；

"（二）超出机场区域在飞行管制分区内划设的，由负责该分区飞行管制的部门批准；

"（三）超出飞行管制分区在飞行管制区内划设的，由负责该管制区飞行管制的部门批准；

"（四）在飞行管制区间划设的，由中国人民解放军空军批准。

"批准划设临时飞行空域的部门应当将划设的临时飞行空域报上一级飞行管制部门备案，并通报有关单位。"

《通用航空飞行管制条例》第九条规定："划设临时飞行空域的申请，应当在拟使用临时飞行空域7个工作日前向有关飞行管制部门提出；负责批准该临时飞行空域的飞行管制部门应当在拟使用临时飞行空域3个工作日前作出批准或者不予批准的决定，并通知申请人。"

《通用航空飞行管制条例》第十条规定："临时飞行空域的使用期限应当根据通用航空飞行的性质和需要确定，通常不得超过12个月。因飞行任务的要求，需要延长临时飞行空域使用期限的，应当报经批准该临时飞行空域的飞行管制部门同意。通用航空飞行任务完成后，从事通用航空飞行活动的单位、个人应当及时报告有关飞行管制部门，其申请划设的临时飞行空域即行撤销。"

《通用航空飞行管制条例》第十一条规定："已划设的临时飞行空域，从事通用航空飞行活动的其他单位、个人因飞行需要，经批准划设该临时飞行空域的飞行管制部门同意，也可以使用。"

（四）通用航空飞行计划的申请

"空中交通管制"也称"飞行管制"或"航空管制"，其主要含义是对飞行中的航空器提供空中交通管制服务，并实施有效的监督和管理。空中交通管制包括：监督航空器严格按照批准的计划飞行，维护飞行秩序，禁止未经批准的航空器擅自飞行；禁止未经批准的航空器飞入空中禁区、临时空中禁区或者飞出、飞入国境；防止航空器与航空器、航空器与地面障碍物相撞；防止地面对空兵器或者对空装置误射航空器。

我国的空中交通管制，受国务院、中央军事委员会空中交通管制委员会的领导，由中国人民解放军空军统一组织实施，各有关飞行管制部门按照各自的职责分工提供空中交通管制服务。执行空中交通管制是必要的，可以防止空中灾难的发生。例如，新疆航空公司的一架由成都飞往乌鲁木齐的客机，由于机上领航设备出现故障，飞机已下降到安全高度以下，正在担负航空管制任务的我国空军某航空管制中心及时判明飞机属性，果断指挥飞机上升到安全高度，引导安全降落。又如，两架外国航班未按申请航线和入境点飞行，试图从非计划航线飞入我国境内，可疑的亮点刚刚在雷达管制监测屏幕上出现，就被正在值班的我军某部发现，他们立即通过民航实施指挥，令其严格按照预先申请的航线和入境点飞行，并利用雷达监视该航班在境外调整航线，避免了可能造成的航空安全隐患，维护了国家领空的安全。

《通用航空飞行管制条例》第十二条规定："从事通用航空飞行活动的单位、个人实施飞行前，应当向当地飞行管制部门提出飞行计划申请，按照批准权限，经批准后方可实施。"

第七章 通用航空法律制度

> **知识小课堂**
>
> 飞机计划申请和有关部门批准有着严格的规定，如下所述。
>
> 1．飞行计划申请的内容
>
> 《通用航空飞行管制条例》第十三条规定："飞行计划申请应当包括下列内容：
>
> "（一）飞行单位；
>
> "（二）飞行任务性质；
>
> "（三）机长（飞行员）姓名、代号（呼号）和空勤组人数；
>
> "（四）航空器型别和架数；
>
> "（五）通信联络方法和二次雷达应答机代码；
>
> "（六）起飞、降落机场和备降场；
>
> "（七）预计飞行开始、结束时间；
>
> "（八）飞行气象条件；
>
> "（九）航线、飞行高度和飞行范围；
>
> "（十）其他特殊保障需求。"
>
> 《通用航空飞行管制条例》第十四条规定："从事通用航空飞行活动的单位、个人有下列情形之一的，必须在提出飞行计划申请时，提交有效的任务批准文件：
>
> "（一）飞出或者飞入我国领空的（公务飞行除外）；
>
> "（二）进入空中禁区或者国（边）界线至我方一侧10公里之间地带上空飞行的；
>
> "（三）在我国境内进行航空物探或者航空摄影活动的；
>
> "（四）超出领海（海岸）线飞行的；
>
> "（五）外国航空器或者外国人使用我国航空器在我国境内进行通用航空飞行活动的。"
>
> 2．飞行计划申请的批准
>
> 《通用航空飞行管制条例》第十五条规定："使用机场飞行空域、航路、航线进行通用航空飞行活动，其飞行计划申请由当地飞行管制部门批准或者由当地飞行管制部门报经上级飞行管制部门批准。
>
> "使用临时飞行空域、临时航线进行通用航空飞行活动，其飞行计划申请按照下列规定的权限批准：
>
> "（一）在机场区域内的，由负责该机场飞行管制的部门批准；
>
> "（二）超出机场区域在飞行管制分区内的，由负责该分区飞行管制的部门批准；
>
> "（三）超出飞行管制分区在飞行管制区内的，由负责该区域飞行管制的部门批准；
>
> "（四）超出飞行管制区的，由中国人民解放军空军批准。"
>
> 3．飞行计划的申请与批准时限
>
> 《通用航空飞行管制条例》第十六条规定："飞行计划申请应当在拟飞行前1天15时前提出；飞行管制部门应当在拟飞行前1天21时前做出批准或者不予批准的决定，并通知申请人。

"执行紧急救护、抢险救灾、人工影响天气或者其他紧急任务的，可以提出临时飞行计划申请。临时飞行计划申请最迟应当在拟飞行 1 小时前提出；飞行管制部门应当在拟起飞时刻 15 分钟前作出批准或者不予批准的决定，并通知申请人。"

《通用航空飞行管制条例》第十七条规定："在划设的临时飞行空域内实施通用航空飞行活动的，可以在申请划设临时飞行空域时一并提出 15 天以内的短期飞行计划申请，不再逐日申请；但是每日飞行开始前和结束后，应当及时报告飞行管制部门。"

《通用航空飞行管制条例》第十八条规定："使用临时航线转场飞行的，其飞行计划申请应当在拟飞行 2 天前向当地飞行管制部门提出；飞行管制部门应当在拟飞行前 1 天 18 时前作出批准或者不予批准的决定，并通知申请人，同时按照规定通报有关单位。"

（五）通用航空飞行保障的有关规定

《通用航空飞行管制条例》第二十条规定："通信、导航、雷达、气象、航行情报和其他飞行保障部门应当认真履行职责，密切协同，统筹兼顾，合理安排，提高飞行空域和时间的利用率，保障通用航空飞行顺利实施。"

《通用航空飞行管制条例》第二十一条规定："通信、导航、雷达、气象、航行情报和其他飞行保障部门对于紧急救护、抢险救灾、人工影响天气等突发性任务的飞行，应当优先安排。"

《通用航空飞行管制条例》第二十二条规定："从事通用航空飞行活动的单位、个人组织各类飞行活动，应当制定安全保障措施，严格按照批准的飞行计划组织实施，并按照要求报告飞行动态。"

《通用航空飞行管制条例》第二十三条规定："从事通用航空飞行活动的单位、个人，应当与有关飞行管制部门建立可靠的通信联络。在划设的临时飞行空域内从事通用航空飞行活动时，应当保持空地联络畅通。"

《通用航空飞行管制条例》第二十四条规定："在临时飞行空域内进行通用航空飞行活动，通常由从事通用航空飞行活动的单位、个人负责组织实施，并对其安全负责。"

《通用航空飞行管制条例》第二十五条规定："飞行管制部门应当按照职责分工或者协议，为通用航空飞行活动提供空中交通管制服务。"

《通用航空飞行管制条例》第二十六条规定："从事通用航空飞行活动需要使用军用机场的，应当将使用军用机场的申请和飞行计划申请一并向有关部队司令机关提出，由有关部队司令机关作出批准或者不予批准的决定，并通知申请人。"

《通用航空飞行管制条例》第二十七条规定："从事通用航空飞行活动的航空器转场飞行，需要使用军用或者民用机场的，由该机场管理机构按照规定或者协议提供保障；使用军民合用机场的，由从事通用航空飞行活动的单位、个人与机场有关部门协商确定保障事宜。"

《通用航空飞行管制条例》第二十八条规定："在临时机场或者起降点飞行的组织指挥，通常由从事通用航空飞行活动的单位、个人负责。"

《通用航空飞行管制条例》第二十九条规定："从事通用航空飞行活动的民用航空器能

否起飞、着陆和飞行，由机长（飞行员）根据适航标准和气象条件等最终确定，并对此决定负责。"

（六）从事通用航空活动的法律责任

《通用航空飞行管制条例》第四十一条规定："从事通用航空飞行活动的单位、个人违反本条例规定，有下列情形之一的，由有关部门按照职责分工责令改正，给予警告；情节严重的，处 2 万元以上 10 万元以下罚款，并可给予责令停飞 1 个月至 3 个月、暂扣直至吊销经营许可证、飞行执照的处罚；造成重大事故或者严重后果的，依照刑法关于重大飞行事故罪或者其他罪的规定，依法追究刑事责任：

"（一）未经批准擅自飞行的；

"（二）未按批准的飞行计划飞行的；

"（三）不及时报告或者漏报飞行动态的；

"（四）未经批准飞入空中限制区、空中危险区的。"

《通用航空飞行管制条例》第四十二条规定："违反本条例规定，未经批准飞入空中禁区的，由有关部门按照国家有关规定处置。"

《通用航空飞行管制条例》第四十三条规定："违反本条例规定，升放无人驾驶自由气球或者系留气球，有下列情形之一的，由气象主管机构或者有关部门按照职责分工责令改正，给予警告；情节严重的，处 1 万元以上 5 万元以下罚款；造成重大事故或者严重后果的，依照刑法关于重大责任事故罪或者其他罪的规定，依法追究刑事责任：

"（一）未经批准擅自升放的；

"（二）未按照批准的申请升放的；

"（三）未按照规定设置识别标志的；

"（四）未及时报告升放动态或者系留气球意外脱离时未按照规定及时报告的；

"（五）在规定的禁止区域内升放的。"

【范例 7-1】

案例分享：

三亚亚龙通航飞行训练迫降未及时通报被处罚

中国民用航空网讯：2016 年 12 月 21 日，中国民航中南地区管理局公布了对海南三亚亚龙通用航空有限公司下发的《民航行政处罚决定书》，就其违法行为做出罚款 1 万元（人民币）的行政处罚。

《民航行政处罚决定书》显示，2016 年 8 月 19 日 18 时左右，海南三亚亚龙通用航空有限公司的一架直升机在执行飞行训练任务时，因疑似遭受鸟击迫降于武汉市蔡甸区后官湖附近，构成一起紧急事件。事件发生后，海南三亚亚龙通用航空有限公司于 8 月 20 日 7 时 40 分通过值班电话报告中国民航中南地区管理局，于 8 月 23 日 17 时 33 分通过指定邮箱向中国民航中南地区管理局填报了《民用航空安全信息报告表》。以上事实有中国民航中南地区管理局调查报告、值班电话记录及邮箱收件记录为证。

思考与练习

1. 简述我国通用航空的发展沿革。
2. 简述我国通用航空法律的构成和主要内容。
3. 简述从事通用航空活动的法律责任。

第八章

民用航空保险法律制度

本章学习目标

- 了解民用航空保险的概念及特点；
- 了解民用航空保险的发展历史；
- 熟悉民用航空保险的种类，民用航空保险理赔的原则和程序。

第一节 民用航空保险概述

保险是指投保人根据合同约定，向保险人支付保险费，保险人对于因合同约定的可能发生的事故发生所造成的财产损失承担赔偿保险金责任，或者被保险人死亡、伤残、疾病或者达到合同约定的年龄、期限等条件时承担给付保险金责任的商业保险行为。

保险作为一个商业用语是一个外来的词汇，其对应的英文是 Insurance 或 Insuraunce，由于商品经济的发展及世界经济的交流，在我国广泛运用。保险由此成为一个汉语词语，拼音是 bao xian，本意是稳妥、可靠、保障，后延伸为一种保障机制，是用来规划人生财务的一种工具，是市场经济条件下风险管理的基本手段，是金融体系和社会保障体系的重要的支柱。

从经济角度看，保险是分摊意外事故损失的一种财务安排；从法律角度看，保险是一种合同行为，是一方同意补偿另一方损失的一种合同安排；从社会角度看，保险是社会经济保障制度的重要组成部分，是社会生产和社会生活"精巧的稳定器"；从风险管理角度看，保险是风险管理的一种方法。

自从人类制造了飞行器，实现了上天的愿望，飞机在天空飞行不再是冒险的事，而成为一种经济活动、商业活动。航空工业、民用航空业因飞机的发明而得到迅速发展。如今，飞机成为人类活动的重要工具，在运输、战斗防卫和科学实验等人类社会生活领域中发挥着重要作用。

但是，民用航空业属于高风险行业，飞机在运营中会遇到各种不同的风险，如飞机机械失灵、发动机吸入外来物、塔台指挥失误等造成飞机相撞、操作不当或因气流袭击造成飞机失事、旅客在飞行途中伤亡、飞机坠毁时造成地面第三者人身伤亡或财产损失、机场及地面事故，甚至责任部门发布的机型不适航、飞机被劫持、因战争及政治原因造成飞机受损等一系列风险事故，给国家和企业的财产及人民的生命带来损失与危害。高风险行业必然要寻找一种能够避免损失或降低、减缓损失的措施。于是，作为一种经济制度，类似于为社会救助而建立的共同基金，属于一种集体救济补偿方法的保险，成为民用航空业经营活动中确保经济生活的安定，解决因自然灾害或意外事故造成的经济损失，针对因各种飞行风险造成对飞机、旅客人身、财产损失的一种补偿的民用航空保险油然而生。

一、民用航空保险的概念及特点

民用航空保险是以民用航空活动中涉及的财产及相关经济利益为保险标的的各种保险的总称。

许多人认为民用航空保险就是飞机保险，其实不然。飞机保险只是民用航空保险的主要险种之一。民用航空保险既包括财产保险，如以飞机及设备为保险标的的飞机及零备件保险；又包括责任保险，如承保承运人对旅客及第三者的法定责任保险；也包括人身意外伤害保险，如机组人员意外伤害险、航空旅客人身意外伤害保险等。除此以外，民用航空保险险种还包括机场责任保险、空中交通管制责任保险、航空维修人责任保险、航空器生产厂产品责任保险等。因此，民用航空保险不同于其他险种，它涉及面广，是一种综合性保险。

与其他保险相比，民用航空保险有下列显著特点。

1. 价值高、风险高，专业性、技术性强

鉴于航空器本身具有价值高、技术要求严格、速度快的特点，以及航空器在运营中具有风险大的特点，民用航空保险相应地具有保险金额高、风险集中、专业性和技术性较强的特点。随着航空技术的发展，民用航空保险所涉及的保险金额也在不断增高。由于飞机的高科技、高性能程度越来越高，致使飞机的造价越来越高。20世纪七八十年代，一架载客为200多人的747型飞机的保险金额为4000多万美元。如今，一架旅客座位数达到400多个的波音737-400型飞机的保险金额可高达2亿多美元。万一发生事故，不仅有飞机本身的损失，还可能造成旅客伤亡及其他第三者的财产和人身伤亡的巨额责任重大事件。那可是上亿美元甚至多则可达数亿美元的赔偿。

随着全球经济的到来，国际贸易规模日益扩大，更多的商品流通需要通过空中桥梁——飞机来实现。与此同时，随着各国相互合作和旅游业的发展与日俱增，飞机所承载的旅客数量也急速增加，空中的飞机流量大大增加。虽然，航空技术日益进步，航空运输从概率的角度说是最安全的运输方式，但是飞机一旦发生事故，后果不堪设想。不仅是因为飞机本身的价值昂贵，更是因为一旦飞机发生事故，飞机上的人员很难生还。所以人们对于民用航空保险承保、理赔的技术含量要求比较高。因此，我们要清醒地认识到民用航空业是高价值、高风险的行业，作为承保人更要清醒地认识到，民用航空保险是一个专业技术较强的险种。我们在投保时不仅要了解民用航空保险技术，还要了解飞机及有关技术、有关

法律规定等。

2. 航空保险具有再保和共保的特点

由于飞机的价值很高，风险又高度集中，一家公司一般无力承担巨额风险责任，或者即使有能力也不愿单独承担100%的风险。因此保险公司在承保了飞机保险以后，会通过分保的方式，将巨额风险分散到国际市场或分摊到几家保险公司，巨额赔付也会被分摊到各年中去。这样，分保费用低而且容易获得，还能使直接保险费下降，受害人的利益也能得到多重保障。在偿付索赔时，分保商或再保险公司通常承担赔付的主要费用。所谓再保险，是指保险人以其承担的保险责任的一部分或全部为保险标的，向其他保险人转保的保险。再保险是保险人的保险，也称分保。保险人进行再保险的目的在于减轻自身负担的风险责任，当发生再保险合同约定的事故时，可以从再保险人那里摊回赔款。

我国保险法规定了每一个财险单位必须向中国再保险公司分保20%。比如，对于属于巨额险种的民用航空保险，国内保险公司一般在根据自身资本金状况确定自留成分后，除了向中国再保险公司办理20%的法定分保，还会将剩余风险广泛分散到国内外商业再保险市场。发生保险损失后，大部分赔款也将从再保险市场摊回。在国内民用航空保险史上，有件事情至今仍令业内人士记忆犹新：1990年10月2日，三架波音飞机在广州机场发生碰撞，一架烧毁，一架撞毁，一架撞坏，120多名旅客、7名机组人员死亡，90余名旅客受伤。中国人民保险公司承保的三架飞机机身险保额合计8000万美元，责任险中每架飞机的最高责任限额为7.5亿美元。由于在航空事故发生前,各架飞机机身险的责任险分别以80%、86%的分出额向伦敦保险市场进行了分保，事故发生后及时得到了外汇补偿。这就是再保险为保险公司带来的降低风险的好处。再如2002年发生的"4·15"和"5·7"两起空难，其最终赔款的80%以上都是由国内外的再保险公司支付给保险公司的。

而共同保险是由两个或两个以上保险人对被保险人共同承担保险责任的保险。如我国的航空旅客人身意外伤害保险就是由多家保险公司集体共保的。航空意外保险事故一旦发生，则理赔数额巨大。较之其他交通工具发生的意外事故而言，航空器一旦发生飞行事故，往往会造成机毁人亡的惨剧。以每位旅客投保一份航空旅客人身意外伤害保险计算，一架百人客机失事后，按照我国现行标准，保险公司将为航空旅客人身意外伤害保险支付4000万元的保险金。因此，保险公司为避免自身可能承担的巨大支付责任，以及确实保障被保险人的保险利益，往往会对航空旅客人身意外伤害保险进行再保险或实行共同保险。

3. 航空保险具有国际性

民用航空具有天然的国际性，民用航空保险的险种也是国际社会共同认可并为各国普遍采用的，这一做法有利于保护各国受害人的人身和财产利益。

航空保险的承保条件一般与国际市场同步。民用航空保险涉及各国航空公司和消费者的普遍利益，为了更好地体现公平和平等原则、减少国际纠纷，其承保条件一般和国际统一。例如，我国民航机队的保险是由中国人民保险公司承保的，为了有效地分散风险，中国人民保险公司在接受我国民航机队的投保后，采取分保的方式，在自留一定限额的风险后，把大部分风险通过经纪人在英国的劳合社保险市场进行分保。由于劳合社承保人有强大的实力，我国民航机队的保险条件实际上是由劳合社首席承保人确定的。

4. 原保险人与再保险人共同处理赔付

由于航空保险的投保金额十分庞大，所以一笔巨额的民用航空保险业务，往往需要由多个国家、多家保险公司来承担。当然，一旦发生飞机保险事故，也需要直接承保业务的原保险人和接受分保的再保险人来共同处理保险赔付。

5. 自愿保险与强制保险相结合，以强制保险为主

由于民用航空保险能在一定程度上弥补因航空事故造成的财产和人身的损害，因此，世界各国普遍对民用航空保险做了强制性要求。强制保险，也称法定保险，如机身险、法定责任险（旅客、行李、货物、邮件及第三者责任险）、机场责任险、航空产品责任险等绝大部分民用航空保险都属于强制保险。强制险是国家以法律规定强制实施的保险。这类保险具有全面性，只要在保险范围内，不管被保险人是否自愿都必须投保，保险责任自动产生，并且保险金额也由法律统一规定。

但是还有部分责任险是自愿投保的，如国内航空运输货物险、航空旅客人身意外伤害保险等即属于此范畴。自愿保险是保险人和投保人在自愿的基础上，双方一致同意订立保险合同，建立保险法律关系的保险。投保人有自行选择投保与否的权利。保险人对不符合保险条例的投保条件也享有拒绝承保的权利。通过自愿保险，航空活动的当事人在损害发生后能够及时获得更为全面和充分的经济补偿。

二、民用航空保险的发展历史

自然灾害或意外事故，往往对人类造成意想不到的财产损失和人身伤亡。在民用航空运营过程中往往会遇到各种不同的风险，民用航空保险就是对因各种飞行风险造成的飞机、旅客人身、财产损失的一种补偿。为保证空运市场的稳定，民用航空保险是航空运输中不可缺少的手段。要了解民航保险的概念和特点，我们应先了解民用航空保险的发展历史。

关于民用航空保险的起源时间存在几种说法。人们对于民用航空保险起源于 1908 年还是起源于 1911 年至今仍有争议，还有人说民用航空保险的第一张保险单是在 1912 年诞生于英国的。但业界普遍认为，民用航空保险始于第二次世界大战之前，而商业性民用航空保险的巨大发展是在第二次世界大战之后。

20 世纪 20 年代，一些主要的飞机制造公司如美国的波音公司，规模迅速扩大，有了长足发展。它们除继续制造军用飞机外，也积极发展民用飞机和航空运输业务。民用航空商业保险带来的巨大商机也让保险人将兴趣投向航空运输企业，提出了民用航空保险的问题。此外，第二次世界大战后，许多退役的驾驶员也开始从事与他们原来行业有关联的航空险承保人和经纪人的工作，民用航空保险业务渐渐发展成一种独立的、专门的保险业务。

由于民用航空保险业务的风险大、保险金额高，民用航空保险的承保人需要提供尽可能广泛的保障和分散风险。于是，他们采用集团承保的方式来集中他们的承担能力承办民用航空保险业务。时隔不久，英国伦敦劳合社的承保人和劳合社外围保险公司的承保人联合成立了"白十字民用航空保险协会"。该协会是世界上第一家承办民用航空保险业务的专门机构。

在契约社会，法律是航运人从业的立身根本。为了规范航空运输秩序，1929年10月12日，德国、英国、法国、瑞典、苏联、巴西、日本、波兰等国家在华沙签订了《华沙公约》。这是最早的国际航空私法，也是到目前为止为大多数国家所接受的航空公约，其目的是调整不同国家"在航空运输使用凭证和承运人责任方面"的有关问题。《华沙公约》规定了以航空承运人为一方和以旅客、货物托运人、收货人为另一方的航空运输合同双方的权利、义务关系，确定了国际航空运输的一些基本原则。它以标准措辞和定义规定了承运人的责任限额，极大地促进了保险市场承保民用航空保险业务的积极性。

1933年，"英国民用航空保险有限公司"成立，它是英国劳合社外围公司中最大的两个专门承办民用航空保险业务的公司之一。1934年6月，国际民用航空保险承保人联合会成立，它旨在代表和保护民用航空保险承保人的利益。1935年年初，通用民用航空保险公司诞生，它是综合多个保险公司的承保能力，专门从事通用民用航空保险业务的专业公司。1935年10月，主要代表劳合社承保人利益的劳合社航空险承保联合会成立。

但民用航空保险业的真正发展还是在20世纪40年代末至50年代初。第二次世界大战期间，航空技术和航空知识的发展极大地推动了民用航空保险事业的发展。第二次世界大战后，飞机制造公司除继续从事军用航空航天产品的研制和生产外，把经费重点转向了大型喷气运输机的开发。一大批用于军用的飞机改装为民用运输机，一些空军退役人员来到英国伦敦的劳合社和其他保险公司就职，从而使保险公司拥有了一批懂得航空技术的人才。随着飞机的载重量不断加大，飞机的价格不断提高，空中运输需求量增加，其所产生的风险更加集中，对民用航空保险业的需求也越来越高。因此，许多原来以专业承保集团内部成员的身份参与承保航空险业务的公司，逐渐开始以独立公司的身份进入市场。同时，随着民用航空保险业务的增多，逐渐形成了对民用航空保险的垄断同盟。因此，从20世纪50年代中期至60年代初期，民用航空保险以独特的专业形式，不断得到巩固和发展。

与历史悠久和发展迅速的世界民用航空保险业相比，我国民用航空业涉足飞机保险的时间较晚，但发展快速。

1974年9月14日，经中华人民共和国国务院批准，我国从事国际航线飞行的飞机（包括班机和包机）均需办理保险。根据这一指示，中国人民保险公司开办了飞机保险业务，中国人民保险集团公司为中国民航出具了第一单飞机保险，开创了中国航空保险的先河。该保单承保了4架三叉戟飞机，当时投保的险种有飞机机身一切险、战争险和法定责任险。随着航空运输业务的发展，飞机不断引入，投保的飞机也逐渐增多，险种也不断增多。目前，我国的民用航空飞机不论是购入的还是租入的都进行了投保。中国民用航空保险对促进我国民用航空的发展起到了积极的保障作用。由于民用航空保险业务的前景广阔，也吸引了许多商业银行如中国人民财产保险公司、太平洋财产保险公司、平安财产保险公司等纷纷投入民用航空保险业。

目前，全世界有30 000多架民用航空飞机，包括客机和货机。每架飞机都有相当高的价值，而飞机失事、空难事故又时有发生，民用航空保险则是空难发生后，航空运输企业的经济利益得到补偿的唯一手段，它为保证航空运输企业经营的稳定起着日趋重要的作用。

第二节 民用航空保险的种类

民用航空保险是一个庞大的体系，要厘清民用航空保险的内容和赔偿责任，须将民用航空保险的种类分门别类地进行阐述。

一、航空器机身险

航空器机身险是集财产保险和责任保险于一体的综合性险种，是一种强制保险。各国均要求航空运输的经营者投保此类保险。航空器机身险指在航空器飞行或滑行中或在地面停航时，被保险航空器的机身、发动机及附件设备的灭失、损坏、失踪，以及航空器发生碰撞、跌落、爆炸、失火等不论何种原因而造成的航空器的全损或部分损坏，保险人负赔偿责任。此外，该保险的保险人还负责因意外事故或自然灾害引起的航空器的拆卸、重装、运输和清除残骸的费用，也承保航空器发生上述自然灾害或意外事故时所支付的合理施救费用，但最高不得超过航空器机身保险金额的10%。

在现代保险中，航空器机身险普遍采取定值保险，其保险金额与保险价值相等，通常可以按3种方式确定：一是账面价值，即按购买飞机时的实际价值或按年度账面逐年扣减折旧后的价值；二是重置价值，即按照市场同样类型、同样机龄飞机的市场价值；三是双方协定价值，即由保险人与被保险人共同协商确定的价值。厘定该险种费率通常考虑的因素有飞机类型、航空公司的损失记录、飞行员及机组人员的保险情况、飞机的飞行小时及飞机的机龄、飞行范围及飞机用途、免赔额的高低、机队规模的大小、国际保险市场的行情等。飞机保险的保险费率分为年费率和短期费率。短期费率一般为年费率的一定比例，如承保一个月，费率为年费率的15%左右。

航空器机身险的责任可以除外。除外责任意味着上述情况在保险赔偿范围之外，但有时航空承运人又确实需要就某些除外责任的事故进行保险，这时可以以投保机身附加险的形式获得赔偿，具体有下列几种情况。

（1）因战争、敌对行为或武装冲突，投保航空器被劫持或被第三者破坏。

（2）航空器不符合适航条件而飞行。

（3）被保险人的故意行为。

（4）航空器任何部件的自然磨损、制造及机械本身缺陷，以及噪声、污染、放射性沾染造成的损失。

机身附加险主要包括以下几种。

1. 机身战争险

该保险主要用于赔偿由于战争、劫持、敌对行为、武装冲突、罢工、民变、暴动，航空器被扣留、没收或第三者恶意破坏所造成的航空器损失或损坏。机身战争险一般是作为机身一切险的一种特别附加险承保的。因此，其投保的金额也是约定价值。但机身战争险通常没有免赔额，其除外责任是发生原子弹、氢弹袭击或其他核武器爆炸。

2. 责任战争险

除了由于机身战争险的责任范围引起被保险人对第三者或旅客应负法律责任的费用由保险人负责赔偿，责任战争险的其他内容与机身战争险相同。

3. 免赔额险

由于保险人对每次事故的赔偿金额免赔一定比例的损失金额，所以免赔额险也称免赔率险。免赔额是指保险人对每次保险事故免赔的损失金额，一般以绝对数表示。通常情况下，飞机的价值越高，免赔额也就越大。例如，波音747型飞机的免赔额为100万美元；波音737-300型飞机的免赔额为75万美元；波音737-200型飞机的免赔额为50万美元。与一般财产险不同，保险人在承保时都需要在保险单中规定一个免赔额。一旦发生意外事故造成飞机全损，由保险人按约定的保险金额给予赔付；当投保的飞机发生部分损失时，保险人只赔付实际损失扣除飞机免赔额外的差额；如果实际损失小于免赔额，则保险人不予赔偿，损失由投保人自己承担。

免赔额险是针对免赔额部分的保险，以此来降低被保险人对免赔额部分的风险。该险种作为机身险的附加险，通常以机型来决定免赔额，然后另行交纳保险费投保。例如，一架波音747-400型飞机，假设其机身险免赔额为100万元，若投保免赔额险，则免赔额就由100万元减少到一定数目。假设减少到50万元，该航空器如发生事故损失了90万元，则被保险人只承担50万元的损失，另外40万元的损失由保险人承担；若被保险人只投保机身险而未投保免赔额附加险，因其损失数额未超出免赔额规定的100万元免赔界限，则90万元的损失均由被保险人自行承担。

免赔额险只是将机身险原有的免赔额降到相对低的水平，而不是取消免赔额。该险种的保险金额以机身险的免赔额为限，保险费与该保险的免赔额的高低成反比，免赔额越高，保险费就越低。

4. 航空器试飞保险

该保险的承保标的是从生产线上下来、出厂前或被维修后交给客户前，为验证其性能而需要试飞的航空器。试飞的航空器通常均未取得或需要重新取得运输适航证。保险人承保时，对于新制造的航空器，一般规定适当的飞行小时数和地面停放天数作为收取保险费的基础，保险期满时再根据实际情况加以调整；对于维修过的航空器，一般以维修合同为基础，根据维修后不同的试飞项目在机身险项下加收一定的保险费。

另外，由于飞机飞行时和停在地面上的风险是不一样的，所以飞机进行修理（仅指正常修理和非保险事故的修理）或连续停航超过规定天数时（如10天或14天，视保险单具体规定而定），此期间的保险费可以办理停航退费。

> **知识小课堂**
>
> ### 停航退费的计算方法
>
> 停航退费的计算方法是保额乘以飞行费率与地面费率之差,再乘以退费比例(如75%或50%)，再乘以实际停航天数，再除以一年的天数。其计算公式为

> 停航退费=保额×(飞行费率-地面费率)×退费比例×停航天数/365
> 例如,机身险费率为 0.8%,地面费率为 0.4%,飞机保额为 3000 万美元,退费比例为保险费的 75%,停航 20 天,那么应退的费用为
> 3000 万×(0.8%-0.4%)×75%×20/365=4931.51(美元)
> 如果飞机是因发生保险事故而进行修理的,则在修理期间的停航不予办理退费。

二、航空承运人法定责任险

航空承运人法定责任险是指,航空器在营运过程中(飞行及起降过程中),因意外事故导致人身伤亡或财产损失而应由被保险人承担的经济赔偿责任,由保险人负责赔偿的保险。这是一种强制保险,是法律规定的险种,承保的是承运人对旅客、货主或第三者所负的法律责任,包括航空旅客运输法定责任险(含行李)、航空货物运输法定责任险、航空邮件运输法定责任险及航空器第三人责任险 4 种。

（一）航空旅客运输法定责任险（含行李）

该保险承保旅客在乘坐或上下飞机时发生意外,造成旅客的人身伤亡及其所带行李(包括手提行李和交运行李)物品的损失,依法应由被保险人(航空承运人)承担的赔偿责任,保险人给予赔偿。该保险中的旅客是指购买飞机票的旅客或航空运输企业同意免费搭载的旅客,但不包括为履行航空运输企业的飞行任务而免费搭载的人员。

《民法典》第八百一十一条规定:"承运人应当在约定期间或者合理期间内将旅客、货物安全运输到约定地点。"若在运输的过程中造成旅客的人身伤亡,那么承运人应承担违约责任或侵权责任,进行赔偿。为确保承运人足额赔偿、保障旅客的合法权益,我国要求航空公司必须投保航空旅客运输法定责任险,即航空承运人法定责任险。这种保险是以承运人可能承担的对旅客的赔偿责任为保险标的的保险,其本质上是财产险,而非人身险。这种保险的投保人是航空公司,保险费来源于机票收入,保险费的支出属于航空公司的运营成本,构成了机票价格的一部分。当出现旅客伤亡时,航空公司作为承运方依法承担的赔偿责任由保险公司在航空旅客法定责任保险合同约定的范围内赔付。

（二）航空货物运输法定责任险和航空邮件运输法定责任险

对于这两种保险,保险人负责赔偿所保航空器承运的货物或邮件,从承运时起至交付收货人时止的过程中,如发生损失或延迟交付,依法或依合同规定应由被保险人承担的赔偿责任。

（三）航空器第三人责任险

航空器第三人责任险承保航空器在营运中,由于航空器坠落或从航空器上坠人、坠物而造成第三人的人身伤亡或财产损失,应由被保险人承担的赔偿责任由保险人负责赔偿。在航空运输中,航空承运人与旅客或托运人,以及收货人之间是一种航空运输合同关系。航空运输合同当事人之外的都是第三人。但被保险人的雇员(包括机上和机场工作人员)、

被保险飞机上旅客的人身伤亡或财产损失均不属于航空器第三人责任险的承保范围。

在我国，航空器第三人责任险属于强制保险，无论是公共航空运输企业还是通用航空运输企业，都应当投保航空器第三人责任险。外国民用航空器在我国境内从事民用航空活动，也必须先投保航空器第三人责任险。这与世界各国的立法和航空惯例一致。

航空器第三人责任险作为一个独立的险种，一般与航空器机身保险、旅客责任保险及货物运输责任保险等险种统一承保，但责任分开，责任限额与保险费分别计算，且航空公司有投保选择权。航空器第三人责任险通常没有免赔额，而法定责任保险中旅客行李及货物通常会规定数额较小的免赔额。

航空旅客运输法定责任险和航空器第三人责任险的责任限额是根据每次事故的情况来确定的。确定责任限额主要考虑的因素有飞机的飞行路线、飞机型号、有关国家对人身伤亡赔偿限额的规定、旅客的构成等。如果是以机队形式投保的，则还要考虑机队飞机的构成。航空旅客运输法定责任险的保险费一般按飞行公里数计算，收取保险费的办法是在年初按全年预计保险费的 75% 预收（也称预收保险费或最低保险费），到保险期限届满时，再根据实际完成飞行公里数进行调整。如果是单架飞机投保，保险人则按旅客座位数收取一定的保险费。航空器第三人责任险的保险费可以按机队规模或机型一次收取。货物运输法定责任险的保险费则按航空公司每年货物运输营业额收取。

此外，航空承运人法定责任险还负责与事故发生有关的费用支出，如事故发生后的搜索和施救费用、为减少事故损失及损坏而采取的措施的成本、清除飞机残骸的费用等。通常规定上述这些费用成本的最高给付限额为每次事故 300 万美元。另外，保险公司对因涉及被保险人的赔偿责任而引起的必要的诉讼费用也予以负责。航空承运人法定责任险对被保险人的投保总额做了限制，通常保险单规定，任一事故的保险总额或保险期内发生的累计损失的保险总额限制在 10 亿美元以内。

三、航空旅客人身意外伤害保险

航空旅客人身意外伤害保险是保险公司为航空旅客专门设计的一种针对性很强的商业险种。其保险责任是被保险人在登机、飞机滑行、飞行、着陆过程中，即在保险期限内因飞机意外事故遭到人身伤害导致身故或残疾时，由保险公司按照保险条款所载明的保险金额给付身故保险金，或按身体残疾所对应的给付比例给付残疾保险金。意外伤害是指遭受外来的、突发的、非本意的、非疾病的使身体受到伤害的客观事件。保险期限指从被保险人踏入保单上载明的航班班机（或等效班机）的舱门开始到飞抵目的港走出舱门为止。等效班机是指由于各种原因由航空公司为指定航班所有旅客调整的班机或被保险人经航空公司同意对指定航班变更并且起、始港与原指定航班相同的班机。该险种的除外责任包括被保险人的故意行为和非意外事故造成的伤害。

我国航空旅客人身意外伤害保险开办于 1989 年，当时的中国人民保险公司与中国民用航空局、国务院法制办公室一起研究制定了最早的航空旅客人身意外伤害保险产品。该产品有 5 种费率，即 3 元、5 元、7 元、9 元、11 元，分别保 1 万元、2 万元、3 万元、4 万元、5 万元。1989 年 5 月 1 日，航空旅客人身意外伤害保险正式在全国范围内开办。1998

年 7 月，中国人民银行制定、颁布了《航空旅客人身意外伤害保险条款》，全国自 1998 年 8 月 1 日起统一使用。2003 年 1 月 10 日，中国保监会发布航空旅客意外伤害保险行业指导性条款。新的航意险将由原来每份保险费 20 元、保险金额 20 万元，调整为每份保费 20 元、保额 40 万元，同一被保险人最高保额 200 万元的规定不变。

2007 年 9 月，中国保险监督管理委员会下发《关于加强航空意外保险管理有关事项的通知》，废止行业指导性条款，将航空旅客人身意外伤害保险产品的开发权和定价权完全交给保险公司，进一步发挥市场机制作用。当时，共有 22 家寿险公司、11 家产险公司经营航空旅客人身意外伤害保险。

航空旅客人身意外伤害保险与航空旅客运输法定责任险所履行的都是赔偿责任，目的都是为航空旅客提供更加充分的保险保障，但这是两种本质完全不同的保险险种。

首先，航空旅客运输法定责任险的被保险人是航空公司，它承保的是承运人可能承担的对旅客的赔偿责任，本质上属于责任保险，是一种强制保险。它是由保险公司赔付给航空公司，再由航空公司赔付给旅客的。航空旅客人身意外伤害保险的被保险人是旅客自己，它承保的是旅客在乘坐飞机过程中，意外事故造成的旅客人身伤亡，本质上属于人身保险。对每一位旅客来说，是否购买航空旅客人身意外伤害保险，完全是自愿的。航空意外事故发生后，由购买了航空旅客人身意外伤害保险的旅客或其指定受益人直接持保单到保险公司索赔。

其次，航空旅客人身意外伤害保险是航空旅客运输法定责任险的有益补充。也就是说，一旦发生了民用航空保险事故，购买了航空旅客人身意外伤害保险的旅客既可以获得承运人（航空公司）的赔偿（赔偿金实际上是旅客法定责任险的保险金给付），还可以获得航空旅客人身意外伤害保险的保险金额的给付。自 2006 年 3 月 28 日起施行的《国内航空运输承运人赔偿责任限额规定》第五条规定："旅客自行向保险公司投保航空旅客人身意外保险的，此项保险金额的给付，不免除或者减少承运人应当承担的赔偿责任。"因此，这两种保险是并行不悖的，旅客自愿购买航空旅客人身意外伤害保险，既可以使身故者的亲人和家庭多得到一份保险赔偿，也可以使身体残疾者多得到一份残疾保险金。

目前，我国国内各保险公司对航空旅客人身意外伤害保险的保险金额和保险费的规定如下：一是保险金额按份计算，每份保险金额为人民币 4 万元，同一被保险人的最高保险金额为人民币 200 万元；二是保险费由投保人在订立合同时一次缴清，每份保险费为人民币 20 元。

四、航空货物运输保险

航空货物运输保险是国内货物运输保险的一种，指保险人、承保法人或自然人向民航企业托运的空运货物，对这些货物在运输过程中因遭受保险责任范围内的自然灾害或意外事故给予赔付的保险。其被保险人为托运货物的法人和自然人。

（一）保险责任范围

（1）因航空器遭受碰撞、倾覆、坠落、失踪，在危难中发生卸载，以及遭遇恶劣气候或其他危难事故发生抛弃行为所造成的损失。

（2）保险货物本身因遭受火灾、爆炸、雷电、冰雹、暴风、暴雨、洪水、海啸、地震、地陷、崖崩所造成的损失。

（3）保险货物因受震动、碰撞或压力而造成破碎、弯曲、凹瘪、折断、开裂的损失，以及由此引起的包装破裂致使货物散失的损失。

（4）凡属液体、半流体或者需要用液体保藏的保险货物，在运输途中因受震动、碰撞或压力致使所装容器（包括封口）损坏发生渗漏而造成的损失，或用液体保藏的货物因液体渗漏致使保藏货物腐烂的损失。

（5）保险货物因遭受盗窃或者提货不着的损失。

（6）在装货、卸货时和港内地面运输过程中，因遭受不可抗力的意外事故及雨淋所造成的损失。

对发生在上述责任范围内的保险事故，保险人除负赔偿责任外，还对因施救或保护保险货物而支付的合理费用负赔偿责任。

航空货物运输保险的保险责任自保险货物经承运人收讫与签发航空货运单注明保险时起，至空运目的地收货人当地的仓库或储存处所时止。但如果收货人在保险货物到达目的地后未及时提货，则保险责任终止期最多以承运人向收货人发出到货通知以后的15天为限。

（二）保险除外责任

（1）战争或军事行动。

（2）由于保险货物本身的缺陷或自然损耗，以及由于包装不善或托运人不遵守货物运输规则所造成的损失。

（3）托运人或被保险人的故意行为或过失。

（4）其他不属于保险责任范围内的损失。

航空货物运输保险保险金额的确定可按货物价格或货价加运杂费、保险费计算。在保险有效期内，允许被保险人调整保险金额，但应向保险人申请办理批改手续。被保险人有义务在保险人签出保险单的同时，按规定一次缴清保险费；托运货物需按有关标准进行包装；发生保险事故后迅速采取抢救措施。

航空货物运输保险还规定有两个附加险种，即国内航空行李运输保险和国内航空鲜活货腐烂、死亡责任险。

五、机场责任保险

机场及操作人员责任保险（以下简称机场责任保险）对以下责任引起的损失负责赔偿。

（1）机场所有人或经营人所提供的服务或其雇员在工作期间因疏忽而造成第三者人身伤亡或财产损失。例如，机场内的电梯使用操作不当致使乘坐者受伤，接送飞机乘客的车辆延误时间，候机厅内通道设计不合理致使有人因拥挤而受伤等。

（2）由被保险人（机场的所有人或经营人）保管、控制的第三者的飞机或有关设备遭受的损失或损坏，但这种损失必须是被保险人的疏忽或过失所导致的。

（3）被保险人因提供的服务或设备有缺陷而导致的第三者人身伤亡或财产损失而应负担的经济赔偿责任。例如，为候机的乘客提供的食物不洁等，被保险人自己的财产损失或人身伤亡、机场内机动车责任、机场所属旅（宾）馆业主责任、被保险人提供缺陷产品造成的损失，产品不当设计、制造、操作造成的损失等。合同责任等是该保险的除外责任。该保险对财产损失通常有免赔额，但金额较低。对某些除外的责任，可以通过增加保险费得到扩展保障。

六、空中交通管制责任保险

空中交通管制责任保险对空中交通管制单位或代理行使空中交通管制部分职责的机场在经营业务的过程中，因意外事故造成第三者的人身伤亡或财产损失，依法负责赔偿的责任进行经济补偿。被保险人自己的财产损失或人身伤亡、合同责任等是该保险的除外责任。该保险对财产损失通常有免赔额，但金额较低。

七、航空产品责任保险

航空产品责任保险的被保险人通常是航空器的生产制造商。该保险主要承保由于制造商或航空器的设计商的设计错误和错误的操作或者制造上的缺陷，修理商的修理错误，零配件不合格而造成飞机，以及其他财产损失或者人身伤亡的赔偿责任。

近年来，航空器产品责任问题已越来越成为人们关注的焦点。航空器事故发生后，受害人首先关心是否有产品责任。这是由于在通常情况下，法律规定航空公司都可以限制自己的赔偿责任。在无法证明航空公司确有故意行为或重大过失的情况下，受害人只能享受法律规定项下的赔偿限额。另外，一般的飞机险保单都将产品责任作为保险单项下的除外责任。因此，一旦产品责任确立，受害人包括飞机保险的承保人都可以通过法律程序从生产制造商处获得更大的赔偿金额。而且这种赔偿金额，从理论上讲，没有法律规定的责任限额，也就是说，受害人得到的赔偿金额很可能是无限制的。

八、其他

民用航空保险的险种很多，除以上介绍的几种主要险种外，目前市场上还有机组人员意外伤害险、丧失执照保险、租机保险、航空旅客地面意外伤害险、飞行表演责任险、航空维修人责任保险、航空展览会主办单位责任保险等险种。

值得一提的是，近年来航班延误问题一直备受关注，乘客对于航班延误频频表示不满，针对此问题的保险产品——航班延误保险应运而生。不过该险种是作为旅游意外险的附加险面市的，如果要获得该保障，首先必须购买旅游意外险。而且，目前这类保险一般仅对"由于恶劣天气、机械故障、罢工或劫持而导致的飞机延误连续6小时以上"进行赔付。由于航班计划、运输服务等航空公司"自身原因"造成的航班延误并未被列入补偿范围内。而据相关资料显示，除去天气等不可抗力的原因，航空公司的航班计划、运输安排不当是造成航班延误的主要原因。

随着民用航空运输业的发展，势必会有更多涉及航空运输的保险险种问世，为航空运输活动的当事人提供更多的经济保障。

第三节　民用航空保险的索赔、理赔与保险争议的解决

民用航空保险的金额大，影响面广，技术复杂。一旦飞机发生事故，赔付金额可高达几千万甚至上亿美元。例如，在 2002 年"5·7"空难案的理赔中，仅就该航班投保的飞机险而言，为其承保的中国人民保险公司就需要赔付给北航 1049 万美元。因此，民用航空保险的索赔、理赔工作十分重要。

一、民用航空保险的索赔

根据民用航空保险合同的约定，在保险期内发生保险事故后，保险人应在承保范围内赔偿被保险人的损失，承担保险责任。民用航空保险的被保险人依据法律和保险合同的约定要求保险人赔偿，即索赔。

在保险事故发生后，民用航空保险的投保人、被保险人或受益人应在积极抢救的同时，以最快、最有效的方式通知保险人，提出索赔要求。这一通知被称为出险通知或损失通知，如发生航空器损失、人员伤亡等，被保险人（承运人）有义务在 48 小时（重要事故在 24 小时）内将发生事故的时间、地点、机型、机号、航班号、人员伤亡和财产损失的情况通知民航有关部门，再由民航有关部门和保险公司联系，决定是否进行现场勘察。有效的索赔期限，一般自被保险人或受益人知道或应当知道保险事故发生之日起两年为限。

投保人、被保险人或受益人有义务采取一切合理的抢救、整理措施，以免损失继续扩大，力求将损失降到最低程度，否则保险人有权拒绝赔偿因此而增加的费用。

二、民用航空保险的理赔

民用航空保险的理赔是指保险人对被保险人的索赔案件核查情况，确定保险责任和赔偿金额，并给予赔付的行为。保险理赔是保险人履行保险合同义务的具体表现。

（一）理赔原则

1. 按保险合同办事原则

严格遵守保险条款，不折不扣地承担经济补偿义务。确定保险责任和赔偿金额后，保险人必须在 10 日内履行赔偿或者支付保险金的义务，否则视为违反合同，应承担违约金。

2. 主动、迅速、准确、合理的原则

这是理赔的一贯要求，即主动开展理赔工作；按法定时间及时赔偿；明确保险责任，不错赔，不滥赔；具体情况具体分析，符合法律标准和道德标准。"主动、迅速、准确、合理"是互相制约、互相联系的统一体。

3. 坚持实事求是原则

民用航空保险事故的原因错综复杂，有时难以判断某一损失是否属于保险责任范围。

只有深入实际调查研究,才能在不违背保险赔偿精神的前提下实事求是地处理保险赔偿。如果保险人经过核查,发现被保险人违反有关法律或保险合同的约定,可以拒绝赔偿。

(二)理赔程序

在保险事故发生后,保险人随即开始理赔工作。飞机保险理赔工作的一般程序如下所述。

1. 及时通知,登记立案

被保飞机发生事故,无论损失大小,投保人都应该立刻通知保险公司并随后提出出险报告,并注意保护好现场。如遇特殊情况无法保留现场时,应及时拍下原始现场照片,详细记录所需要的相关内容,并妥善保管相关的文件和材料。

保险公司接到出险报告后,应将有关内容登记立案,并应尽快通知海外分保人。

2. 现场调查,损失检验

保险公司在接到损失通知后,应立刻派有关人员赶赴现场调查取证,检验受损程度,估计赔偿金额。查勘现场时要按顺序和要求做好记录,必要时写好查勘报告。航空公司应提供协助和方便。此外,国外分保人如果提出参加检验的要求,可由航空公司与保险公司酌情安排国外分保人指定的检查人员参加联合检验与理赔,以便进行向外摊赔的工作。

3. 审核索赔单证

保险公司在进行现场调查后,理赔人员还必须严格审核航空公司提交的各种索赔单证。与事故有关的索赔单证主要有以下几种。

(1)出险旅客名单及伤亡的有效证明,旅客行李、物件交运记录及损失单证。

(2)第三者索赔的有效证明。

(3)飞机起飞后至出事前与机场指挥塔台调度之间联系的录音带,飞机起飞和出事时的气象情况。

(4)飞机适航证书、机组人员飞行证书、地面机械师证书等的影印件。

(5)飞机机务维修工作记录等。

4. 责任审定

凡在核赔权以内的各类案件,理赔人员要认真研究飞机与机场指挥塔台之间的联系记录或查勘报告,通过专人审定对案件责任做出初步结论,然后报上级审批。

航空事故通常会涉及为数众多的人员的人身损害或巨大的财产损失,再加上法律适用上的复杂性,许多民用航空保险案件往往需要依赖法院的司法程序才能确定保险责任。因此,司法程序经常成为民用航空保险理赔的先行程序。

5. 损余物资处理

在适当照顾被保险人利益的同时,应使受损财产得到充分利用。必须由保险人收回的损余物资,可经过规定手续冲减赔款支出。

6. 赔付及结案

索赔单证经审核无误，保险公司即可与投保人协商确定赔款金额。属保险责任范围内的损失，应先审查被保险人提供的损失清单，然后按标的损失、施救费用、查勘费用、损余收回、免赔额等各项公式计算，得出实赔数额，填制赔款计算书。

保险人的财会部门接到赔款计算书后，必须在 10 日内将赔偿款支付给被保险人。凡以外汇投保的，保险人以外汇赔付。凡以人民币投保的，保险人以人民币赔付。对属于保险责任而给付保险金的数额不能确定的，根据已有证明和资料，按可以确定的最低数额先予以支付，最终确定给付保险金的数额后，再给付相应差额。被保险人或受益人对保险人请求给付保险金的权利，自其知道或应当知道保险事故发生之日起两年不行使而消灭。

在保险公司将赔偿金支付给被保险人或指定受益人时，被保险人或指定受益人应签署有关赔款收据和权益转让书。收据和权益转让书是处理赔款时双方间的法律文件。它明确规定，被保险人在接到有关赔款后，将放弃一切对该事故的索赔权利，同时将该事故中的一切利益包括向可能的第三者责任方的追索权利转让给保险公司，以便保险公司凭此代为履行追索权利。

最后，理赔人员将全案文件和单证归档结案。

三、民用航空保险争议的解决

民用航空保险争议的解决指民用航空保险合同在订立和履行的过程中，双方当事人对相互间的权利、义务，或者对保险标的权益持有不同的意见和要求，保险人和被保险人协商不成，可通过仲裁或诉讼解决纠纷的做法。

通常情况下，民用航空保险赔偿和民事损害赔偿的性质不同，因其有民用航空保险合同在先，被保险人在出险后有权利凭保险单获得赔偿。基于这种事先约定的权利，一般不必经过诉讼程序，但不排除某些特殊情况的出现导致保险人/被保险人采用诉讼手段。所以，在民用航空保险合同的履行过程中，双方发生争议的，应在法定和约定的范围内友好协商、合理解决问题。经双方协商未达成协议的，可依达成的合法、有效的仲裁协议通过仲裁解决。无仲裁协议或者仲裁协议无效的，可通过诉讼方式解决。对于起诉的管辖问题，若无特例，一般在保险单签发地有管辖权的人民法院提起诉讼。按照我国法律的规定，只能在仲裁或诉讼中任选一种形式解决争议，而不能同时使用仲裁和诉讼两种形式解决争议。

航空事故不仅影响航空公司的生产经营，还牵涉对旅客、货物和第三者的巨额赔偿。投保民用航空保险，不失为一种防灾防损的明智选择。民用航空保险实际上是一种综合性保险，具有高价值、高风险、高技术、再保险和共保必不可少等特征。

在民月航空保险中，主要有航空器机身险、承运人法定责任险、航空旅客人身意外伤害保险等险种，多数为强制保险。

民用航空保险理赔要坚持主动、迅速、准确的原则，坚持实事求是的原则。如果双方当事人对保险合同的内容发生争议，既可以协商解决，也可以通过仲裁或诉讼的方式解决。

【范例 8-1】

案例分享：

空难后保险理赔"快"字当头

根据以往经验，在空难等重大事故发生后，保险公司会在第一时间启动应急机制、开启客户排查工作。一旦确认有客户遇难，理赔速度很快，最快可在一天内理赔结案，进行预赔付。

以 2010 年 8 月 24 日 21 时 36 分左右发生的伊春空难事故为例，事故发生后保险行业立即启动绿色通道，迅速开展保险理赔工作。不到两天，中国保险监督管理委员会发布的数据显示，8 月 26 日 15 时，该坠机事故遇难人员中已确认有 35 人在 20 家保险公司投保了人身险，预计赔付 2543.98 万元。中国保险监督管理委员会当时发布信息时，相关保险公司已向 13 位遇难人员家属支付赔款 431.95 万元。

其中，中国人保财险是中国民航机队统括保单的首席承保人，2010 年 8 月 26 日与河南航空确定先行预付 200 万美元和 100 万元（人民币）的保险赔款，用于空难应急处理。其他保险公司中，如新华保险从后台海量数据库调取保单核实筛查信息，到一线确认青岛一家三口遇难者的客户身份及投保金额，不到 12 小时就做出了预付理赔的决定，490 万元的巨额赔款也是在当时国内寿险空难赔付史上创造了新高。

再如，2015 年 2 月 4 日台湾复兴航空坠机事故发生后，除台湾地区承保险企外，其他险企也迅速启动应急响应。截至 2018 年 2 月 5 日中午，平安人寿已完成首批 4 笔理赔结案，预计赔付金额为 45.6 万元。同时，中国人寿确认承保遇难者中的 22 名大陆乘客，预估赔付金额为 1247 万元。

思考与练习

1. 民用航空保险的意义是什么？
2. 民用航空保险的主要特点有哪些？
3. 民用航空保险的主要险种有哪些？说说它们的主要内容。
4. 航空旅客运输法定责任险与航空旅客人身意外伤害保险的联系及区别是什么？
5. 遇到民用航空保险争议时，我们如何根据保险理赔原则予以解决？

第九章
民用航空安全保卫法律制度

本章学习目标

○ 了解航空安全保卫国际公约的产生背景；
○ 掌握《东京公约》《海牙公约》《蒙特利尔公约》的主要内容；
○ 了解《中华人民共和国刑法》和《中华人民共和国民用航空法》中关于危害航空安全的具体犯罪的法律法规。

第一节 民用航空安全保卫法律概述

随着民用航空的发展，航空器在社会生活中的地位越来越重要。但是航空领域的运行特殊性、航空器价格的昂贵，使得犯罪分子往往把航行中的航空器当作犯罪目标。为此，危害国际民用航空安全的行为屡屡发生，严重危及国际民用航空的安全和声誉。

随着民用航空运输的蓬勃发展，航空运输领域的国际刑事犯罪也急剧增加，严重威胁着国际社会的稳定、国际民用航空事业的发展，以及公民人身和财产的安全。这些法律问题的解决已迫在眉睫，最终促进了国际立法。

一、航空安全保卫国际公约的产生背景

航空法是 20 世纪初随着飞机的发明与使用，才开始出现的。初期，航空法的规则基本上仿效海洋法，伴随着航空业发展，逐步形成自己的特色。1919 年《巴黎航空公约》第一次确立了航空活动中的领空主权、国籍原则等；1944 年《国际民用航空公约》进一步完善了国际民航的相关规范、规定，并成立了国际民用航空组织。但是，航空法领域中的基本问题——航空器的法律地位，即当航空器进行国际或国外飞行时，机上发生的刑事犯罪、危及航行安全和机上正常秩序的行为由谁来管辖，即管辖权问题，一直都没有明确的规定，各国均按照国内法各行其是。

因此，有关国家在国际民用航空组织的支持下，专门召开国际会议，签订了关于制止

航空犯罪的一系列国际公约，如 1963 年签订《东京公约》、1970 年签订《海牙公约》、1971 年签订《蒙特利尔公约》。

二、三大国际公约的主要内容

1963 年 9 月 14 日在东京签订的《东京公约》、1970 年 12 月 16 日在海牙签订的《海牙公约》、1971 年 9 月 23 日在蒙特利尔签订的《蒙特利尔公约》，被称为"航空刑法"。我国于 1978 年加入《东京公约》，1980 年加入《海牙公约》和《蒙特利尔公约》。

改革开放以来，我国民用航空业正处于高速发展时期，决不允许航空犯罪来破坏民用航空业的健康发展，对于航空犯罪这些行为必须进行严厉打击、惩治。然而，现代社会是法治社会。要精准打击犯罪也必须配备完备的法律法规。上述国际条约对于各缔约国将劫持航空器、危害国际民用航空安全等行为的规定，以及国内法中对于犯罪予以惩处的一系列规范，无疑对我国航空安全保护法的建立和完善有重要的借鉴意义。况且，我国已经加入了这些条约，就要承担起惩治条约中所规定的犯罪行为的义务。所以，了解并熟练运用上述 3 个公约，是民用航空业内人士的应有素质。

（一）《东京公约》

航空活动中，反社会分子、犯罪分子最可能实施的一种犯罪形式，就是劫持飞机。这是从国际局势的动荡、国际阶级斗争的激化与各国国内社会的、政治的斗争中所派生出来的一种社会现象。就航空业本身而言，它也存在这种犯罪的客观条件。航空运输，一方面为国内外交往提供了最迅速、安全、可靠的交通工具；另一方面，随着飞机向着大型化与现代高速化方向的发展，也显露出其弱点来，犯罪分子若以暴力或暴力威胁控制驾驶人员，就很容易迫使飞机改变航向，顺从劫持者的意愿，达到犯罪的目的。从这个意义上来说，《东京公约》的制定具有重要的意义。

1963 年制定的《东京公约》，是第一个对劫持航空器做出规定的国际公约。在制定《东京公约》时，劫机事件很少发生，劫机犯罪问题尚未引起国际社会的重视。而《东京公约》的主要目的是解决航空器内犯罪的刑事管辖权、机长的责任，以及各缔约国相互协助的责任等问题。因此，《东京公约》中规定的犯罪和行为是一个相当笼统的概念，并没有对犯罪下一个规范性的定义，主要是对航空器在飞行中发生的犯罪行为及对此行为的管辖问题做了规定。具体而言，《东京公约》规定了航空犯罪的适用范围，航空器登记国管辖权，航空器机长的权力，降落地国的权力与责任等一系列内容。《东京公约》是第一个关于空中犯罪问题的国际公约，于 1969 年 12 月 4 日生效，现有缔约国 137 个，中国于 1978 年加入了该公约。

《东京公约》的适用范围、意义、赋予机长的权力，以及相关国家的权力详情，如下所述。

1．明确《东京公约》的适用范围

《东京公约》第一条规定："一、本公约适用于：

"甲、违反刑法的罪行；

"乙、危害或能危害航空器或其所载人员或财产的安全、或危害航空器上的良好秩序和纪律的行为，无论是否构成犯罪行为。

"二、除第三章规定者外，本公约适用于在缔约一国登记的航空器内的犯罪或犯有行为的人，无论该航空器是在飞行中，在公海上，或在不属于任何国家领土的其他地区上。

"三、在本公约中，航空器从其开动马力起飞到着陆冲程完毕这一时间，都应被认为是在飞行中。

"四、本公约不适用于供军事、海关或警察用的航空器。"

《东京公约》第二条规定："在不妨害第四条规定的条件下，以及除非出于航空器及其所载人员或财产的安全需要外，本公约的任何规定均不得被解释为准许或要求对政治性刑法或对以种族或宗教歧视为基础的刑法的犯罪，采取某种措施。"

在《东京公约》第一条中，"犯罪"是指"违反刑法的罪行"，而适用该公约的"行为"概括地讲是指危及航空安全的"行为"，如旅客在高空擅自打开机舱跳机自杀。《东京公约》第二条有条件地排除了政治性犯罪、宗教罪，以及以种族歧视为基础的刑事犯罪。

2. 明确航空器登记国管辖权

《东京公约》最关键的条款是第三条，其明确规定：

"一、航空器登记国有权对航空器上的犯罪与行为行使管辖权。

"二、各缔约国都应采取必要的措施，对在本国登记的航空器内的犯罪和行为，规定其作为登记国的管辖权。

"三、本公约不排除根据本国法行使刑事管辖权。"

该条款中蕴含了如下几层意思。

（1）飞机飞行时发生的任何问题，由登记国管辖是合理的。因为，飞行中的航空器作为一个临时单位，与其关系最密切的无疑是飞机登记国，登记国行使管辖权，可以保证在任何情况下，如飞机飞越公海或不属任何国家管辖区域（如北极）时，对飞机上的事情不至于出现无管辖的缺口。

（2）阐明了关于刑法的域外效力。对飞机于本国领土以外的本国飞机上发生的犯罪行为的管辖权，本质上是一种域外管辖权，设立登记国管辖权就是为了适应人类航空活动的特殊需要。《东京公约》规定这种管辖权，表明各国刑法含有域外效力。这条规则逐步获得国际承认，成为一条国际法规则。此前国际法不仅没有这条规则，而且对一国刑法是否有域外效力，尚存在着长期的议而未决的争论。《东京公约》解决了这个久而未决的问题。

（3）形成了一种新型的、自成一类的域外管辖权。说它是"新型的"，是就国际法的普遍适用规则而言。虽然，就国内法而言，有许多大陆法系国家的法律，以及包括我国刑法在内的国内法都做了相关规定。但在《东京公约》以前，国际法中没有一个得到各国普遍承认的登记国管辖权，所以它完全是由该公约新创制的。

（4）《东京公约》对解决涉及多国的航空犯罪，提出新的建议。该公约第三条第三款关于"本公约不排除根据本国法行使刑事管辖权"，从表面字义看，任何国家都可按本国国内法规定实施并行管辖。并行管辖，针对的是一桩航空犯罪可能出现多国主张管辖权的局面。例如，一架在甲国登记的飞机，在飞经乙国的空气空间时，机上的丙国旅客对丁国旅客犯罪。如果依领土管辖、对人管辖（也称属人管辖）、保护管辖与普遍管辖的原则，甲国、乙国（领土管辖原则）、丙国（犯罪人所属国）、丁国（受害人所属国）都可以主张管辖权。究竟由哪国优先实施管辖呢？国际航空法至今未能妥善解决这个问题。并行管辖常常会引起管辖冲突，而制定《东京公约》的人也曾希望寻求解决管辖冲突问题，但经过8载（1956—1963年）的努力，终未能找到合理的解决方案，最后被迫放弃。这就是《东京公约》第三条第三款产生的背景。虽然根据《东京公约》第三条第三款，可能有许多国家宣称拥有管辖权，但在实际中最经常出现的冲突是在飞机登记国与飞经国之间。

因此，《东京公约》第四条规定试图调整这种冲突，提出："非登记国的缔约国除下列情况外，不得对飞行中的航空器进行干预以对航空器内的犯罪行使其刑事管辖权。

"甲、该犯罪行为在该国领土上发生后果；

"乙、犯人或受害人为该国国民或在该国有永久居所；

"丙、该犯罪行为危及该国的安全；

"丁、该犯罪行为违反该国现行的有关航空器飞行或驾驶的规定或规则；

"戊、该国必须行使管辖权，以确保该国根据某项多边国际协定，遵守其所承担的义务。"

《东京公约》第四条的确立，旨在将别国"对航行的干预减少到最低限度"，但从条款具体规则的实际效果来说，根据"除外"情况的5个条款，几乎为非登记国干预航行提供了所有的合法根据，即各国可依国际国内法的几乎任何管辖原则，为干预该飞行中航空器提供了最方便的借口。所以说，《东京公约》也是一个具有缺陷和矛盾的条约。

3. 赋予航空器机长4种权力

在航空法中，机长的法律地位是非常特殊的。①机长是航空驾驶的技术首脑，在飞行期间负责飞机的安全运转，负责机上全体人员的安全。国际上对机长资格有严格标准，他必须是由熟练并有经验的驾驶员中遴选出来的、精通航空技术的高级技术专家；当遇险时，尤其需要他有高超的亲自操作的能力与经验，目的是从技术上保证航行安全。②在遇有紧急情况时，机长可以不服从空中交通管制部门的指令，有自主权力，可根据自己的独立判断做最后决定。③遇见其他飞机发生事故，机长还要依有关国际规定决定是否提供搜寻与救援问题。④机长还有作为飞机上人员和财物管理人的重要职能。飞机一旦升空，从机上人员与财物组成一个临时单位时起，在这个"封闭天地"里，机长就成了"无冕之王"，他要行使一定行政和治安管理权，但他无政府公职人员或公共官员的资格或身份。

在维护飞机安全保卫方面，《东京公约》赋予机长以下4种治安权力。

《东京条约》第六条规定："一、机长在有理由认为某人在航空器上已犯或行将犯第一条第一款所指的罪行或行为时，可对此人采取合理的措施，包括必要的管束措施，以便：甲、保证航空器、所载人员或财产的安全；乙、航空器强迫降落，而机长不能将此人移交给主管当局；丙、根据本章的规定将此人交付主管当局或使他离开航空器。二、机长应尽快并在可能时，在载有按第六条规定受管束措施的人的航空器在一国领土上降落前，将该航空器载有一个受管束措施的人的事实及其理由，通知该国当局。"

《东京条约》第七条第一款规定："按照第六条规定对一人所采取的管束措施，除下列情形外，不得在航空器降落后以外的任何地点继续执行：甲、此降落地点是在一非缔约国的领土上，而该国当局不准许此人离开航空器，或者已经按照第六条第一款丙项对此人采取了措施，以便将此人移交主管当局；乙、航空器强迫降落，而机长不能将此人移交给主管当局；丙、此人同意在继续受管束下被运往更远的地方。"

那么，由谁具体实施这种"合理的措施，包括必要的管束措施"呢？机长可命令或授权其他机组人员，并可请求或授权旅客协助进行看管。

（2）《东京条约》第八条第一款规定："一、机长在有理由认为某人在航空器内已犯或行将犯第一条第一款乙项所指的行为时，可在航空器降落的任何国家的领土上使该人离开航空器，如果这项措施就第六条第一款甲项或乙项所指出的目的来说是必要的。"

上述情况主要针对有轻罪或即使构不成犯罪，但让其留在飞机上会危及安全的人，如有酗酒、扰乱机上秩序等行为的人。

（3）对机上发生的严重犯罪行为，需追究其刑事责任者，机长有将其押送降落地国治安当局的权力。《东京条约》第九条第一款规定："如机长有理由认为，任何人在航空器内犯了他认为按照航空器登记国刑法是严重的罪行时，他可将该人移交给航空器降落地任何缔约国的主管当局。"

（4）机长有权按照登记国法律，合法掌握证据的权力。这种权力是《东京公约》第九条第三款赋予的，该款规定："机长在……将犯罪嫌疑人送交某国当局时，应向该当局提供航空器登记国法律合法掌握的证据与材料。"

《东京公约》第十条意在免除机长行使职权时的责任，规定如下："凡依本公约采取的行动，不论机长、机组任何其他人员、任何旅客、航空器所有人与经营人，还是为其利益而进行此次飞行的人，在因被采取行动的人所受待遇而提出的任何诉讼中，都不被认为负有责任。"

根据《东京公约》第十条的规定，对于机长免除责任和范围有一个正确的理解。一是免除责任的范围，仅限于对"被采取行动的人所受待遇"。《东京公约》规定机长有权采取"包括看管在内的正当而必要措施"，如果采取的措施有误，就可能伤及"被采取行动的人，或者无辜的第三者（一般旅客）。因此，《东京公约》对"被采取行动的人所受待遇"引起的责任做了规定，同时明确了"因被采取行动的人所受待遇而提出的任何诉讼"，不限于他本人提出的诉讼，还包括其夫、其妻、其父、其子、其雇主等与他有法定关系者为他所受待遇而提出的诉讼（后者一般称为"衍生诉讼"）。

二是指出有权援引《东京公约》第十条免除责任的6种人员，即机长、其他机组人员、旅客、飞机所有人、飞机经营人及为其利益而进行此次飞行的人（一般指包机人、租机人或在某种情况下指承运人）。对于前两种人，要免除的不仅有民事与刑事责任，还有行政责任（如吊销人员执照或免职）。

《东京公约》第十条中的"任何诉讼"，包括民事诉讼、刑事诉讼和行政诉讼，即免除的责任包括民事、刑事与行政责任。

4．降落地国的权力与责任

《东京公约》第十二条和第十三条规定，降落地国有义务接受机长令其下机者或押送给它的罪犯后，赋予降落地国一项重要权力，即对机上有严重犯罪行为的人，"凡判明情况有此需要者",有权加以拘留或采取保证随传随到的其他措施。

拘留与保证随传随到的权力是有限制的,一是"不得超过提起刑事诉讼或引渡所合理需要的期限";二是需要协助被拘留者"立即与距离最近的其本国适当代表取得联系",这里提及的"本国适当代表"一般指该国使馆、领馆;三是"在保护与安全方面需给予不低于本国(该降落地国)国民在同类情况下的待遇",并将拘留情况立即"通知航空器登记国与被拘留人国籍国","立即对案情进行初步调查","迅速将调查结果报告上述国家,并说明它是否打算行使管辖权"。降落地国对令其下机者与有严重犯罪者进行初步调查后,视本人是否有罪、本国是否有或愿意行使管辖权,一般情况下有如下3种处理办法。

(1)如调查后认定该人有罪,该国有并愿意行使管辖权,则可依本国法对之提起刑事诉讼。

(2)如果调查后认定该人有罪,而该国没有或不愿行使管辖权,则有两种处理办法:①凡符合该国引渡法或有关引渡协定者,可以将他引渡;②将他驱逐出境。

(3)如调查后认为无罪,或属可不予起诉的轻罪,则可释放,令其自选出路。

就各国的实践情况看,降落地国没有或不愿行使管辖权时,一般都会采取驱逐出境的做法。

(二)《海牙公约》

《东京公约》制定后不久,全球劫机浪潮越演越盛,20世纪60年代末达到高峰,1968年发生30起,1969年高达91起。世界各国迫切需要制定一个能有效惩治劫机犯罪的国际公约,来惩治劫机犯。因此,由76个国家代表参加的海牙外交会议于1970年12月召开,讨论有关空中劫持飞机的问题。该会议于1970年12月16日签订了《海牙公约》。《海牙公约》于1971年10月14日起生效,现有缔约国144个,中国于1980年加入了该公约。

《海牙公约》厘清了劫持飞机的犯罪的定义,形成劫持飞机犯罪的司法程序,以及对管辖权做了进一步说明,如下所述。

1. 劫机犯罪的定义

对于劫机犯罪,《海牙公约》第一条就做了规定:"凡在飞行中的航空器内的任何人:用暴力或用暴力威胁,或用任何其他恐吓方式,非法劫持或控制该航空器,或企图从事任何这种行为,或是从事或企图从事任何这种行为的人的同犯,即是犯有罪行。"

由此可见,任何人在航空器的飞行期内非法劫持或控制该航空器的行为,或未遂行为,皆属于犯罪。实施非法劫持或控制飞机的行为或未遂行为的同犯也属于犯罪,是共犯。就劫机方式而言,仅限于"以武力或武力威胁,或者以任何其他精神胁迫方式"。但在实际中,也有利用物质与精神威胁之外的第三种方式进行劫机的,如与机长勾结合谋、贿赂收买机组人员及诈骗等方式。很明显,这些方式也属于劫机方式。但是,驾驶员自愿驾机叛逃的行为就不在《海牙公约》定义的范围之内了。

依据上述规定,"航空器从装载完毕,机舱外部各门均已关闭时起,直至打开任一机舱以便卸载时为止,应被认为是在飞行中。航空器被迫降落时,在主管当局接管对该航空器及其所载人员和财产的责任前,应被认为仍在飞行中"。

《海牙公约》第二条规定:"各缔约国承允对上述罪行给予严厉惩罚。"

《海牙公约》第二条没有规定具体适用的刑种和量刑幅度,需要各国国内立法来补充,详细加以规定。一般来说,在西方国家判处一年以上徒刑就属"严厉惩罚"了。

2. 司法程序规则

《海牙公约》的第六条至第八条,规定了对劫机犯的司法程序。

《海牙公约》第六条对劫机案犯采取的措施、拘留时限以及如何通告,向谁通告都做了解释:

"一、凡在其境内发现"劫机"案犯或所称案犯的缔约国,如判明情况有此需要,应对该人采取拘留或其他确保其随传随到的措施。所采取的拘留及其他措施应符合该国的法律规定,并不得超过为提起刑事诉讼或引渡所需要的期限。

"二、该国应立即对事实进行初步调查。

"三、对根据本条第一款予以拘留的任何人应向其提供协助,以便其立即与其本国最近的合格代表联系。

"四、当一国根据本条规定将某人拘留时,它应将拘留该人和应予拘留的情况立即通告航空器登记国、第四条第一款(丙)项所指国家和被拘留人的国籍所属国,如果认为适当,并通知其他有关国家。按照本条第二款规定进行初步调查的国家,应尽速将调查结果通知上述各国,并说明它是否意欲行使管辖权。"

《海牙公约》第七条规定了在境内发现被指称的罪犯在不引渡的情况下该如何处理:"在其境内发现被指称的罪犯的缔约国,如不将此人引渡,则不论罪行是否在其境内发生,应无例外地将此案件提交其主管当局以便起诉。该当局应按照本国法律以对待任何严重性质的普通罪行案件的同样方式作出决定。"

《海牙公约》第八条阐述了引渡的条件,以及如何实施引渡等问题:

"一、前述罪行应看成是包括在缔约各国间现有引渡条约中的一种可引渡的罪行。缔约各国承允将此种罪行作为一种可引渡的罪行列入它们之间将要缔结的每一项引渡条约中。

"二、如一缔约国规定只有在订有引渡条约的条件下才可以引渡,而当该缔约国接到未与其订有引渡条约的另一缔约国的引渡要求时,可以自行决定认为本公约是对该罪行进行引渡的法律根据。引渡应遵照被要求国法律规定的其他条件。

"三、缔约各国如没有规定只有在订有引渡条约时才可引渡,则在遵照被要求国法律规定的条件下,承认上述罪行是它们之间可引渡的罪行。

"四、为在缔约各国间的引渡的目的,罪行应看成不仅是发生在所发生的地点,而且也是发生在根据第四条第一款要求实施其管辖权的国家领土上。"

《海牙公约》的条文强调说明,劫机犯罪是可以引渡的罪行,如果缔约国之间是以引渡条约作为引渡的条件,而它们又没有签订引渡条约时,可以以本公约为对该罪行进行引渡的法律依据,但《海牙公约》并未强加缔约国有引渡义务。

《海牙公约》第六条至第八条提出了对于罪犯处理的原则,即罪犯所在地国要么引渡犯罪嫌疑人,要么在当地起诉犯罪嫌疑人,即"或引渡,或起诉"原则。按照这一原则,缔约国如果在其领土内发现被指称的国际犯罪分子，它应当将案犯引渡给有权管辖并提出引渡请求的国家；如果在其领土内发现罪犯的缔约国不愿将罪犯引渡给请求国，则应按照普遍管辖原则，将其交给本国有权对其进行起诉的机关，依照本国法律追究其刑事责任，即缔约国必须做出选择：要么将该人引渡给请求国、要么对该人提起诉讼，二者必居其一。

3.《海牙公约》管辖权

《海牙公约》第四条明确了对危害国际航空犯罪的管辖权的规定。具有管辖权的国家包括：①航空器的登记国；②航空器降落地国；③租来时不带机组的航空器内发生犯罪或者对该航空器的犯罪，承租人的主要营业地国或者他的主要居所地国；④罪行发生地国的管辖权；⑤犯罪嫌疑人发现地国。

（三）《蒙特利尔公约》

1971 年 9 月 8 日，国际民用航空组织法律委员会在加拿大蒙特利尔国际民用航空组织总部所在地举行了由 60 个国家参加的外交会议，通过了《蒙特利尔公约》，它是 1970 年《海牙公约》的姊妹约。《蒙特利尔公约》在 1973 年 1 月 26 日生效，我国于 1980 年 10 月加入该公约。

与用于对付劫持飞机的犯罪的《海牙公约》相比，《蒙特利尔公约》对劫机以外其他危害民用航空安全的行为做了更加具体的规定，适用范围也有所扩大，将危害国际航行安全的罪行范围扩大到包括"飞行中"，又包括"使用中"的航空器；既包括针对航空器的罪行，又包括针对航空设备的罪行。

《蒙特利尔公约》对航空犯罪的定义更具体，适用范围也更宽泛，管辖权制定得更详细，如下所述。

1. 犯罪的定义更具体

《蒙特利尔公约》第一条规定如下。

（1）任何人如果非法地和故意地从事下述行为，即犯有罪行。

① 对飞行中的航空器内的人从事暴力行为，如该行为将会危及该航空器的安全。

② 破坏使用中的航空器或对该航空器造成损坏，使其不能飞行或将会危及其飞行安全。

③ 用任何方法在使用中的航空器内放置或使别人放置一种将会破坏该航空器或对其造成损坏使其不能飞行或对其造成损坏而将会危及其飞行安全的装置或物质。

④ 破坏或损坏航行设备或妨碍其工作，如任何此种行为将会危及飞行中航空器的安全。

⑤ 传送他明知是虚假的情报，从而危及飞行中的航空器的安全。

（2）从事下述行为任何人，也属犯有罪行。

① 企图犯本条第一款所指的任何罪行。

② 犯有或企图犯任何此种罪行的人的同犯。

根据上述规定，非法地和故意地实施以下行为属于犯罪：①对飞行中的航空器内的人实施暴力行为，如此行为足以危及该航空器的安全；②破坏使用中的航空器或者使其受损，而不能飞行或足以危及其飞行安全；③在使用中的航空器内放置或使他人放置一种装置或物质，此装置或物质可能破坏航空器；使航空器受损坏以致不能飞行或危及飞行安全；④破坏或损害航行设备或妨碍其工作，足以危及飞行中航空器的安全；⑤故意传送虚假情报，从而危及飞行中的航空器的安全。这些犯罪的未遂行为，以及实施这些行为或未遂行为的共犯行为均属犯罪。

鉴于《海牙公约》关于"飞行中"的词语概念，无法概括危害航空安全的地面犯罪，如旅客正在登机过程中，受到暴力袭击的事件。因此，《蒙特利尔公约》在保留"飞行中"概念的同时创设了一个新的概念——"使用中"，用以界定危害航空安全罪的范围和界限。《蒙特利尔公约》第二条规定：航空器从装载完毕、机舱外部各门均已关闭时起，到打开一扇舱门卸载时止，都被视为在飞行中；航空器被迫降落时，在主管当局接管该航空器及机上人员与财产以前，都应被视为在飞行中。从地面人员或机组为某一特定飞行而对航空器进行飞行前的准备时起，直到降落后 24 小时止，该航空器被认为是在使用中。

2．1988 年《蒙特利尔议定书》增加了惩治袭击国际机场的非法行为内容

鉴于《蒙特利尔公约》没有规定对机场内服务人员和设备的犯罪，以及破坏机场上未使用航空器的犯罪，而此类袭击事件又时有发生，国际民用航空组织于 1988 年 2 月 9 日，在蒙特利尔又召开了由 81 个国家参加的航空法会议，通过了《补充 1971 年 9 月 23 日在蒙特利尔签订的关于制止危害民用航空安全的非法行为公约的制止在为国际民用航空服务的机场上的非法暴力行为的议定书》，被称为 1988 年《蒙特利尔议定书》。该议定书是对《蒙特利尔公约》的补充，重点是维护国际机场的安全，惩治袭击国际机场的非法行为。

1988 年《蒙特利尔议定书》在 1971 年《蒙特利尔公约》第一条增加了一项条款，其条文如下。

"任何人使用一种装置、物质或武器，非法地故意地做出下列行为，即为犯罪：

"（一）在用于国际民用航空的机场内，对人实施暴力行为，造成或足以造成重伤或死亡者。

"（二）毁坏或严重损坏用于国际民用航空的机场设备或停在机场上不在使用中的航空器，或者中断机场服务以致危及或足以危及机场安全者。"

根据上述规定，下列行为为非法行为：①对国际机场内的人采取暴力，造成严重伤害或者死亡；②破坏或严重损坏国际机场的航空设备或者停放在机场未使用的航空器或者使机场服务中断。这些行为的未遂行为，以及这些行为或未遂行为的共犯行为。

3．明确对于惩治犯罪的管辖权

《蒙特利尔公约》第四条对管辖权做了与《海牙公约》几乎相同的规定，具体如下所述。

在下列情况下，各缔约国应采取必要措施，对罪行和对被指称的罪犯对旅客或机组所犯的同该罪行有关的任何其他暴力行为，实施管辖权。

（1）罪行是在该国登记的航空器内发生的。

（2）在其内发生罪行的航空器在该国降落时被指称的罪犯仍在该航空器内。

（3）罪行是在租来时不带机组的航空器内发生的，而承租人的主要营业地，或如承租人没有这种营业地，则其永久居所是在该国。

（4）当被指称的罪犯在缔约国领土内，而该国未按第八条的规定将此人引渡给本条第一款所指的任一国家时，该缔约国应同样采取必要措施，对这种罪行实施管辖权。

（5）本公约不排斥根据本国法行使任何刑事管辖权。

根据上述规定，下列国家都拥有管辖权：①航空器的登记国；②航空器降落地国；③租来时不带机组的航空器内发生犯罪或者对该航空器的犯罪，承租人的主要营业地国或者他的主要居所地国；④罪行发生地国的管辖权；⑤犯罪嫌疑人发现地国。

第二节　我国对民用航空安全的法律规定

随着我国民用航空业的快速发展，航空安全水平也不断提高，这得益于我国不断加强航空安全管理和保安管理体系的建设。我国根据《国际民航公约》及其附件的要求，高度重视安全管理，加强法规和标准体系建设，全面实施民用航空企事业单位的安全管理体系建设，逐步建立符合国际民用航空组织标准并适合我国国情的中国民用航空安全管理体系。在中国民用航空局现行的400多部规章中，有80多部规章涉及安全管理。在航空保安管理方面，中国民用航空局参照国际民用航空组织对缔约国开展航空保安审计的模式，自2004年开始积极探索建立了自己的航空保安审计制度，出台一系列规章制度。迄今为止，已有20多个机场接受了航空保安审计。根据反恐需要，中国民用航空总局于2000年成立了处置劫机事件领导小组，具体负责针对民用航空的恐怖主义事件及其他严重非法干扰航空安全事件，并于2004年和2006年在乌鲁木齐机场和深圳机场进行了反劫机演习。我国还成立了空中警察队伍，负责航空器飞行中的安全保卫工作。

航空器造价昂贵，又是在特殊的空域中运行的，容不得半点闪失；机场是一个环境复杂的场所，安全问题是其首要问题。我国民用航空业的快速发展，得益于安全保障水平的不断提高，更离不开国家法律制度体系的保驾护航。1997年修订的《中华人民共和国刑法》，是我国的基本法律。全国人民代表大会常务委员会根据惩罚犯罪、保护人民和维护正常社会秩序的需要，先后通过一个决定和11个刑法修正案，对刑法做出修改、完善，在"危害公共安全罪"一章中规定了危害和非法干扰民用航空活动的行为，为制裁此类犯罪提供了法律依据。为了惩治劫持航空器的犯罪分子，维护旅客和航空器的安全，2017年11月，《中华人民共和国刑法修正案》（十），对驾驶航空器、舰船叛逃罪，或者有其他特别严重情节的，做出处十年以上有期徒刑、无期徒刑或者死刑的决定。

2021年4月29日，全国人民代表大会常务委员会修改通过《中华人民共和国民用航空法》，在第十五章"法律责任"中，对危害民用航空运输安全的行为做出具体规定，并对这些行为规定了明确的刑事责任与刑事处罚。

一、劫持航空器罪

劫持航空器罪，是指行为人以暴力、暴力相威胁或者其他恐吓方式，非法劫持或者控制飞行中的民用航空器的行为。对于这类犯罪，《中华人民共和国民用航空法》第一百九十一条规定："以暴力、胁迫或者其他方法劫持航空器的，依照刑法有关规定追究刑事责任。"《中华人民共和国刑法》第一百二十一条规定："以暴力、胁迫或者其他方法劫持航空器的，处十年以上有期徒刑或者无期徒刑；致人重伤、死亡或者使航空器遭受严重破坏的，处死刑。"

劫持航空器罪的主要特征如下：犯罪主体为一般主体，是处在飞行中的航空器内的任何人，既可以由中国人构成，也可以由外国人或者无国籍人构成。主观方面是直接故意的，即明知劫持航空器的行为会引起危害民用航空安全的严重后果，仍不顾后果积极施行，不论行为人出于什么目的、动机劫持航空器，都不影响本罪的成立。其客观表现方式如下：一是指用暴力、暴力威胁或任何其他恐吓方式，对航空器上的人员，实施殴打、伤害、恐吓等行为，控制该航空器或者迫使其改变预定航向；二是指上述犯罪的预备行为或未遂行为；三是指帮助他人从事或准备上述犯罪的行为。

【范例 9-1】

案例分享：

全球史上十大最严重劫机事件

数十年来，世界民用航空业已发展得相当成熟，在此期间，也发生了不少恐怖劫机事件。其中，引起广泛关注的有如下几件。

1. 1990 年广州白云机场劫机事件

1990 年 10 月 2 日，厦门航空公司一架从厦门飞往广州的波音 737 飞机在起飞后遭到劫持。劫持者名叫蒋晓峰。当时飞机在白云机场迫降时，接连撞上停在机场跑道上的一架波音 707 飞机和一架波音 757 飞机，最终导致 128 人死亡。

2. 埃塞俄比亚航空 961 号航班事故

埃塞俄比亚航空公司的 961 号航班，是从埃塞俄比亚首都"亚的斯亚贝巴国际机场"飞往"肯尼亚内罗毕乔莫·肯尼亚塔国际机场"的定期航班。1996 年 11 月 23 日，该架飞机被 3 名寻求政治庇护的埃塞俄比亚人劫持，机上有 175 人，最终约 125 人遇难。

3. 1977 年马航劫机案

1977 年 12 月 4 日，马来西亚航空公司的 MH653 班机在从槟城飞往吉隆坡时遭到劫持，于马来西亚柔佛州的丹绒古邦坠毁，机上 93 名乘客和 7 名机员无一幸免。这是马来西亚航空公司首宗发生人员伤亡的劫机事件。

4. 1974 年越南航空劫机案

1974 年 9 月，越南航空 706 次航班的波音 727 飞机遭到劫持，随后坠毁在岘港市一空军机场，机上 75 人全部遇难（另有一说法是 70 人全部遇难）。

5. 1986 年伊拉克航空 163 号航班劫机

1986 年 12 月 25 日，伊拉克航空 163 号航班从巴格达飞往约旦首都安曼，途中被 4 名真主党成员劫持。劫机者后来在客舱和驾驶舱引爆手榴弹，飞机在沙特阿拉伯境内坠毁，致使 63 人丧生。

6. 1985 年埃及劫机惨案

1985 年 11 月 23 日，埃及航空的一架波音 737 客机从希腊雅典机场起飞，目的地为埃及开罗。起飞 15 分钟后，坐在前排的一名巴勒斯坦青年和其后排的一名埃及青年突然站起来，掏出枪和手榴弹实行劫机。整个劫机过程持续了 24 小时，造成了 60 人死亡、28 人受伤的惨重结局。

7. 2001 年 "9·11" 事件

震惊全球的 "9·11" 事件发生时，4 架客机被劫持，乘客和机组人员共 246 人死亡，再加上因飞机撞击、爆炸而死亡的，一共约 2996 名（含 19 名恐怖分子）。"9·11" 事件是到目前为止世界上最严重的劫机事件。当时，被劫持的 4 架客机分别是美国航空 11 号班机（AA11）、美国联合航空 175 号班机（UA175）、美国航空公司 77 号班机（AA77）、美国联合航空 93 号班机（UA93）。

8. 1986 年泛美航空 73 号班机劫机案

1986 年 9 月，泛美航空公司的 73 号班机遭到 4 名恐怖分子的挟持劫机，4 名劫机者向乘客和机组人员开火，并投掷手榴弹，造成大约 20 人死亡。最后，巴基斯坦特种部队突击队攻入该飞机，发动猛攻并逮捕了劫机者。

9. 汉莎航空 181 号班机劫机事件

1977 年 10 月 13 日，德国汉莎航空公司波音 737 第 LH181 次航班在从地中海巴雷阿里克岛的帕尔玛飞往德国的途中，被 4 名恐怖分子劫持，机上有 86 名乘客和 7 名机组人员。5 天后（10 月 18 日），飞机被德国联邦警察第九国境守备队（GSG9）突击营救，最终 3 名劫机犯被击毙，1 名劫机犯负重伤，所有成员获救。

10. 法航 139 航班劫机事件

1976 年 6 月 27 日，法国航空公司 139 航班从特拉维夫飞往巴黎，途中遭到巴勒斯坦人民解放阵线和巴德尔·迈因霍夫集团 BAF 合伙组织的劫机，劫机者一共 10 人。他们在释放除犹太人外的人质后，将剩下的 103 名人质关押于机场候机厅。1976 年 7 月 4 日，以色列出动 3 架 C-130 运输机，运载 100 余名突击队员，最终击毙了 7 名劫机者，救出人质。

二、破坏航空器罪

破坏航空器罪，指故意在使用中的民用航空器上放置或唆使他人放置危险品，足以毁坏该民用航空器，危及飞行安全的行为。其主要特征如下：犯罪主体是一般主体；主观方面是直接故意的；客观方面是在使用中的航空器内放置具有破坏或损坏该航空器而使其无法飞行或危及其飞行安全的行为。《中华人民共和国刑法》第一百一十六条规定："破坏火车、汽车、电车、船只、航空器，足以使火车、汽车、电车、船只、航空器发生倾覆、毁坏危险，尚未造成严重后果的，处三年以上十年以下有期徒刑。"

《中华人民共和国民用航空法》第一百九十五条也有相应规定："故意在使用中的民用航空器上放置危险品或者唆使他人放置危险品，足以毁坏该民用航空器，危及飞行安全，依照刑法有关规定追究刑事责任。"

三、破坏航空设施罪

破坏航空设施罪，指盗窃或者故意损毁、移动航行设施，危及飞行安全，足以使民用航空器发生坠落、毁坏危险的行为。其主要特征如下：犯罪主体是一般主体；主观方面只能是故意的，因为过失损毁或移动航行设施不构成本罪；客观方面是破坏或损坏航行设备或妨碍其操作，以及危及飞行中的航空器安全的行为。只要危及飞行安全，足以造成上述可能的危险，即构成本罪。

《中华人民共和国刑法》第一百一十七条规定："破坏轨道、桥梁、隧道、公路、机场、航道、灯塔、标志或者进行其他破坏活动，足以使火车、汽车、电车、船只、航空器发生倾覆、毁坏危险，尚未造成严重后果的，处三年以上十年以下有期徒刑。"

《中华人民共和国民用航空法》第一百九十七条也有相应规定："盗窃或者故意损毁、移动使用中的航行设施，危及飞行安全，足以使民用航空器发生坠落、毁坏危险的，依照刑法有关规定追究刑事责任。"

四、暴力危及飞行安全罪

暴力危及飞行安全罪，指对飞行中的民用航空器上的人员使用暴力，危及飞行安全的行为。其主要特征如下：主观方面是故意的；客观方面是对飞行中的航空器内的人实施可能危及航空器安全的暴力行为；犯罪主体为一般主体。犯罪者只要危及飞行安全，不论后果如何，即构成本罪。

《中华人民共和国刑法》第一百二十三条规定："对飞行中的航空器上的人员使用暴力，危及飞行安全，尚未造成严重后果的，处五年以下有期徒刑或者拘役；造成严重后果的，处五年以上有期徒刑。"

《中华人民共和国民用航空法》第一百九十二条也有相应规定："对飞行中的民用航空器上的人员使用暴力，危及飞行安全，依照刑法有关规定追究刑事责任。"

五、非法携带或运输违禁物品罪

非法携带或运输违禁物品罪，指旅客非法携带违禁物品乘坐航空器或旅客、企事业单位以非危险品名义托运危险品的行为。其主要特征如下：主观方面是故意的；客观方面是违反了民用航空法的规定的行为，客观方面一般包括 3 种情况：①隐匿携带炸药、雷管或者其他危险品乘坐民用航空器；②以非危险品品名托运危险品；③隐匿携带枪支子弹、管制刀具乘坐民航飞机。

《中华人民共和国刑法》第一百三十条也有相应规定："非法携带枪支、弹药、管制刀具或者爆炸性、易燃性、放射性、毒害性、腐蚀性物品，进入公共场所或者公共交通工具，危及公共安全，情节严重的，处三年以下有期徒刑、拘役或者管制。"

《中华人民共和国民用航空法》第一百九十三条规定："违反本法规定，隐匿携带炸药、雷管或者其他危险品乘坐民用航空器，或者以非危险品品名托运危险品的，依照刑法有关规定追究刑事责任。

"企业事业单位犯前款罪的，判处罚金，并对直接负责的主管人员和其他直接责任人员依照前款规定追究刑事责任。

"隐匿携带枪支子弹、管制刀具乘坐民用航空器的,依照刑法有关规定追究刑事责任。"

六、聚众扰乱公共秩序、交通秩序罪

聚众扰乱公共秩序、交通秩序罪,主要指纠集多人扰乱民用机场正常秩序,致使机场无法运营的行为。其主要特征为聚众闹事,即在首要分子的组织、煽动和指挥下,纠集多人进行扰乱活动。客观方面是扰乱了机场的正常秩序,使运营活动无法继续进行的行为。其行为方式一般包括在候机楼喧嚣哄闹;捣毁机场设施;不服从管理,围攻、谩骂,甚至殴打有关工作人员等,但只有当情节严重时才构成该罪;主观方面是故意的。

《中华人民共和国刑法》第二百九十一条规定:"聚众扰乱车站、码头、民用航空站、商场、公园、影剧院、展览会、运动场或者其他公共场所秩序,聚众堵塞交通或者破坏交通秩序,抗拒、阻碍国家治安管理工作人员依法执行职务,情节严重的,对首要分子,处五年以下有期徒刑、拘役或者管制。"

《中华人民共和国民用航空法》第一百九十八条对此也有具体规定:"聚众扰乱民用机场秩序的,依照刑法有关的规定追究刑事责任。"

七、传递虚假情报扰乱正常飞行秩序罪

传递虚假情报扰乱正常飞行秩序罪,指故意传递虚假情报、扰乱正常飞行秩序,使公私财产遭受重大损失而造成严重政治影响的行为。其主要特征如下:客观方面是传达明知是虚假的情报从而危及飞行中的航空器安全的行为,使公私财产遭受了重大损失;主观方面是故意的。

《中华人民共和国刑法》第二百九十一条之一规定:"明知是编造的恐怖信息而故意传播,严重扰乱社会秩序的,处五年以下有期徒刑、拘役或者管制;造成严重后果的,处五年以上有期徒刑。"

《中华人民共和国民用航空法》第一百九十六条也有规定:"故意传递虚假情报,扰乱正常飞行秩序,使公私财产遭受重大损失的,依照刑法有关规定追究刑事责任。"

八、重大飞行事故罪

重大飞行事故罪,指航空人员玩忽职守,或者违反规章制度,导致发生重大飞行事故的行为。《中华人民共和国民用航空法》第一百九十九条规定:"航空人员玩忽职守,或者违反规章制度,导致发生重大飞行事故,造成严重后果的,依照刑法有关规定追究刑事责任。"其主要特征为犯罪主体是特殊主体——航空人员,如空勤人员和地面人员;侵犯的客体是民用航空器的飞行安全。客观上是发生了重大飞行事故,造成航空器损毁、人员伤亡,后果严重;主观上是过失犯罪,即行为人对自己的行为导致严重后果是由于疏忽大意,或者过于自信。

九、其他手段的非法干扰行为

除民用航空犯罪行为外，其他手段的非法干扰行为也会依照有关规定追究责任。如下所述。

（1）采用匿名电话、匿名信、电子邮件以及故意传递虚假情报、口头威胁等方式对机场、航空公司进行威胁恐吓，声称或暗示机场、飞机上、航空设施或人员等处在爆炸物的危险之中，或声称、暗示某飞机处于被劫持等非法干扰行为之中的行为。

（2）在飞行中的航空器上吸烟、未经允许使用电子设备。

（3）偷盗或损坏机上救生设备。

（4）扰乱机上秩序。

（5）打架斗殴、酗酒滋事、性骚扰等。

【范例9-2】

案例分享：

"10·7" 坠毁事故

1988年10月7日，山西省航空公司（以下简称山西航空）的一架伊尔-14型B-4218号飞机，在山西省临汾市执行游览飞行任务中失事，机上旅客44名、机组成员4名，除4名旅客被救出外，其他人员全部遇难，另有2名路上的行人也不幸遇难。

1988年10月7日，B-4218号飞机由机长陈某（右座，公司副经理）、正驾驶王某（左座，当日主飞）驾驶，于13时20分从空军临汾机场由南向北起飞，飞机滑跑约900米的离地转入正常上升，飞越近距导航台（距跑道北头1000米）上空后，向左转弯，据向现场目击者调查了解，此时机头突然下沉，高度下降，接着飞机摇摆着向地面坠去。左机翼擦过临汾地区福利工厂一座高12.04米的楼房房顶，左大翼变形，左大翼前缘防冰加温管处与大翼分离，坠落在路面上。飞机将一根水泥电线杆和8棵杨树撞断。飞机越过公路，飞机头的方向与原航迹倒转180°，撞在路西一家新桥饭店的屋顶上，飞机左翼撞楼点距坠地点46.7米，失事地点在跑道北端其方位7°、1950米处。飞机从起飞滑跑至坠地失事约1.5分钟，一台发动机失效，飞行员要在极短时间内（坠落过程仅15秒）发现这样特殊的情况并做出判断及正确的反应是相当困难的。经过对这次事故的综合分析，最大可能是该飞机左发动机直接注油泵传动轴在空中因疲劳折断而中断供油，造成左发动机失效。

问题解析：

1. 伊尔-B-4218号飞机只有14个座位和一张沙发床，而当日山西航空安排了44名乘客，违反了中国民用航空局关于旅客必须有固定座位的规定。2. 原中国民用航空总局出版的《运输业务工作手册》明文规定，载客飞行应做舱单，购票应有单位证明，而山西航空在售票时既没验证，也没做舱单。3. 该次飞行未按规定对旅客在登机前做安全检查。4. 个别飞行员带病参加该次飞行，违反了《中华人民共和国飞行基本规则》第六十九条中关于禁止放行飞行的有关规定。5. 山西航空与空军十二飞行学院所签订的协议中有关"专场飞行应由公司负责飞行指挥"的条款是不适当的。山西航空既无合格的飞行指挥员，也违背了国务院、中央军事委员会关于"经批准使用空军机场起降的民用飞机，应服从驻场空军的统一指挥调度"的精神。6. 山西航空的维修工作记录不齐全，飞机、发动机、附件履历本保管不妥，放在飞机上以致烧毁、无据可查，不符合民航管理规定。7. 山西航空申请的经营项目没有"空中游览飞行"这一项，显然该公司经营的游览业务超出了经营范围。

应吸取的教训：

1. 要牢固树立"安全第一"的思想，在经营管理和组织实施飞行时一定要把保证飞行安全放在首位，正确处理好安全与生产的关系，要在保证飞行安全的前提下完成各项任务，要加强安全思想教育，从公司领导到每个职工都要树立为飞行服务，对安全负责的精神，做到人人关心安全，切实把好安全关。2. 建立健全规章制度。山西航空要按照国务院、中国民用航空局有关的法令条例规定，尽快建立起自己的一整套规章制度，特别是有关机务维修、飞行组织、商务管理等方面的规章。3. 要明确飞行指挥必须由合格的航行管制员指挥。4. 严格把好飞行员身体关。空勤人员除按规定每年进行大体检外，在有条件的地方，每次执行任务前应进行体检，身体不合格的，不准参加飞行。5. 进行安全整顿。山西航空应进行全面整顿，要从经营管理，飞行组织领导规章制度等方面查找不安全因素，认真吸取事故教训制定改进措施，在验收合格后方可继续营业。

思考与练习

1. 如何定义危害国际民用航空安全的行为？
2. 在《海牙公约》中，劫机犯罪的引渡条件及程序是什么？
3. 《中华人民共和国刑法》关于危害民用航空安全的规定有哪些？

参考文献

[1] 崔祥健，吴菁，成宏峰. 民用航空法律法规与实务[M]. 北京：旅游教育出版社，2007.

[2] 杨祖高. 民用航空法规与实务[M]. 北京：国防工业出版社，2013.

[3] 肖温雅，李小叶，赵艳博. 民用航空法规与实务[M]. 北京：中国人民大学出版社，2019.

[4] 赵维天. 国际航空法[M]. 北京：社会科学文献出版社，2000.

[5] 中华人民共和国交通运输部.《中国交通运输年鉴》（2018）[M]. 北京：人民交通出版社，2018.

反侵权盗版声明

电子工业出版社依法对本作品享有专有出版权。任何未经权利人书面许可，复制、销售或通过信息网络传播本作品的行为；歪曲、篡改、剽窃本作品的行为，均违反《中华人民共和国著作权法》，其行为人应承担相应的民事责任和行政责任，构成犯罪的，将被依法追究刑事责任。

为了维护市场秩序，保护权利人的合法权益，我社将依法查处和打击侵权盗版的单位和个人。欢迎社会各界人士积极举报侵权盗版行为，本社将奖励举报有功人员，并保证举报人的信息不被泄露。

举报电话：（010）88254396；（010）88258888
传　　真：（010）88254397
E-mail：　dbqq@phei.com.cn
通信地址：北京市万寿路 173 信箱
　　　　　电子工业出版社总编办公室
邮　　编：100036